한반도의 그리스도교 평화윤리

국립중앙도서관 출판예정도서목록(CIP)

한반도의 그리스도교 평화윤리 / 지은이: 손규태. -- 서울 :
동연, 2018
    p. ;   cm

ISBN 978-89-6447-423-5 93200 : ₩16000

기독교 윤리[基督敎倫理]
사회 윤리[社會倫理]

234.174-KDC6
241.67-DDC23   CIP2018042168

한반도의
그리스도교 평화윤리

손규태 지음

동연

머 리 말

그리스도 탄생 당시 로마제국은 세계 최초로 성립되었던 제국으로서 지중해 지브랄타해협 및 에티오피아로부터 동으로는 이란, 이라크의 유프라테스와 티그리스강 주변국가들, 서로는 영국, 라인강과 도나우강으로부터, 남으로는 에티오피아 국경에 이르는 거대한 지역이었다. 로마의 역사가 타키투스는 이러한 로마의 식민지 통치하에 사는 사람들 특히 영국인들이 "로마의 평화를 두려워했다"라고 기술하고 있다. 당시 로마제국이라는 억압적 지배체제하에 정복당한 작은 나라들에서 처절하게 살아가는 민중들의 삶에 대한 깊은 통찰력을 가졌던 이가 바로 누가복음 기자였다.

그는 이사야서의 메시아 예언 즉 "어둠 속에서 헤매던 백성이 큰 빛을 보았고, 죽음의 그림자가 드리운 땅에 사는 사람들에게 빛이 비쳤다"(사 9:2)라는 말씀에 따라서 그리스도의 탄생 사건을 "어둠 속과 죽음의 그늘 아래에 사는 사람들에게 빛을 비추게 하시고, 우리의 발을 평화의 길로 인도하실 것이다"(눅 1:78)라고 해석하였다. 예수 탄생은 로마제국이라는 어둠의 세력의 통치 속에 사는 사람들에게 빛이되고 대립과 억압 가운데 사는 사람들에게 평화를 가져다준다는 것이다. 그리고 예수가 탄생했을 때 하늘에서 천사들이 다음과 같이 노래했다고 누가복음은 적고 있다.

가장 높은 곳에서는 하나님께 영광이요, 땅에서는 주께서 기뻐하시는 사람들에게 평화로다(눅 2:14).

예수의 탄생은 하늘에서는 하나님에게 영광을 돌리는 사건이고, 땅에서는 하나님의 사랑을 받는 사람들 사이에는 평화가 이루어지는 사건이라는 것이다.

이렇게 누가복음은 예수 탄생의 사건을 모든 사람들에게 평화를 가져다 줄 메시아 사건으로 묘사하고 있다. 요한복음도 예수가 가져온 평화는 로마제국의 억압적 군사통치인 "로마의 평화"(Pax Romana), 무덤 속의 평화가 아니라 인간들 사이의 사랑과 우의가 넘치는 진정한 평화라고 묘사하고 있다.

나는 평화를 너희에게 남겨 준다. 나는 내 평화를 너희에게 준다. 내가 주는 평화는, 세상이 주는 평화와 같은 것이 아니다. 너희는 마음에 근심하지 말고, 두려워하지도 말라(요 14:27).

예수가 가져온 평화는 세상이 주는 로마의 평화가 아니라 근심과 걱정을 사라지게 하는 평화라는 말이다. 즉 예수가 주는 평화란 정치적 갈등과 전쟁, 억압의 굴레에서 벗어나고 경제적 곤궁과 결핍을 극복한 삶의 형식으로서의 안정이다.

20세기에 들어와서 민족국가 형성과 더불어 식민지 시대가 마감되면서 거대한 전쟁들인 1, 2차 세계대전들이 끝나고 1945년 2월 4~11일 미국과 소련, 영국 등 승전 국가들의 수뇌들은 흑해 연안 크림반도에 위치한 도시 얄타에 모여 전후 처리 문제를 논의했다. 여기서 전범국인 독일의 분단과 함께 전범국도 아닌 한반도에서 남·북한의 분할점령이 현실화되는 비극이 탄생했다. 그리고 미국과 소련이라는 이념 국가의 출현으로 이른바 동서 냉전체제가 성립되고 생긴 최초의 무력충돌이 한국전쟁이었다. 1989년 베를린 장벽이 붕괴된 지몇 해 후 지중해의 적은 섬 몰타에서 미국 대통령 조지 부시와 소련의최고 지도자 미카엘 고르바초프의 정상회담이 열렸다. 회담에서 두지도자는 냉전시대의 대결의 시대를 종결하고 화해와 협력의 시대로넘어갈 것에 합의했다. 그 결과 분단되었던 유럽대륙과 동·서 독일은통일되었다. 한편 이러한 몰타에서의 정상회담은 사실상 성공회 신자인 조지 부시 미국 대통령보다 사회주의자인 소련의 고르바초프 서기장에 의해서 제안되고 추동된 것으로 알려져 있다.[1]

이렇게 1990년대 유럽에서는 동서 냉전체제가 붕괴되고 동·서독이 통일되고 동서 유럽의 자본주의 국가들과 사회주의 국가들이 화해하고 평화롭게 살아가고 있으나 얄타에서 시작되었던 냉전체제가 한반도에서는 오늘날까지도 계속되며 그 강도를 더해가고 있다. 이러한원인은 냉전체제의 한 축인 강대국 미국에게 가장 큰 원인이 있다. 동서 냉전체제가 붕괴되고 1990년 한국은 사회주의 국가였던 러시아(1990년)와 중국(1992년)과 수교를 맺고 정상적인 외교 및 무역관계를 유지하고 있다. 그러나 유독 미국만이 남한과 동맹관계를 맺고 북한에 대한 냉전적 사고를 탈피하지 못하고 적대적 관계를 지속함으로써 한반도에서는 냉전체제가 계속되고 있다. 그동안 남북 간에 여러차례의 특사를 통한 대화와 두 차례의 정상회담을 통해서 화해와 통

---

1 Franz Alt/손규태 역, *Jesus- der erste neue Mann*(현대인을 위한 예수전) 참조.

일을 위한 노력이 없지는 않았으나 모두 허사로 돌아갔다. 왜냐하면 남한정부에서는 대외적으로는 한미군사동맹이라는 틀 안에서 정치적, 외교적 운신의 폭이 제한되어 있었고, 대내적으로는 보수적인 친미적 반공세력이 정권을 잡아 북한에 대해서 적대적 정책을 계속해 왔기 때문이다.

2017년 국정농단과 부패세력과 손을 잡은 박근혜 정부가 시민들의 촛불집회의 저항으로 탄핵 당함으로 통치 불능 상태에 빠지자 물러날 수밖에 없었다. 새로 들어선 문재인 정부의 노력으로 북한이 남한에서 개최된 평창 동계 올림픽에 참가하게 되자 화해와 통일을 위한 새로운 대화와 협상의 장이 마련되었다. 마치 1989년 몰타에서 고르바초프가 먼저 손을 내민 것처럼 북한의 젊은 지도자 김정은 국무위원장의 결단과 추동력이 한반도에서 새로운 화해와 협력시대의 문을 열게 된 것이다. 계속된 문재인 정부의 끈질긴 노력은 2018년 남북정상회담뿐만 아니라 싱가포르에서 열린 북미정상회담까지 성공적으로 이끌어 내었다. 즉 한반도의 평화체제 보장을 위한 북한의 핵무기 포기와 북한에 대한 미국의 적대정책 포기라는 북미간의 합의가 이루어진 것이다. 드디어 1945년 얄타에서 시작된 한반도의 냉전체제도 70년 만에 종식될 가능성이 열리는 것이다.

필자에게는 2018년 동계 올림픽에 참석했던 북한의 김영남 정치국 상무위원이 뜻깊은 남·북한의 지도자들과의 만남과 새로운 분위기에 감격하여 눈물을 흘리던 모습이 눈에 선하다. 필자는 여기서 누가복음 2장 예수탄생 설화에 등장하는 시므온이라는 늙은이의 기사를 연상하게 된다.

시므온이 아기 예수를 자기 팔에 받아서 안고, 하나님을 찬양하여 말하였다. '주님, 이제 주께서는 주의 말씀을 따라, 이 종이 세상에서 평안히 떠나갈 수 있게 해주셨습니다. 내 눈이 주의 구원을 보았습니다. 주께서 이것을 모든 백성 앞에 마련하셨으니 이것은 이방 사람들에게는 계시하시는 빛이요, 주의 백성 이스라엘에게는 영광입니다(눅 2:28-32).

김영남 위원장이 눈물을 흘린 것은 남·북한의 새로운 지도자들 즉 문재인과 김정은의 출현으로 한반도에서 (핵)전쟁 위협이 사라지고 화해와 통일 그리고 평화와 번영의 시대가 진정으로 가까이 오고 있음을 보았기 때문이 아닐까!

그동안 필자는 한국전쟁과 분단의 고통을 몸으로 경험했을 뿐만 아니라 북에서 남으로 온 피난민으로서 남한이나 북한에서 분단된 민족의 화해와 통일을 지향하는 애국적 지도자들이 출현하여 한반도에 통일과 평화를 가져오기를 고대하며 간절히 기도하고 있었다. 필자는 기독교 사회윤리학을 공부하는 신학도로서 지금은 현직에서 은퇴한 나이 80이 다 된 늙은이어서 건강상 통일이 되어도 고향에 가보지 못하겠지만 남·북한이 화해하고 통일이 되어 한반도의 평화가 오는 것을 보고 시므온처럼 평안히 세상을 떠나고 싶다.

여기에 실린 글들은 그동안 필자가 성공회대학교에서 가르치면서 신학대학들이나 교회들 그리고 기독교 단체들이나 잡지사들의 요청에 따라서 쓴 글들이다. 따라서 시간적으로 보나 내용적으로 보나 어떤 체계적으로 연구한 내용들이 아니다. 갈등으로 가득 찬 분단국가에서 살았고 지금은 새로운 평화체제를 준비하는 시기를 살고 있는 기독교 사회윤리를 전공한 필자가 늘 관심 가져왔던 한반도의 통일과 평화에 대해 발표했던 글들을 모아 보았다. 앞으로 한반도가 통일되고 평화의 땅을 만들어갈 때 한국의 개신교인들이 해야 할 역할에 작은 도움이라도 되었으면 한다.

2018년 겨울
80翁 손규태

차 례

머리말 / 5

제 1 장

세계 고등 종교들의 평화사상

　우리가 종교와 평화 특히 평화에 대해서 말할 때 우리는 일차적으로 평화에 대립되는 개념 즉 갈등에 대해서 말하게 된다. 왜냐하면 평화에 대해서 말하는 것은 평화와 대립되는 갈등과 원인을 밝히고 그것을 극복하는 방안을 모색하게 되기 때문이다. 그래서 학자들은 평화연구는 곧 갈등을 연구하는 것이라고 말한다. 필자는 종교와 평화를 말하기 전에 우선 간략하게 갈등의 기원과 그 양태들을 역사적으로 간략하게 검토해보고자 한다.

　거대담론들 혹은 "위대한 역사적 확신들"(Dietrich Bonhoeffer)을 중심으로 한 인간들의 사상적 혹은 이념적 갈등은 1990년 자본주의 세계와 사회주의 세계 사이의 동서냉전체제가 붕괴되면서 이 지구상에서 사라졌다고 생각할 수도 있다. 그래서 이제 사람들과 나라들 사이의 갈등과 대립은 정치적 이념적 갈등에서 문화적 갈등 혹은 민족적 갈등으로 넘어가고 있다고 말하는 사람들도 있다.[1] 그러나 정치적 혹은 이데올로기적 갈등이거나 문화적 혹은 민족적 갈등이거나 그 갈등들의 뿌리를 살펴보면 거기에는 거의 예외 없이 인간들이나 국가들 사이의 경제적 이해관계의 갈등이 자리 잡고 있음을 확인하게 된다. 이러한 관찰은 이미 마르크스의 통찰에 기원을 둔 것인데 그의 사상이 이제는 한물갔다고 말하는 사람들이 많지만 필자는 그러한 통찰은 여전히 유효하며 의미 있다고 생각한다.

인간들 사이의 물질적 욕망의 충족에 바탕을 둔 경제적 갈등들은 원시시대부터 있어 왔다. 고대 수렵사회에서는 사냥터를 확보하려는 부족 간의 갈등으로 나타났고, 농경사회에서는 보다 넓은 경작지를 차지하려는 종족 간의 갈등으로 나타나기도 했다. 중세 역시 양태와 규모를 달리한다 해도 성격상 아무런 차이도 없었다. 근대에는 오히려 발달된 과학기술에 힘입어 경제적 갈등이 식민지주의와 제국주의의 형태를 띠게 되었다. 서양인들은 발전된 항해기술과 무기 체제를 통해서 대양을 건너 다른 대륙을 점령하고 원하는 영토와 자원들을 획득하였다. 대표적 예로서 15세기의 콜럼버스의 미 대륙발견(점령) 이후 스페인의 남미약탈이다. 그들은 근대식 무기로 남미의 원주민들을 대량 학살했을 뿐만 아니라, 매독과 같은 유럽에만 있던 특수한 질병을 면역력이 없는 남미 사람들에게 옮기는 무서운 죄악을 저지른 것이다. 또 하나는 17세에 영국이 유럽의 헤게모니를 장악한 이후 이른바 삼각무역을 통한 부의 축적을 들 수 있다. 당시 영국인들은 아프

---

1 Samuel Huntington, *The Clash of Civilization and the Reclaiming of World Order*(문명의 충돌), 이희재 역 김영사 1997. 참조.

리카에 가서 노예를 잡아 (대량학살이나 매독과 같은 질병으로 수많은 사람들이 죽자) 노동력이 부족한 남미에 팔고, 남미에서는 값싼 자연자원을 획득하여 영국에 비싸게 팔아서 막대한 이익을 챙겼었다.

제2차 세계대전은 영국이라는 유럽의 선진국과 미국과 러시아 등에 대한 후발국가들 즉 독일과 이탈리아 그리고 일본의 세계지배를 향한 헤게모니 다툼이었다. 전쟁에서 승리한 미국과 소련은 1950년 대부터 초강대국으로 등장했고 이들 사이에는 자본주의와 사회주의라는 이데올로기 체제에 근거해서 세계를 분단하여 제패하려는 냉전체제가 반세기 동안 계속되었다. 1990년 소련의 사회주의 체제가 붕괴되고 동유럽이 해체되면서 이러한 냉전체제는 끝을 보게 된다. 이렇게 미국이 초강대국으로서 등장하면서 정치적, 경제적, 군사적 측면에서 세계를 제패하는 자본주의적 세계체제가 만들어지는데 이것이 이른바 새로운 세계질서 혹은 세계화라고 할 수 있다.

최근의 갈등들은 이러한 미국의 자본주의 체제의 세계화에 종속되느냐 아니면 정치, 경제, 문화 등에서 독자적 세력으로 남느냐 하는 것에서 유발된다. 미국이 주도하는 세계화의 대열에 동참하지 않는 쿠바나 북한 그리고 리비아나 이란, 이라크 등과 미국의 군사적 갈등역시 미국의 세계화 전략과 밀접하게 결합되어 있고 배후에 경제적 갈등이 중심적 요인이 되고 있는 것이다. 따라서 모든 갈등의 주된 변수는 국가들 간의 경제적 이해관계며 여타의 정치적, 사회적, 문화적 갈등들은 종속변수라고 할 수 있다.[2]

---

2 Hans Peter Martin, Harald Schumann, *Die Globalisierungsfalle*(세계화의 덫), 강수돌역, 영림카디날, 1997. 참조.

그러나 이러한 경제적 갈등 못지않게 주목하게 되는 또 하나의 중요한 갈등은 종교적 갈등이다. 특히 인간의 가장 오래되고 가장 확고한 신념체계라고 할 수 있는 세계의 고등 종교들 사이의 갈등은 오늘날 무시할 수 없는 심각한 요소이다. 중동지역의 같은 뿌리에서 태어난 유대교와 기독교 사이의 갈등이나 기독교와 이슬람 사이의 갈등이 그 대표적 예다. 주후 5세기경 새로 등장한 이슬람과 기독교 세력과의 전쟁으로 기독교 지역의 5분의 4가 이슬람화된 것과 16세기 터키의 오스만 제국의 침공 등은 유럽과 소아시아에서 벌어진 종교 갈등을 잘 보여주고 있다. 이러한 종교 간의 갈등은 19세기 유럽의 국가들의 서세동점(西勢東漸)과 더불어 기독교와 힌두교 혹은 기독교와 유교 내지는 일본의 신도이즘의 갈등으로 나타났다.

따라서 종교적 신념체제에 근거한 종교적 갈등은 경제적 갈등 다음으로 오늘날까지도 심각한 양상을 띠고 있다. 특히 종교적 신념체제가 일차적 갈등요인인 특정한 경제체제 혹은 이데올로기와 결합될 때 나타나는 갈등은 그 정도가 더욱 강하고 따라서 해결하기도 어려운 실정이다. 왜냐하면 경제적 이해관계에다 종교적 신념체제가 결합되어서 그 갈등의 양상이 더욱더 중첩되고 증폭되어 있기 때문이다. 그 대표적 예가 미국에서의 신보수주의적 기독교와 자본주의적 시장경제체제의 결합으로 생겨난 이른바 신보수주의(네오콘)의 현상으로서 자본의 세계지배와 기독교의 세계지배가 혼합되고 결착되어 나타난 것이다. 이것이 오늘날 세계화를 주도하고 있다.[3]

---

3 어윈 스텔쳐, 황진하 역, 『미국의 힘 NEOCON - 신보수주의에 대한 올바른 이해』, 네모북스 2005년; 남공군, 『네오콘 프로젝트 - 미국의 신보수주의의 이념과 실천』, 국제관계학 총서 4 사회평론 2005년, 한신대학교 사회과학연구소(편), 『미국의 신보수주의

I. 한국개신교의 현실

19세기말 서세동점의 물결을 따라서 한국에 들어온 개신교회는 역사적으로 볼 때 정통주의에 뿌리를 둔 장로교회와 경건주의에 뿌리를 둔 감리교회 그리고 국교회 내지는 주교제 전통에 뿌리를 둔 성공회 등으로 대별해 볼 수 있을 것이다. 이들 교파들은 당시 서세동점의 주역들이었던 미국과 영국 등에서 선교됨으로써 한국의 정치세력이나 종교 세력들과 커다란 대립 없이 선교를 시작할 수 있었다.4 왜냐하면 당시 개신교회의 선교사들은 지식인들에게는 한반도를 식민지화하려던 일본과는 구별되는 세력으로 이해되고 일본을 견제할 수 있는 세력으로 환영을 받기도 했기 때문이다. 그래서 상당수의 지식인들과 사회적 지도층들이 기독교에서 희망을 발견하고 입교하기도 한다. 그 대표적 예는 적지 않은 기독교 정치지도자들이 만민공동회의 등을 통해 한반도의 새로운 미래상과 정치체제를 놓고 연구하고 토론을 벌이기도 한 것이다. 그들은 서구의 발달된 정치체제(민주주의)는 기독교적 서구체제에 그 바탕을 두고 있는 것으로 이해하기도 했다. 당시 한국의 종교세력 가운데 서양의 서세동점에 가장 민감하게 반응했던 동학도들은 그들의 혁명운동이 중국과 일본세력의 관여로 실패로 돌아가자 상당수의 신도들이 개신교로 개종하는 현상까지 있었다.

외교 전략과 한반도 평화문제』, 2004. 참조
4 개신교보다 100여년 전제 전파된 가톨릭교회는 1791년의 신해박해, 1801년의 신유박해, 1866년의 병인박해. 1893년의 기해박해 등 18세기 말에서 19세기말까지 당시의 정부의 반 외세정책과 정치적 세력다툼의 틈바구니에서 정부로부터 혹독한 박해를 받았다.

따라서 개신교회는 그 선교초기부터 한반도에서 어떤 정치적 집단이나 종교적 집단들에 의해서 크게 배척을 당하거나 박해를 받지 않고 선교 사업을 시작할 수 있었다.

그들이 초기 선교 사업과 더불어 시작했던 사회봉사 사업, 의료봉사 사업, 교육 사업 등은 당시의 서민들과 민중들로부터 크게 환영을 받았다. 당시 거리에서 굶주리는 어린이들을 위해서 선교사들이 세운 고아원들이나, 고아들을 위한 교육 사업들, 그리고 가난하고 병든 사람들을 치료하기 위해서 만들어진 병원들은 단순히 교회를 세우고 주일예배를 보고 설교를 하는 것 그 이상으로 당시 민중들에게는 진정한 의미에서 기쁜 소식(복음)이었다. 또 기독교는 일제 36년간의 식민지 통치기간의 온갖 정치적 억압과 경제적 착취를 당하는 민중들의 동반자의 역할을 미력하나마 감당하기도 했고 한국전쟁과 이후 재건시절에도 기독교는 민중들의 아픔과 고통에 동참하는 모습을 보였다. 박정희로부터 시작된 군사정권의 억압통치가 있었던 6~70년대에의 진보적 개신교회는 고문과 탄압에 맞서 싸우며 인권과 민주주의, 평화와 통일운동에 매진함으로써 대중들로부터 커다란 신뢰를 받기도 했다.

80년대에 들어와 민주화와 경제성장 이후에 한국의 개신교회는 적극적 선교활동을 통해서 많은 성장을 이루었다. 이러한 성장을 가져온 근저에는 한국개신교회, 특히 감리교가 가졌던 경건주의적이고 부흥회적 뿌리가 하나의 커다란 역할을 했다고 할 수 있다. 그러나 성장한 한국 개신교회는 본래의 경건주의가 갖는 검소하고 자선적인 전통을 망각하고 정통주의와 교리주의에 사로잡혀 매우 배타적 성격을 가짐으로써 다른 교파들이나 타종교들에 대해서 대결적이고 전투적 자세를 갖게 되었다. 따라서 같은 장로교회 안에서도 수 없는 분열을 계속할 뿐만 아니라 한국의 전통적 고등 종교들을 이단시하는 매우 독선적인 종교로 전락했다.

우리는 기독교인으로서 오늘날 한반도라는 특수한 상황에 살면서 종교, 특히 정치적으로 권력화된 개신교가 일으키고 있는 제반 갈등들에 대해서 좀 더 깊은 성찰과 반성을 해야 할 때라고 생각한다. 왜냐하면 2000년대에 들어서면서 기독교 특히 보수적 개신교회는 한국사회에서 계층 간의 화해와 사회통합이라는 종교가 가진 본래의 모습을 상실하고 특정한 계급집단과 정치세력과 자기를 일치시키면서 그들의 지원세력으로 등장하고 있기 때문이다. 이러한 현상은 1980년대 말 군사독재 정권들이 끝나고 문민정부가 들어서면서부터 뚜렷하게 나타나기 시작했으며 국민의 정부를 거쳐서 참여정부에서 강화되었고 이명박 정부의 탄생과정에서 가장 첨예화되었다고 볼 수 있다.

개신교 세력과 정치 세력 간의 비정상적 유착과 동맹은 1960-70년대 한국의 민주화운동과정에서 지향했던 한국기독교교회협의회의 진보적 신학방향에 대항하여 1980년대 말에 등장한 정통주의에 뿌리를 둔 보수적 개신교 집단인 한국기독교총연맹의 출현과 궤를 같이한다고 할 수 있다. 이 보수적 개신교 집단은 근래에는 그 세력을 국제적 차원으로 확대하여 미국이나 유럽 등의 개신교 보수집단들 특히 신보수주의자들(Neocon)과 손을 잡고 그들에게서 사상적 지향성과 투쟁전략들을 전수받고 있는 실정이다. 말하자면 1950-60년대 기독교 안에서의 신학적 방향을 둘러싼 진보와 보수 사이의 교파분열의 여파는 70년대에 선교라는 이름으로 경쟁적 교파의 확장으로 인한 갈등 상황을 거쳤고 80년대 이후에는 신앙 고백적 갈등을 넘어서 정치

지향적 갈등으로 나가고 있는 것이다.

II. 세계 고등 종교들의 평화 이해

세계에는 많은 고등 종교들이 존재한다. 근동지방의 같은 뿌리에서 태어난 기독교와 이슬람교 그리고 인도에서 태어난 힌두교와 불교 그리고 중국에서 등장한 유교와 도교 등 이른바 세계적 고등 종교들은 모두가 한결같이 인간의 행복과 평화를 위한 길을 가르쳐주고 있다는 점에서 공통점을 가지고 있다고 할 수 있다. 따라서 종교를 말할 때 우리는 인간의 참된 행복과 평화를 생각하지 않을 수 없다.

그러면 평화란 무엇인가? 평화란 사전적 의미에서는 삶의 조용하고 편안한 상태, 갈등이나 불안이 없는 상태라고 정의할 수 있을 것이다. 좀 더 부연하자면 정치적으로는 전쟁이 없는 상태, 경제적으로는 기근이나 불경기로 굶주림이 없는 상태, 사회적으로는 계층 간의 갈등이나 남녀 간 혹은 인종 간의 차별이 없는 상태 등이 평화의 상태라고 정의할 수 있을 것이다. 평화란 인간들, 사회적 집단들, 혹은 국가들 사이에서 법적으로 규정된 규범들을 통해서 갈등들을 폭력사용 없이 해결할 수 있는 상태를 말한다. 민족이나 국가가 무력이나 전쟁을 통해서 자기들의 정치나 이해관계를 관철해 나가지 않는 상태가 곧 평화의 상태인 것이다. 즉 폭력이나 전쟁이 없는 상태를 평화라고 말할 수 있다. 그렇기 때문에 평화는 민족국가들이나 제반 종교들 사이에서 많은 사람들이나 단체들이 추구하는 목표가 되고 있다.

우리는 학문적 토론에서 폭력이나 전쟁이 없는 상태를 지칭하는 평화를 소극적 의미에서 평화라고 말하고 문화적 혹은 구조적 폭력이 없는 상태를 적극적 의미의 평화라고 말한다. 즉 적극적 의미에서 평화란 폭력에 근거한 문화와 정치적 사회적 구조의 결여 혹은 억압적이고 착취적 구조들이 존재하지 않는 상태를 지칭한다. 좀 더 풀어서 이야기 하자면 적극적 의미의 평화란 전쟁이나 폭력 같은 직접적 폭력이 없을 뿐만 아니라, 한 걸음 더 나아가서 억압적 정치구조나 착취적 경제구조가 존재하지 않는 민주적이고 정의로운 사회 상태를 의미한다고 할 수 있다. 이러한 적극적 의미에서 평화 혹은 구조적 평화가 지향하는 것은 힘없고 가난한 사람들이 힘 있고 부유한 사람들에 의해서 억압당하거나 착취당하지 않는 상태를 지칭하는 것이다.[5]

예를 들어서 가난한 사람들이 돈을 빌릴 때 우리 나라의 경우처럼 1년에 66%의 고리의 이자를 주어야 한다면 이러한 사회는 착취하는 사회며 가난한 사람에게는 평화가 주어지지 않는 사회이다. 또 우리 나라와 같이 동일한 노동을 하면서도 단순히 비정규직이나 파견근로 자라는 이름 때문에 정규직 노동자의 노임의 50-60%만을 받아야 하고 자기의 권익을 위해서 노동조합도 조직할 수 없다면 그들에게는 평화가 없다. 또 국제통화기금과 같이 회원국 80%의 동의를 얻어야 모든 결의안 통과가 가능하게 되어있는 조직에서 미국이 25%의 의결권을 가지고 있다면 이 단체는 정의롭지, 평화롭지도 않다. 왜냐하면 모든 회원국들이 찬성해도 미국 한 나라가 반대하면 어떤 결정도 내릴 수 없기 때문이다.

---

5 Johann Galtung, *Peace by Peaceful Means*(평화적 수단에 의한 평화), 강종일 등 옮김, 들녘 출판사 2000년, 참조

따라서 평화를 이룬다는 것은 갈등을 다른 사람들이나 다른 나라들의 입장에서 이해하고 해결하려는 능력이며, 또 대립갈등들을 비폭력과 창조적 공동체적 협력정신을 가지고 해결하려는 자세를 가지는 것이라고 할 수 있다. 이를 위해서는 대화적 노력과 함께 발생하는 갈등의 원인들을 철저하게 연구하고 제거하려는 노력들이 필요하다.

III. 고대 중국의 종교인 도교의 평화 이해

중국의 정신사의 시작은 주전 3000년 전으로 거슬러 올라가는데 그때 등장한 책으로 알려진 도교적 전통을 가진 역경(易經)에 의하면 음(陰)과 양(陽)이라는 두 개의 기본원리들 사이의 거듭되는 변화의 원리의 상생관계를 통해서 모든 인간과 자연의 현상들이 생성소멸의 과정을 거친다는 것이다. 이러한 종교철학적 사상에 의하면 음의 원리는 수용적이고, 여성적이며 지상적인 것을 상징하고, 양의 원리는 창조적이고, 남성적이며, 천(天)적인 것을 상징한다. 이러한 기본원리에서 평화란 상징적으로 양은 아래를 향하고, 음은 위를 향하는 질서에서 생기는 것으로서 설명된다. 즉 이 음과 양이 서로 조화를 이룰 때 만물은 꽃을 피우고 열매를 맺는다. 그런데 중요한 것은 천적인 양은 지상적인 것을 향하고 그 반대로 지상적인 음은 천상적인 것을 향해 운동할 때 그 힘들이 내적인 조화를 가져오는데 그것을 통해서 만물들에게 평화와 축복이 주어진다는 것이다.

이것을 좀 더 이해하기 쉽게 설명하자면 위에 있는 남성적인 양은 아래에 있는 여성적인 음을 향하여 서로 만날 때 만물들은 조화를 이루어 생산과 축복을 얻게 된다. 이것은 남녀 간의 결혼관계에서도 발견할 수 있다. 양인 남성과 음인 여성이 서로 만나고 하나가 됨으로써 가정을 이루고 자식을 생산하며 행복을 맛보게 된다.

　이러한 음양관계는 사회적 관계에도 적용할 수 있을 것이다. 강하고 부요한 양은 아래로 내려오고 약하고 가난한 음은 위로 올라가서 서로 만나고 조화를 이루는데서만 평화가 이루어진다. 즉 강하고 부요한 양은 위에서만 움직이고 약하고 가난한 음은 아래서만 움직이게 되면 이 둘 사이에는 만남과 조화가 있을 수 없고 소외되어 결국 갈등으로 나타나게 되는 것이다. 따라서 강자는 자기를 비워 약자의 처지에 서고, 약자는 자기를 채워 강자의 위치에 올라갈 때 인간들과 사회에서는 평화가 주어진다고 해석할 수 있을 것이다.

IV. 고대 그리스와 로마의 평화사상

　고대 그리스 사상에서 평화란 질서와 안녕과 휴식의 상태를 의미한다. 인격화된 평화로서 여신 에이레네(eirene)는 부요함의 상징과 결합되어 있다. 당시 그리스의 도시국가 사이에서는 전쟁상태가 하나의 일상적 상태로 간주될 정도로 전쟁의 연속이었다. 따라서 평화의 시간들은 일종의 잠시의 휴정상태(spondai)를 의미했었다. 길고 긴 펠로폰네소스 전쟁(주전 431~404) 이후에야 비로소 평화는 오늘날의 의미에서 사용되었다. 그래서 평화협정체결들도 에이레네(평화)로 이해되었다. 이것은 곧 평화를 위해서 노력하는 것이 우리 인간의 삶에서 정상적 상태라는 것을 말해준다. 그리고 주전 4세기 초반에야 보편적 평화(koine eirene) 즉 그리스의 국가들 사이에서의 자율과 평등권에 기초한 항구적 평화질서가 계약들을 통해서 달성되어야 한다는 생각들이 등장한다.

여기서 평화의 조건들은 인간들이나 국가들 사이에서의 자율과 평등권이다. 중요한 것은 인간이나 국가에서 평화의 조건은 자율이 가능한 곳에서만 성립된다는 것이다. 개인이나 국가가 타율이나 종속에 의해서 규제된다면 거기에는 평화가 존재할 수 없다. 그래서 인간 개인이나 국가에서 자율 혹은 독립이나 주권이 존재하지 않는 상태에서는 진정한 의미의 평화가 성립될 수 없는 것이다. 그리고 평화의 조건은 인간들이나 집단 나아가서 국가들 사이에서의 동등권이다. 이들 사이에 동등한 권리가 보장되지 않고 차별이나 종속이 지배할 때 거기에는 진정한 평화가 존재할 수 없다. 따라서 평화의 조건들로서 자율과 평등은 동전의 양면같이 서로 분리될 수 없는 것이다.

로마인들도 평화(pax)라는 개념을 사용하는데 그들은 가정의 평화, 가족의 평화, 국가 간의 평화, 신과의 평화 등으로 구별해서 사용한다. 그러나 이 평화는 모든 세 개의 차원을 포괄하는데서 이해되었다. 그러나 이 평화는 로마가 제국으로 성장하여 강력한 힘을 가짐에 따라서 로마의 평화(Pax Romana) 즉 로마의 군사적 힘에 의한 평화로 전개되었다. 즉 로마 제국 내에서 평화는 거기에 예속된 국가들이 로마의 군사력에 의해서 완전히 통제되는 상태 즉 무력에 의한 평화 즉 공동묘지의 평화로 이해되었다.

V. 유대 · 기독교의 평화개념

유대교에서 평화라는 말은 희브리어 샬롬(Schalom)인데 그것은 온전함, 잘 지내는 것, 안전한 것, 행복한 것, 서로 평화롭게 지내는 것 등의 의미를 갖는다. 이 평화라는 말 샬롬은 유대인들에게서 중심적인 말이며, 이스라엘에서는 일상적인 인사말로도 사용된다.

그런데 이 샬롬이 의미하는 온전함은 신체적으로 부상을 당하지 않는 것을 의미하는 동시에 사물이나 자연이 흠집이 없는 상태를 말한다. 따라서 샬롬은 일차적으로 인간의 정신과 신체가 온전해서 모든 것을 마음먹은 대로 처리할 수 있는 능력을 가진 것을 의미한다. 예를 들어서 어린이가 신체적 불구나 정신적 장애를 갖지 않고 온전하게 태어난 것도 평화요, 또 우리가 일상생활에서 사용하거나 접하는 모든 것들이 고장이 나거나 망가지지 않은 상태도 평화의 상태이다. 만약 우리가 사용하는 가전제품이 고장이 나거나 우리가 사는 집에 비가 새서 불편하다면 불평화의 상태이다.

그리고 사람이 잘 지내는 것 즉 요즘 방식으로 말하면 건강하게 지낸다거나 좋은 직장을 갖는 것, 적령기에 결혼을 하는 것, 행복한 출산 등도 유대인들에게는 평화에 속한다. 물론 적이나 이웃에게 위협을 받지 않는 것이 평화인 것은 말할 필요도 없다. 그러나 무엇보다 가장 중요한 것은 부부간이나 가족들 그리고 이웃들이나 직장의 동료들과 잘 지내는 것이다. 매일 만나고 같이 생활하는 가족들이나 동료들과 잘 지내지 못하는 것은 매우 힘든 일이기 때문이다.

구약성서에 가장 많이 등장하는 샬롬이라는 말은 그리스어로는 에이레네로 번역되는데 여기에는 앞서 언급한 내용들을 다 담고 있다. 예수 그리스도는 구약성서에서 약속된 평화의 왕(사 9:5)으로 등장하는데 그는 죄인에게 주어지는 죽음의 형벌을 자기가 걸머짐으로써 인간들을 대신하여 하나님과 인간 사이의 적대감을 마감한다. 구약성서는 메시아인 그리스도를 통한 신과의 평화를 통해서 비로소 인간들 사이의 평화가 실현된다고 예언하고 있다. 말하자면 신과의 평화가 곧 인간 사회의 평화의 조건들이다.

신약성서에서도 예수 그리스도의 탄생을 보도하면서 그가 이 세상에 평화를 가져올 분이라는 것을 말하고 있다. "가장 높은 곳에서는 하나님께 영광이요, 땅에서는 주께서 기뻐하시는 사람들에게 평화로다"(눅 2:14). 또 예수 자신도 이 평화란 말을 제자들과 만나고 헤어질 때 인사말로 사용했을 뿐만 아니라, 산상설교에서 평화를 가져오는 자야말로 복된 사람이며 하나님의 자녀가 된다고 했다(마 5:9). 따라서 예수 그리스도의 오신 목적도 평화고 그가 선포한 하나님 나라도 평화의 왕국이라는 것이 신약성서의 핵심내용이다.

그런데 예수가 전하는 평화는 그리스인들의 질서 잡힌 삶, 즉 자율과 동등권을 넘어서고 로마인들의 평화인 군사적 통제에 의한 질서유지로서의 평화를 뛰어넘어 인간과 인간이 하나님 안에서 형제자매가 되는 사건으로서의 평화로 우리에게 말한다. 그래서 예수는 요한복음에서 이렇게 말한다. "나는 평화를 너희에게 남겨 준다. 나는 내 평화를 너희에게 준다. 내가 주는 평화는, 세상이 주는 평화와 같은 것이 아니다. 너희는 마음에 근심하지 말고, 두려워하지도 말라"(요 14:27). 그리스나 로마의 평화가 매우 정적이고 억압적이라면 예수의 평화는 매우 역동적이다. 즉 정치적 억압이나 경제적 착취로 고통당하는 힘없고 가난하고 약한 자들을 위해서 투쟁하고 돕는 행위를 예수는 평화로 본 것이다. 그래서 그는 이렇게 말했다. "나는 세상에 평화를 주러 온 것이 아니라 칼을 주러 왔다."

VI. 맺는 말

우리는 지금까지 갈등의 일반적 요인들과 종교, 특히 기독교로 인해서 발생한 갈등의 역사와 그 성격들을 고찰했다. 그리고 세계적인 고등 종교들의 평화적 이상들과 실천들도 간략하게 성찰했다. 여기서는 그러한 고등 종교들의 평화 이해를 간략하게 구별해서 정리해보고자 한다.

1) 고대의 고등 종교들이 갖는 평화에 대한 이해는 매우 개인주의적이어서 개인들의 안위와 평안함에 초점이 맞추어져 있다. 고대 중국종교철학의 음양사상은 만물의 이치를 다루는 점에서 매우 보편적인 것 같이 보이지만 그 근저에는 개인의 생사화복과 관련된 내용을 담고 있다. 그리고 고대 그리스의 평화사상도 질서와 조화를 말하지만 출발점은 개인의 삶과 연결되고 있다. 구약성서의 샬롬도 일차적으로는 개인의 안녕과 평안함이 주제가 된다.

2) 그러나 평화가 개인들의 편안한 삶을 말하고 있다고 할지라도 개인은 사회적 동물로서 공동체의 일원이기 때문에 인간들 사이의 평화 즉 사회적, 국가적 평화를 말하지 않을 수 없다. 여기에서 음양의 조화는 개인의 차원을 넘어서 우주적 차원으로 확대되며, 그리스인들

의 평화는 인간들 사이에서 개인의 자율과 평등권을 말하게 된다. 따라서 개인의 평화는 공동체의 평화를 전제하지 않을 수 없다.

3) 우리는 여기서 이른바 개인을 중심으로 보는 전쟁이나 갈등이 없는 상태로서의 소극적 평화와 함께 집단들 사이의 갈등이나 다툼이 없는 상태로서의 적극적 혹은 구조적 평화를 말하게 된다. 오늘날 복잡하게 얽혀 있는 사회적 구조나 국제간의 제반 관계들을 고려할 때 우리가 더욱 주목하게 되는 것은 사회적 집단들이나 국제 간의 구조적 평화가 가장 문제가 된다고 할 수 있다. 이른바 사회집단 간의 사회평화, 산업현장에서 산업평화, 국제관계에서 정의로운 평화가 연구되고 추구되어야 할 것이다.

4) 고대 중국의 종교나 그리스 로마의 평화들은 조화나 질서를 넘어서 힘에 의한 통제 등을 지향하고 있으며 이러한 평화의 이상들은 주로 권력을 가진 상위집단의 이상이다. 따라서 이러한 상위집단의 평화이상은 변혁이나 변화가 아니라 질서의 고착화 내지는 기득권의 확보에 중점을 두고 있다. 그러나 유대교적, 기독교적 전통에서 평화이상은 이러한 상위집단의 평화가 아니라 하위집단, 즉 정치적으로 억눌리고 경제적으로 착취당하고 사회적으로 차별받는 민중집단, 즉 하위집단들의 평화이상을 반영하고 있다. 이것은 신구약성서를 관통하고 있는 사상이고, 특히 평화의 왕으로 온 예수 그리스도의 핵심 메시지이다. 그래서 예수의 도래를 준비했던 세례요한은 이렇게 외친다. "너희는 주의 길을 예비하고, 그 길을 곧게 하여라. 모든 골짜기는 메워지고, 모든 산과 언덕은 평평해지고, 굽은 것은 곧아지고, 험한

길은 평탄해져야 할 것이니, 모든 사람이 하나님의 구원을 볼 것이
다"(눅 3:4-6). 모든 굽어진 길들이 곧아지고, 인생의 질곡의 골짜기
는 메워지고, 높은 산과 언덕은 낮아져서 평등하게 될 때 평화가 온다.
"사랑과 진실이 만나고, 정의와 평화가 입을 맞춘다"(시 85:10).

제 2 장

로마의 안보와 기독교의 평화사상

평화를 개념적으로 정의하는 것은 용이하지 않다. 우리가 경험하고 있는 전쟁, 억압, 착취, 질병 등과 같은 평화의 반대개념들을 통해서 그 의미를 밝히는 것이 용이할 것 같다. 이렇게 볼 때 평화는 우리가 바라는 일치, 정의, 자유, 건강 등과 같은 갈망의 개념들로 정의될 수 있을 것이다. 평화란 오늘날 다수의 인간들이 직면하고 있는 온갖 고통스런 모순들의 경험에서 갈구하는 것이다. 그런 점에서 평화란 인간들의 쓰라린 불평화의 경험을 일깨우는 말이며 따라서 인간경험의 깊은 내면의 차원을 지시해 준다.

또 평화란 이렇게 인간들의 현재의 상황을 지칭하는 개념이 아니라 인간들이 원하는 당위를 의미한다고 봐야 할 것이다. 그런 면에서 평화란 보다 나은 인간의 상태를 목표로 하고 있어서 미래의 희망을 지칭하기도 한다. 이 말은 개인들이나 집단 혹은 민족들이 폭력, 부자유, 곤궁의 희생자들이 되는 제반 관계들의 비판의 준거점이 되는 개념이기도 하다. 평화란 개념은 기존의 모든 지배적 개념들과 이데올로기들의 허구를 폭로하고 인간의 진정한 삶의 목표를 밝혀주는 개념이기도 하다. 따라서 평화란 인류의 공동의 미래를 지칭하는 말이기도 하다.

동시에 평화란 말은 인간의 구체적 사회적 삶과 정치적 행동과 밀접한 연관을 가진다. 그렇기 때문에 우리가 평화를 말할 때 그것이 가지는 미래의 차원의 실현 즉 인간의 실천성을 고려하지 않을 수 없다. 인간의 헌신적 실천을 고려하지 않은 평화논의란 처음부터 불가능하고 무의미하다. 왜냐하면 평화란 개념은 인간들의 노력과 투쟁을 전제하고 출발하기 때문이다. 이렇게 볼 때 평화란 개념은 그 자체 안에 혁명적 성격을 내포하고 있다.

그러면 오늘날 우리 삶을 지배하고 있는 언어들 가운데 가장 중요한 언어인 평화란 개념이 우리들 특히 그리스도인들 가운데서 어떻게 왜곡되고 오용되고 있는가 하는 것을 살펴보자. 평화란 일반적으로 전쟁과 반대되는 상황으로 파악되고 있다. 이러한 규정은 일면 타당하다. 그러나 여기에서 평화에 대한 오해도 등장한다. 우리는 일단 평화에 대한 오해들을 파악함으로써 그것이 수많은 사람들에게 해독을 끼치는 거짓 평화로 발전된다는 것을 해명하고자 한다.

첫째, 평화란 순수 정신적인 것으로서 곧 **"마음의 안정"**으로 이해된다. 옛날 그리스 사람들은 일반적으로 평화를 전쟁과 전쟁 중간에 있는 휴전의 상태로 규정했었다. 여기서는 평화란 인간들이나 집단들 사이의 관계개념이나 관계행태가 아니다. 물론 그들도 주전 8세기 이후부터 도시국가들 안에서 인간들 사이의 "일치, 정의, 참여"와 같은 개념들을 통해서 평화를 사람들 사이의 관계개념으로 파악했었다. 그리고 법(nomos)개념을 통해서 평화의 상태를 유지할 수 있는 제도들을 마련하려고 했었다. 그러나 페르시아 전쟁 및 펠로폰네소스 전쟁(아테네와 스파르타의 갈등)을 통해서 이러한 제도적 장치들이 무력화되는 것을 경험한 그리스인들은 4세기 이후 플라톤이나 아리스토텔레스의 철학을 통해서 평화란 인간 영혼의 내적 상태의 고요함으로 파악하고 있다. 왜냐하면 인간 세계에서 진정한 의미의 평화란 존재할 수 없다고 생각했기 때문이다. 그들은 평화가 가지고 있는 인간들 사이의 관계개념이나 관계행태로부터 이탈하고 있다. 다시 말하면 그들은 진정한 평화를 사회정치적 영역에서 문제 삼지 않고 오히려 인간의 내면세계로 도피함으로써 획득될 수 있는 것으로 파악했다. 인간들 사이의 지속되는 갈등들의 한가운데서 그들에게 중요한 것은 "내적 평화" 즉 마음의 평화였다.

이러한 내적 평화는 세계적 종교들이 다루고 있는 내용이기도 하다. 유대교나 기독교 그리고 인도의 종교들이 추구하는 것도 평화인데 그들은 평화를 말할 때 주로 "내적 평화"를 그 주제로 삼고 있다. 그리고 이들 종교들을 받아들인 한국의 지배적 종교들인 불교나 가톨릭 그리고 개신교인들 역시 평화를 말할 때 예외 없이 이러한 "내적 평화"를 염두에 두고 있다. 교회나 절을 찾아오는 대부분의 신도들은 일차적으로 "마음의 평화"를 얻는데 그 목적을 둔다. 따라서 종교란 이러한 인간의 내면의 세계 즉 "내적 평화"를 돌봐주는 단체로 파악되고 있다.

둘째, 평화는 **군사적** 측면에서 안보로 생각된다. 옛날 로마인들은 군사적 안보를 요구하는 지배질서의 이념적, 정치적 프로그램을 평화로 생각했었다. 이렇게 볼 때 로마의 평화는 군사적 측면에서 제국 안에서 그리고 제국 밖을 향해서 계획되고 의도된 전쟁의 마지막 목표라고 할 수 있다. 다시 말하자면 모든 적대자들을 군사적으로 굴복시키고 승리에서 얻어지는 안정을 평화로 파악했다. 그래서 로마 격언에 "네가 평화를 원하거든 전쟁을 준비하라"(si vis pacem, para bellum)는 말이 있다. 이는 곧 평화가 전쟁을 통해서 달성되는 것으로 이해되었다는 뜻이다. 역설적으로 전쟁은 곧 평화를 위한 수단이라는 것이다.

그리고 평화는 **정치적** 측면에서 보면 군사적으로 패배한 나라들과 맺어진 동맹에 의해서 평안(otium)과 안보(securitas)가 보장된 상태를 말한다. 로마인들은 일단 굴복 당한 적들과 일정한 조건하에 계약을 맺고 그들을 지배한다. 이러한 지배는 곧 피지배자에 대한 정치적 억압과 경제적 착취로 나타나는데 이것을 가리켜 로마의 평화로 규정했다. 그래서 로마 제국의 변방에 있는 점령당한 백성들에게는 로마의 평화는 곧 자신들의 불평화를 의미했다. 그래서 역사가 타키투스는 로마에 의해서 점령당한 영국인들이 "로마의 평화를 두려워했다"고 말했다. 이렇게 볼 때 로마의 평화란 피지배자에게는 억압의 평화, 따라서 공동묘지의 평화이다.

셋째, 평화의 **종교적** 측면을 살펴보자. 로마의 평화에서는 로마의 신들과의 관계가 계약적 관계로 이해되었다. 따라서 개인들의 종교적 의무의 수행은 국가에 충성과 밀접하게 연관된다. 이는 곧 정치와 종교의 직접적 동일화를 요구하여 평화는 곧 신성이 되고 자신의 제의를 드러낸다. 따라서 이러한 신이 국가제의 안에 자리 잡게 된다. 여기서 이른바 황제숭배가 등장하며 평화제의는 로마의 정치종교의 정점을 차지하게 된다. 그리고 종교가 바로 이러한 로마의 지배질서의 승인자로 등장하게 되는 것이다.

이러한 로마적 평화는 과거 아시아에서는 중국과 같은 강대국들 그리고 근세에 와서는 대영제국이라든지 일본제국주의 등에서 새로운 양상으로 나타났다. 그리고 제2차 세계대전 이후 이념국가의 출현 이후에 등장한 냉전체제 하에서는 미국의 평화(pax americana) 혹은 소련의 평화(pax sovijetica) 등 보다 새로운 모습으로 등장하고 있다. 보다 새로운 양태는 1985년 소련의 붕괴와 더불어 보다 새로운 양상으로 "미국의 평화"가 나타나고 있다. 미국은 오늘날 세계의 유일한 초 강대국가로서 그들의 평화를 온 세계에 강요하고 있으며 여기에 저항하고 있는 몇몇 국가들은 과거 영국의 민족들이 그러했듯이 "미국의 평화를 두려워하고 있다." 가장 단적 실례는 91년에 있었던 걸프 전쟁이었다. 이때 세계의 많은 나라들이 "미국의 평화"를 지키기 위해서 원치 않았지만 자신들의 청년들을 전쟁터로 보내야 했고 또 전쟁기금을 부담하지 않을 수 없었다. 지금도 이러한 미국의 평화가 유지되기 위해서 이라크인들은 온갖 수난과 고통을 감수하지 않을 수 없다.

이렇게 평화를 "마음의 안정"이나 "정치적, 군사적 안보"로 이해하는 곳에는 매우 중요한 사회 정치적 요소들이 내포되어 있다. 그리고 평화를 마음의 안정으로 또는 정치적 안보로 파악하는 데서는 그것들은 서로 무관하며 상호 모순되는 것 같이 보이지만 이러한 이해들은 내적으로 밀접한 연관을 가지고 있다. 심리학적으로 볼 때 마음의 안정을 갈구하는 사람들은 사회적 소요나 전쟁 같은 것을 기피하고 있기 때문에 아주 쉽게 정치적 안보 이데올로기에 굴복하고 만다. 그리고 정치적 안보를 주장하는 사람들은 사회적 변혁이나 혁명을 주장하는 사람들보다는 마음의 안정을 주장하는 사람들을 동지로 받아들인다. 이런 점에서 차원을 달리하는 것 같이 보이는 마음의 안정이나 정치적 안보라는 평화 이해는 인간의 깊은 내면의 세계에서 상호 연관되어 있으며 역사적으로도 이들은 보수 수구적 세력을 형성해서 상호 협조해 온 것을 알 수 있다. 그렇다면 이것들이 내면화하고 있는 사회경제적 요소들은 어떤 것들일까?

우선 이렇게 평화를 안보로 이해하는 사람들은 '지배요구'를 가지고 있다. 이들이 말하는 평화 즉 안보란 일차적으로 자기들의 이해관계의 수호라는 지극히 이기적 동기인 것이다. 이것은 어디에서나 통용되는 개념이다. 미국의 경우 하층 노동계급의 복지기금을 삭감하기 위해서 소련의 위협을 내세우고 국방비를 증강시킨다. 이것은 영국의 보수당이나 독일의 기민당에 있어서도 마찬가지이다. 사실상 이러한 보수정당들이 안보라는 이름으로 내세우는 평화는 가난한 사람들에게는 억압이고 착취로 나타난다. 이러한 현상은 한국 사회에서는 더욱 분명하다. 역대 정권이 남북분단을 이유로 안보를 내세울 때는 집권세력이 정치적 위기에 빠졌을 때이다. 집권세력들은 자기들이 처한 정치적 위기를 피하기 위해서 계속해서 안보와 관련된 계획된 프로그램들을 제시한다. 천안함 사건이나 서해간첩 침투사건 등과 같은 북한의 위협은 가장 효과적인 수단이다. 나아가서 이러한 안보이데올로기는 선거전에도 사용된다. 상대방 후보를 떨어뜨리기 위해서 "색깔론"을 편다. 상대후보의 과거역사를 들추는 일은 다반사다. 독일에서도 녹색당이 등장했을 때 바이에른 주의 주지사였던 보수파의 슈트라우스라는 극우파 정치인은 "고추이론"을 내세워 "고추가 처음에는 파랗지만 곧 붉게 된다"라며 녹색당을 공격했었다.

그 다음으로 평화를 안보로 이해하는 사람들은 민중을 억압할 때 그것을 사용한다. 우리는 그동안 노동운동과 관련해서 "산업평화"란 말을 사용하고 있다. 그러나 산업평화란 곧 기업가의 안보를 말하는 것이며 이것은 곧 노동자들의 억압과 착취를 정당화해 주는 말이다. 최근 노동법 날치기 파동에서 보여주었듯이 집권자들은 노동자의 억압과 착취를 우리 사회의 경제적 안보를 위한 불가피한 조처로 설명하려고 했었다. 이것은 정부나 기업들이 노동자를 나라의 중요한 구성원이며 삶의 파트너로 인정하지 않고 하나의 생산수단으로만 이해하고 있기 때문이다. 학교의 평화를 위해서 전교조를 인정할 수 없다는 논리도 사실은 이와 맥을 같이하고 있다.

이러한 안보개념에 근거한 거짓 평화들이 가지는 사회 정치적 요소들을 지적하자면 한이 없다. 여기서 필자는 참된 평화란 어떤 것인가를 간략하게 살피고 이 글을 마감하고자 한다.

단도직입적으로 말해서 필자는 예수가 실천하려고 했던 것이 참된 평화라고 생각한다. 예수는 "내가 주는 평화는 세상이 주는 평화와 다르다"(요 14:27)고 선언하심으로써 세상의 평화 즉 그리스의 "내적 평화"나 로마의 "정치적 안보로서의 평화"를 거짓 평화로 규정하고 거부했다. 그러면 참된 평화 즉 예수의 평화란 어떤 것인가? 그는 일차적으로 인간의 삶의 기본적 조건들을 해결해 주는 것을 평화로 생각했다. 예수는 병든 여인을 고쳐주고 "평안히 가서 건강하게 살라"(막 5:34)고 말한다. 그는 병든 자를 고쳐주고 가난한 자에게 먹을 것을 주고 집이 없는 자에게 집을 주는 것을 평화로 생각했다. "주의 영이 내게 내리셨다. 주께서 내게 기름을 부으셔서, 가난한 사람들에게 기쁜 소식을 전하게 하셨다. 주께서 나를 보내셔서, 포로 된 사람들에게 자유를, 눈먼 사람들에게 다시 보게 함을 선포하고, 억눌린 사람들을 풀어 주고, 주의 은혜의 해를 선포하게 하셨다"(눅 2:18-19). 다음으로 예수는 이러한 삶의 조건을 가로막고 있는 거짓 평화 즉 로마의 평화가 가지고 있는 실체를 폭로하는 운동을 평화로 생각했다. 그는 제자들의 할 일을 "내가 너희에게 어두운데서 이르는 것을 광명한데서 말하며 너희가 귓속으로 듣는 것을 집 위에서 전파하라"(마 10,37) 고 했다. 마지막으로 예수는 이 세상의 거짓 평화에 대항해서 투쟁하는 것을 참 평화로 생각했다. 그는 말하기를 "나는 이 세상에 평화를 주러 온 줄로 생각지 말라. 평화가 아니요 검을 주러 왔다"(마 10:34)고 했다. 따라서 예수의 평화는 어떤 상태가 아니라 이 세상의 거짓 평화의 정체를 폭로하고 그것에 대항해서 투쟁하는 삶 혹은 운동 자체를 평화로 이해했다. 예수의 평화는 그리스도인들이 흔히 생각하듯이 사바 세계를 피해서 내적 평화를 추구하는 것과는 전혀 무관하다. 로마인들이 전쟁을 통해서 억압과 착취의 지배로서의 평화를 달성했다면 예수는 이러한 로마적 평화의 실체를 폭로하고 그것과 대항해서 투쟁하는 데서 참된 평화를 쟁취하려 했다. 예수의 십자가 사건은 바로 그의 평화운동가로서의 운명이었다.

마지막으로 로마의 평화가 가지는 종교적 측면의 문제, 즉 정치적 평화와 종교적 평화의 통합이 가져온 모순을 살펴보자. 그동안 교회사는 ―중세기는 말할 것도 없고 종교개혁 이후 개신교에서도― 로마의 평화는 기독교의 재가를 통해서 유지되어 왔었다. 다시 말하자면 교회사에서 평화는 이러한 거짓 평화에 대한 교회의 재가자로서 역할을 했다는 점이다. 이것은 이미 8세기 예언자 예레미야가 분명하게 지적한 바 있다. "선지자로부터 제사장까지 다 거짓을 행함이라. 그들은 내 백성의 상처를 적당히 고쳐주며 말하기를 평강하다, 평강하다 하나 평강이 없도다"(렘 6:14-15). 한국의 가톨릭과 기독교들은 평화를 "내적 평화"로 설교함으로써 신도들을 내세주의자들로 오도하거나 아니면 "국가안보로서의 평화"에 장단을 맞추어 거짓 평화에 굴복 당하게 했던 과거를 성찰할 필요가 있다. 진정한 평화는 따라서 오늘날 우리 교회 아니 우리 사회에서 운위되고 있는 "안보로서의 평화"의 실체를 파악하고 폭로하고 그것을 극복하는 투쟁에서 성립된다. 그리스도의 평화는 따라서 안보와의 투쟁에서 성립된다.

제 3 장

새로운 세계질서와
한반도의 평화

꿍ᜌᜌ᜔꿍

I. 들어가는 말: 역사적 회상

19세기 말부터 20세기 초에 개신교는 조선반도에서 선교를 시작했다. 이 시기로 말하자면 서양세력의 아시아 침략이 그 절정에 달했고 그 물결을 타고 서구화와 근대화에 일찍이 성공한 일본이 아시아 대륙에서 본격적으로 제국주의 세력으로 등장하기 시작하던 시기였다. 1860년 명치유신을 단행한 일본은 화혼양재(和魂洋才)의[1] 기치를 들고 서양문물을 신속하게 받아들임으로써 서구식 근대화와 산업

---

[1] 화혼양재(和魂洋才)란 일본정신을 바탕으로 하고 서양의 기술을 받아들여 근대화를 이루자는 일본의 진보적 사상가들의 모토였다. 중국의 진보적 사상가들도 이와 비슷한 표제어로서 中體西用의 기치를 내걸었고 조선의 실학자들도 東道西器를 주창했었다.

화에 성공하고 그 여세를 몰아서 아시아에서 새로운 맹주로 등장한
다. 이 과정을 통해서 일본은 아시아에서 오랫동안 세력을 잡고 있던
중국과의 전쟁(1896년)에서 승리하고 곧이어 강대국 러시아와의 전
쟁(1904년)에서도 승리함으로써 한반도를 식민지화하고 그것을 기
점으로 해서 아시아 침략의 발판을 마련하게 되었다.

　　일본의 승리로 오랜 역사와 전통을 가진 조선은 마침내 독립된 자
주국가로서의 주권을 상실하는 비극을 맞이한다. 조선반도는 역사적
으로 몽고와 중국의 역대정권들의 침입과 그로 인한 불평등 조약 등
으로 인해서 정치적 억압과 경제적 수탈을 당해왔었지만, 국가와 국
민의 주권을 완전히 상실한 것은 일본에 의한 것이 처음이다.

　　그 후 근대적 산업기반이 취약했던 조선반도는 서구 열강과 일본
제국주의 세력에 의해서 광산 등 원자재 개발권을 박탈당했고 철도
등 기간산업의 부설권들이 그들의 손에 넘어가게 되었다. 유일하게
남아있던 산림마저도 채벌권이 외국인의 손으로 넘어간다. 오랫동안
조선인들의 삶의 기초가 되었던 농업기반마저도 일본제국주의 세력
에 의해서 조직적으로 수탈당했다. 따라서 조선반도는 서구 제국주의
열강들과 일본제국주의 세력의 산업화를 위한 원료공급기지와 그들
의 잠재적 시장으로 되었고 부족했던 일본 본토의 식량을 충당하는
공급기지로 전락하게 된다.

　　그뿐인가? 식민지화된 조선의 인적 자원들은 어떻게 되었는가?
일차적으로는 이들 서구열강과 일본제국주의 세력들의 식민지화 과
정에서 자원 갈취를 위한 값싼 노동력이 되었다. 수많은 젊은이들이
국내에서 값싼 노임을 받고 탄광노동자, 철도건설 현장의 잡역부가
되었을 뿐만 아니라 일본과 그들이 점령했던 여러 나라에 강제로 끌

려가서 노동력으로 전락했다. 농지를 빼앗긴 다수의 농민들은 도시에서 시작된 일본인들의 건설현장의 노동자들이 되거나 아니면 빼앗긴 땅에서 소작농으로 전락해버렸다. 그리고 농토를 잃은 수많은 농부들은 만주나 연해주 등지로 삶의 터전을 찾아서 대거 이주하거나 추방되었다. 이렇게 조선반도가 국가로서의 주권을 상실함으로 인해서 조선민족이 당한 시련과 고통은 여기서 말로 다 표현할 수 없다.

1945년, 그동안의 독립투쟁의 성과와 더불어 미국과 소련 등이 제2차 세계대전에서 승리함으로써 국가의 주권을 다시 회복하고 근대적 국가를 찾을 수 있는 기회가 주어지는 것 같았다. 그러나 남한을 점령한 미군과 북한에 들어온 소련군의 헤게모니의 대결로 인해서 국토와 국민은 분열되고 통일된 자주독립국가의 꿈은 깨어지고 만다. 이데올로기적 차이와 정치적 이해관계를 달리하는 집단들 사이의 정치적 반목과 신탁통치를 둘러싼 갈등은 통일된 하나의 근대적 국가 수립을 실패하게 한다. 그 결과 남북에서 각기 헤게모니를 장악하려는 미국과 소련은 조선민족이 자주적 민족국가 건설을 할 수 있는 능력이 없다는 평계로 남한에서는 미국에 의한 군정이 실시되고 북한에서도 소련에 의한 통치를 시작한다.

이러한 혼란의 와중에서 미국은 이승만을 부추겨 1948년 8월 15일 남한의 단독정부를 세우게 했다. 이에 자극을 받은 북한은 같은 해 9월 9일 소련의 지원을 받아 북한정권을 수립하게 됨으로써 마침내 남·북한의 민족적 분단뿐만 아니라 국가적 분단이 완성되어 버렸다. 이는 곧 한반도를 분할 점령한 미국과 소련이 각 점령지에서 일단 자신들의 헤게모니 지배를 완성한 것을 의미하기도 한다. 이러한 남북의 정치적, 민족적 분단의 완성과 미국과 소련의 헤게모니 장악의 완성은 결과적으로 세력권의 분배로 인해서 한반도의 안정과 평화가 정착될 수 없는 조건을 만들었다. 이들 경쟁하는 양대 세력 가운데 어느 하나도 한반도에서의 헤게모니를 독점할 수 없다는 결론에서 나온 잠정적 합의일 뿐이다. 한반도의 38선을 경계선하여 소련을 정점으로 한 사회주의권과 미국을 정점으로 한 자본주의권의 대결, 즉 동서간의 냉전체제가 본격적으로 시작된 것이다.

그러나 당시 미·소를 중심으로 한 양대 진영 사이의 냉전체제는 매우 불안정한 것이었다. 그것은 곧 1950년 한국전쟁을 통해서 냉전은 열전으로 나타났다. 한국전쟁은 북한에 의해서는 미국의 제국주의를 몰아내고 남북통일을 완성하는 것을 그 목표로 하고 있었으나 남한에게는 공산주의자들의 세력 확대를 위한 침략전쟁으로 규정되었다. 소련과 중국의 지원을 받은 북한과 유엔의 기치 아래 미국과 15개국의 지원을 받은 남한 사이의 전쟁은 수백만 명의 인명살상과 전국토의 황폐화를 낳고 3년 만에 결실 없이 끝났다. 하지만 전대미문의 내전이 끝나고 휴전협정이 체결되나 갈등과 대립의 요소는 그대로 남아있었다.

II. 냉전체제 이후 세계의 새로운 질서

한반도의 전쟁을 통해서 본격적으로 충돌했던 동서 양대 진영의 냉전체제는 1980년대 초에 몰타에서 있었던 소련의 고르바초프와 미국의 레이건의 회담을 통해서 종식되었다. 이러한 냉전체제의 종식은 몇 가지 세계질서의 변화를 가져왔다.

첫째, 소비에트 연방 및 동구권의 해체를 가져옴으로써 세계는 양극체제에서 다극체제 혹은 일극체제로 나아가게 되었다. 정치적으로 보면 세계는 미국을 정점으로 한 일극체제가 형성된 것으로 볼 수도 있으나 경제적으로는 다극체제로 볼 수도 있다. 유럽 국가들을 중심으로 한 유럽공동체와 미국과 중남미 국가들을 중심으로 한 나프타 그리고 일본과 중국을 중심으로 한 아시아의 경제권으로 나누어 볼 수도 있을 것이다. 따라서 전통적으로 세계를 이데올로기 내지는 개발의 척도에서 분류하던 방식 즉 미국과 서구 유럽 및 일본 등의 자본주의적 선진제국을 지칭하던 제1세계, 그리고 소련과 동유럽 등 사회주의적 체제를 가지고 경제적으로 비교적 발전되었던 제2세계, 그리고 아시아와 중남미 그리고 아프리카에 있는 정치적으로도 민주화되지 못했고 경제적으로도 낙후되었던 나라들을 지칭하던 제3세계라고 분류하던 방식은 이제 사라지게 되었다.

둘째, 정치적 냉전이 끝나고 세계질서가 경제적 블럭 단위로 재편되어감에 따라서 국가들 간에는 경제와 무역의 영역에서 열전의 양상들이 나타나고 있다. 이것은 미국과 선진자본주의 국가들의 주도로 세계무역기구(WTO)가 출범한 이래로 이제까지의 보호무역장치들이 철폐되고 무역자유화가 본격화되면서 예견되었던 일이기도 하다. 이른바 "신자유주의"로 표방되는 오늘날의 경제와 무역의 원리에서는 과거의 민족국가 단위에서의 경제활동은 불가능하게 되었고 따라서 금융자본과 산업자본의 완전한 자유의 시대가 열렸다. 1980년대를 기점으로 하여 금융자본이 과거의 산업자본을 지배하게 됨에 따라서 세계 경제 질서는 미국의 막강한 금융자본에 전적으로 종속되게 된다. 미국은 세계은행과 국제통화기금을 앞세워서 세계금융시장을 장악하고 WTO 체제를 통해서 세계무역질서를 좌지우지하게 되었다. 이로 인해서 국가들 사이에서뿐만 아니라 한 국가 안에서 계층 간의 빈부 격차가 더욱 벌어지게 되어 이른바 20대 80의 사회가 만들어졌다. 이로 인해 국가들 사이의 평화뿐만 아니라 각 국가들 안에서 "사회평화"가 심각하게 위협을 받은 상황이 점차 증대하고 있다.

셋째, 새로운 세계질서의 형성에서 이제까지의 이데올로기적 대립 대신에 민족 간, 종교 간, 문명 간의 갈등이 새롭게 증폭하고 있다. 우선 소연방의 해체로 이데올로기의 사슬에 묶여 있던 민족들 사이의 갈등이 격화되면서 다수의 민족국가들이 강제화 되었던 연방으로부터 독립하게 되었다. 리투아니아 등 발트 3국이 독립했고 우크라이나와 우즈베키스탄 등 회교권 국가들이 독립을 했다. 완전한 자주와 독립의 쟁취를 위해서 투쟁하고 있는 체첸공화국 사태는 아직도 해결을 보지 못하고 있다. 또 유고연방의 분열과 함께 세르비아 및 코소보 전쟁은 민족 간, 종교 간 갈등의 대표적 예라고 할 수 있다. 이스라엘과 아랍권의 갈등은 이미 오래된 것이지만 이전에 식민지화되었던 회교권 국가들의 미국에 대한 증오심은 단순히 탈 식민지적 민족의식을 뛰어넘는 종교적, 문화적 갈등의 소지를 안고 있다. 20003년 9월 11일 미국 뉴욕의 무역세터에 대한 알카에다의 테러공격은 이러한 제반 갈등표출의 새로운 형태라고 할 수 있다. 즉 테러라는 새로운 방법이 전 세계적으로 약자들이 강자들에게 대항하는 투쟁방식으로 된 것이다.

넷째, 대부분의 선진 공업 국가들이 냉전체제의 붕괴 이후 군대와 군비를 축소하고 복지국가로 나아가고 있다. 동서냉전체제가 해소되고 나서 특히 유럽의 국가들을 중심으로 하고 군비의 축소가 활발하게 진행되고 있으며 여기에서 파생되는 재정을 국민복지에 투입할 수 있게 되었다. 따라서 미국 등 선진국들의 전통적 군수산업체들은 심각한 타격을 받고 있으며 이들은 한국이나 이스라엘 그리고 중동과 같은 갈등지역에 무기를 수출함으로써 생존을 유지하고 있다.

III. 새로운 세계질서 안에서 한반도의 현실

1990년대에 들어와서 소련의 붕괴와 동구사회주의권의 몰락으로 세계적 차원에서 냉전체제가 종식되고 동서 간에는 나름대로의 평화체제가 수립되었으나 그것의 그 냉전체제의 시발점이었던 한반도의 오늘날의 현실은 어떠한가?

1950년대 초 한국전쟁 이후 지난 반세기 동안 한반도에서는 세계 어느 곳에서도 볼 수 없는 대결적 냉전체제가 지속되었다. 그것은 이승만 정권의 "북진통일론"이나 김일성 정권의 "적화통일론"으로 나타난 결과인데, 이러한 불신과 적대감은 지난 30년 동안의 군사정권 시절에도 변함없이 지속되었고 오늘날까지도 계속되고 있다. 지난 반세기동안 남북 간의 갈등을 해결하기 위한 정치적 해결의 시도가 전혀 없지 않았으나 수십 차례에 걸친 군사적 충돌로 인해서 이러한 해결책들은 사실상 그 결실을 거두지 못하고 있다. 이러한 갈등과 충돌은 사실상 국민의 지지를 받지 못하던 역대 정권들의 안보의 수단으로 이용되기도 했다. 남북 간의 갈등은 인위적 요소들을 담고 있다고 볼 수 있다. 따라서 남북 간 관계는 거의 전적으로 "군사적 안보"의 개념에서만 이해되었으며, 정치적 해결의 길은 열리지 않았다.

이런 군사적 대결상황에서도 몇 차례 정치적 해결의 시도가 전혀 없었던 것은 아니다. 박정희 정권 시절의 7·4 남북공동성명이 그 대표적인 것이다. 이 성명을 통해서 남북은 통일을 위한 자주, 평화 그리고 민족대단결의 원칙에 합의했다. 이것은 한반도의 분단의 역사에서 중요한 의미를 갖는다. 그러나 이 공동성명은 베트남의 공산화라는 외적 조건의 변화와 국민적 합의가 없이 이루어졌기 때문에 한반도의 평화와 통일에는 이렇다 할 기여를 하지 못했다.

그 이후 동서 냉전체제의 붕괴와 함께 남북이 각기 유엔에 가입함으로써 이룩된 화해의 분위기 속에 1992년 노태우 정부시절의 "남북 사이의 화해와 불가침 및 교류협력에 관한 합의서"(남북기본합의서)가 체결되었다. 이 기본합의서는 화해를 위한 정치회담, 불가침과 관련된 군사회담 그리고 교류협력과 관련된 경제회담 등 통일로 나아가기 위한 매우 훌륭한 내용들을 담고 있다. 그러나 이러한 합의서도 초고위급 수준이 아닌 총리급에 의해서 서명되었고 양국 정부의 실천의지의 결여로 인해서 아직까지도 아무런 실효를 거두지 못하고 있다.

이것들보다 격상된 최고수준에서 이루어진 남북 간의 합의서는 2001년 6월 15일 김대중 대통령과 김정일 국방위원장이 서명한 "6.15 공동성명"이라고 할 수 있다. 이 성명은 1992년 남북기본합의서를 기초로 보다 구체적으로 남·북한은 정치회담뿐만 아니라 인도주의 차원에서의 적십자회담을 통한 이산가족 문제의 해결, 경제적 차원에서의 남·북한 경제협력을 위한 회담 그리고 군사회담까지를 추진하기로 합의했다. 이것을 계기로 남북이산가족 상봉 등 인도주의적 차원에서의 약간의 전진이 있었다. 그러나 9.11 미국에서의 테러사건과 거기에 대응한 남한 내의 제반 비상조치들의 발동으로 인해서 구체적 성과를 거두지 못하고 있는 것이다. 그 후 노무현 정권이 들어선 후

다시 남북 정상회담이 있었고 함께 다수의 경제적 합작 사업들에 관한 합의가 있었으나 2007년 이명박 한나라당 보수정권이 들어서면서 세워진 북한에 대한 대결정책으로 그동안의 노력들이 무산되었다. 금강산 관광사업과 남북이산가족 상봉사업이 중단되고 남북협력의 커다란 성과로 되어온 개성공단 사업도 매우 위축되어 명맥만을 유지하고 있는 실정이다. 게다가 2010년 천안함 침몰사건, 북한에 의한 연평도 포격사건 등 전쟁발발 직전에 까지 나아갔다.

아직도 남북에는 각각 100만이 넘는 정규군이 248킬로의 국경선을 사이에 두고 대치하고 있다. 각각 300만 이상의 예비군이 만일의 사태에 대비하여 군사훈련을 게을리 하지 않고 있다. 남한에는 그 외에도 4만에 가까운 미군들이 전술핵무기와 최신장비로 무장하고 있으며 필요한 경우 전략핵무기 등으로 무장한 태평양 함대의 항공모함과 전투기들이 대기하고 있다.

이들의 전력을 유지하기 위해서 남한은 매년 30조에 달하는 군비를 사용하고 있으며 국군의 현대화와 전력증강 프로그램에 따라서 앞으로 몇 년 동안 최신예 전투기 구입을 위해서 5조원 이상을 지출할 예정이며 재래식 무기의 영역에서도 대량의 현대무기의 구입을 예정하고 있다. 따라서 남·북한은 새로운 세계질서의 개편에도 불구하고 군대의 감축이나 무기감축은 전혀 고려하지 않고 있으며 매년 국방비를 10%이상씩 증강시키고 있다.

북한도 그동안의 악화된 경제적 조건에도 불구하고 군대나 무기의 감축을 고려하고 있지 않다. 남한의 20분의 1에 밖에 미치지 못하는 경제력과 그로 인한 심각한 경제적 빈곤으로 인해서 재래식 무기에서 열세를 면치 못하고 있는 북한은 자기방어를 위해서 핵무장을 꾸준히 준비해 왔으며 그동안의 국제기구에 의한 핵사찰이 지속되었음에도 불구하고 두 차례에 걸친 핵실험을 통해서 다수의 핵무기 개발에 성공한 것으로 알려지고 있다. 나아가서 북한은 핵무기를 운반할 수 있는 대륙간 탄도탄 개발에서도 상당한 성과를 거두고 있는 것으로 알려지고 있다.

따라서 냉전체제가 시작되었던 한반도는 여전히 이데올로기적 대결과 함께 첨예하게 무장된 군사적 대결의 장으로 남아있다. 그리고 국가 간 갈등을 정치적으로 해결하기 보다는 군사적 안보에만 의존하고 있는 극우적인 미국과 아시아에서 다시 군사대국을 꿈꾸는 일본의 극우정권의 등장으로 인해서 한반도에서의 긴장은 더욱 첨예화되고 있다. 9.11테러 사태 이후 미국은 북한을 "악의 축"으로 규정하고 무력위협, 나아가서는 핵 위협을 계속함으로써 한반도에서의 전쟁발발 가능성은 지난 60년간 그 어느 때보다도 높아졌다. 따라서 한반도는 중동지역과 함께 세계에서 가장 (핵)전쟁의 확률이 높은 지역으로 평가되고 있다. 그리고 군대나 무기수준으로 봐서 한반도에서 전쟁이 발생하게 되면 60년 전의 한국전쟁과는 비교할 수 없는 처참한 결과를 초래할 것이 분명하다.

IV. 한반도에서 개신교 평화윤리학의 논거들

앞서도 언급한대로 한반도는 개신교가 선교되고 나서 여러 차례의 전쟁과 그 결과로 인해 일본제국주의자들의 식민지로 전락하였다. 36년간의 일본 강점이 끝나고 해방을 맞이했으나 남북 분단 그리고 거기서 파생된 동족 간의 전쟁 그리고 냉전체제가 지속됨으로 인해서 이데올로기적 갈등과 군사적 반목이 지속되고 있다. 이러한 이념적 갈등은 오늘날 우리의 삶의 전체 영역에 커다란 영향을 미치고 있다. 이러한 이념적 갈등으로 인해 정치적 영역에서는 아직도 이념적 갈등이 선거철만 되면 색깔 논쟁으로 등장하여 건전한 민주주의적 정치문화의 발전을 가로막고 있다. 경제적 측면에서도 남·북한은 각기 60만이 넘는 정규군과 200만이 넘는 예비군의 유지와 함께 막대한 군사비 지출로 인해서 서민층을 지원할 사회평화를 위한 복지비용이나 국가의 백년대계가 달려 있는 교육재정 확보에 엄청난 지장을 주고 있다. 이렇게 남북분단과 그로 인한 불평화로 인해서 발생되는 제반 영역에서의 문제점을 들자면 한이 없다. 따라서 한반도의 분단의 극복과 평화체제 수립은 우리 개신교회 아니 우리 모든 국민들의 "삶의 계명"이고 과제이다.

기독교는 지상에서 평화를 실현하기 위하여 존재하는 종교다. 누가복음 기자는 예수의 탄생 사실에 대해서 다음과 같이 선포하고 있다. "가장 높은 곳에서는 하나님께 영광이요, 땅에서는 주께서 기뻐하시는 사람들에게 평화로다"(눅 2:14). 예수 그리스도의 도래의 목표는 지상에서 사람들 가운데 평화를 실현하는데 있다. 따라서 하나님께 영광이 되는 것과 인간에게 평화가 주어지는 것은 각기 다른 것이 아니라 하나며 동일했다. 지상에서 인간들이 평화를 누릴 때 하나님께 영광을 돌리는 것이고 그 반대도 마찬가지다. 하나님께서 그리스도를 지상에 보내신 것은 사람들 사이에 평화를 허락하심으로 영광을 받기 위했다.

그래서 우리는 기독교 윤리적 관점에서 볼 때 예수의 삶과 활동은 전적으로 평화라는 개념으로 수렴되는 것을 알게 된다. 사도 바울은 그리스도의 전체 삶과 활동을 평화의 관점에서 다음과 같이 해석하고 있다. "그리스도는 우리의 평화이십니다. 그리스도는 유대 사람과 이방 사람이 양쪽으로 갈려 있는 것을 하나로 만드신 분이십니다. 그는 유대 사람과 이방 사람을 가르는 담을 자기 몸으로 허무셔서, 원수 된 것을 없애시고 여러 가지 조문으로 된 계명의 율법을 폐하셨습니다. 그것은 이 둘을 자기 안에서 하나의 새 사람으로 만드셔서 평화를 이루시고 원수 된 것을 십자가로 소멸하시고 하나님과 화해시키려는 것입니다"(엡 2:14-16). 예수 당시 구약의 율법과 계명들은 —우리나라의 국가보안법이 동족인 북한을 "주적"(主敵)으로 삼아 증오하고 미워한 것처럼— 이방인들을 적대시하고 원수와 같이 생각하도록 강요했다. 바울에 의하면 예수는 이렇게 유대인과 이방인들을 갈라놓고 적대시하게 하는 율법들과 계명들을 폐기하기 위해서 자기의 몸을 십자가에 내어주셨다. 그리고 이방인들과 유대인들 사이에 막힌 담을 헐고 그들이 하나가 되게 했다는 것이다. 우리는 그리스도의 십자가 사건을 그리스 사상의 형이상학적 구원론의 틀 안에서 단순히 속죄론으로(종교적으로)만 해석하는 것은 너무나 편협한 생각이다. 십자가 사건은 사회 윤리적 관점에서 볼 때 하나의 정치적 사건 즉 유대인들과 이방인들 사이의 화해사건 나아가서는 전 세계인들의 평화적 공존의 삶이라는 관점에서 해석되어야 할 것이다.

그래서 사도 바울은 예수 그리스도를 믿고 새로운 인간이 된 그리스도인의 삶과 그들의 공동체인 교회의 삶도 그리스도의 뒤를 따라 이 세상에서 사람들 사이의 평화를 이루는 것이라고 다음과 같이 분명하게 말하고 있다. "누구든지 그리스도 안에 있으면 그는 새로운 피조물입니다. 옛 것은 지나갔습니다. 보십시오. 새 것이 되었습니다. 이 모든 것은 하나님께로부터 옵니다. 하나님께서는 그리스도를 내세우셔서 우리를 자기와 화해하게 하시고 또 우리에게 화해의 직분을 맡겨 주셨습니다. 곧 하나님께서 사람들의 죄과를 따지지 않으시고 화해의 말씀을 우리에게 맡겨 주심으로써 세상을 그리스도 안에서 자기와 화해하게 하신 것입니다. 그러므로 우리는 그리스도의 사절입니다"(고후 5:17-20). 여기서 바울은 분명하게 그리스도를 따르는 새로운 인간들 즉 그리스도인들에게 위탁된 사명은 화해의 말씀을 전하는 것으로 규정하고 있다. 즉 그리스도가 오신 것은 세상 모든 사람들을 하나님과 화해하게 하고 또 인간들 사이에 화해를 이루기 위해서였다. 1962년에 서독개신교협의회(Evangelische Kirche in Deutschland)는 당시 독일의 분단된 상황에서 서로 적대시하던 동서 진영의 화해를 위한 동방백서(Ost-Denkschrift)를 발표하면서 바로 고린도후서 5장 17절을 주제로 삼았다. 즉 평화를 위해서 오신 그리스도를 따르는 그리스도인들과 교회는 갈등과 반목이 있는 곳에서는 어디서나 "화해의 말씀"을 전하고 실천할 "화해의 직분"을 감당해야 한다는 것이다.

그러면 아직도 냉전체제를 벗어나지 못하고 남·북한이 반목과 갈등 사이에서 살고 있는 우리 그리스도인들과 교회는 오늘날 구체적으로 어떤 과제들을 가지고 있는가?

1. 냉전 체제적 법률들과 제도들의 제거

서론적 부분에서도 언급했지만 60년 이상 지속되고 있는 한반도의 냉전체제와 그것을 지속시키고 있는 법률들과 제도들을 폐기해야 한다. 한편으로는 이러한 냉전체제의 지속은 대내 정치적으로는 남·북한 정치지도자들의 정치역량의 부족과 평화의지의 결여로 집약된다. 이승만 정권의 북진통일 정책이나 그 후의 역대 군사정권들의 지도자들은 정권의 정통성 결여와 국민들의 지지부족으로 남북통일과 화해의 문제를 본격적으로 추진할 수 없었다. 그 뿐만 아니라 그들은 국민의 민주화 요구와 통일의 염원을 억압하는데 모든 힘을 기울이고 있어서 민족문제에 대한 해결의 의지도 방안도 가지고 있지 못했다.

다른 한편 이러한 냉전체제의 지속은 대외 정치적으로는 한반도를 둘러쌓고 있는 4대 강국들, 그중에서도 한반도에 다수의 군대를 주둔시키고 있는 미국의 이해관계가 남북 간의 정치적 해결을 가로막는 장애 요인으로 작용하고 있었다. 한반도는 일본의 안보에도 매우 중요한 거점기지로서 중국과 러시아라는 군사적 강대국들과의 대결에서 빼어 놓을 수 없는 방어점이 되고 있다. 따라서 한반도의 통일은 곧 일본 안보에는 엄청난 위험과 함께 경제적 부담을 안겨주게 된다. 반면에 러시아와 중국은 한반도의 통일과 안정은 오히려 자신들의 안보상의 위험을 줄이는 동시에 군사적 부담도 경감시켜주는 효과가 있다.

따라서 현시점에서 중요한 것은 내적으로 외적으로 강요되고 있는 과거의 냉전체제를 청산하는 것이다. 이 일을 위해서는 남·북한 지도자들의 정치적 역량의 강화와 함께 민족의 자주역량의 강화와 결집이 무엇보다도 중요하다. 여기에 기초해서만 우리는 지금까지 강요되어온 냉전체제를 극복할 수 있다. 2001년 6월 15일에 남·북한 정상들이 도출해낸 "공동성명"은 바로 이러한 민족적 자주역량의 적은 발전이라고 할 수 있다.

이러한 공동성명의 충실한 실천에 근거해서 우선적으로 해나가야
할 일은 남·북한 모두가 각기 냉전적이고 대결적인 체제를 유지하기
위해서 만들어 놓은 제반 법률들 예를 들면 남한의 국가보안법과 북
한의 사회안전법 등을 철폐하는 일이 무엇보다도 중요하다. 상대방을
반국가적 적대집단으로 규정하는 제반 법적 제도적 장치들이 철폐되
지 않고는 이제까지의 냉전체제를 상호 극복할 수 없다.

2. 상호안보 개념에 기초한 군축과 민간평화운동의 확대

이러한 한반도 안의 냉전체제의 극복은 상호 안보(mutual se-
curity)를 통해서만 가능하다. 우선 상호 적대적 법률들과 제도들을
폐지하기 위해서는 서로 상대방을 침략하거나 위협하지 않는다는
1992년 노태우 정권 시절 남·북한의 "기본합의서"와 김대중-김정일
정상회담에서 나온 6·15합의서를 충실히 이행해야 한다. 합의서에
서 남·북한은 각기 상대방을 침략하거나 무력으로서 공격하지 않겠
다는 것을 약속하고 있다. 유럽과 미국에서는 그동안 지속되어 온 평
화운동의 결실로서 1980년대 초에 상호안보 개념이 등장하여 정치지
도자들이나 군사지도자들이 자의적으로 전쟁을 선포하거나 국민들
을 전쟁으로 내몰 수 없는 처지가 이룩됨으로써 당시 레이건 미국 대
통령과 소련의 고르바초프는 이제까지 깨어질 것 같지 않게 공고하던
냉전체제를 하루아침에 헐고 새로운 협력관계를 탄생시킨바 있다.

한 걸음 더 나가서 민족문제의 가장 핵심적인 내용이라 할 수 있는
통일이나 평화체제의 수립은 정부 차원에서뿐만 아니라 국민들, 즉
시민들의 차원에서 갈등해결의 길을 확대해 나가는 것이 대단히 중요

하다고 생각된다. 다시 말하면 시민불복종 운동으로서 병역거부 운동을 시작으로 해서 군사비 삭감운동과 더불어 언론 등과 같은 매체들을 통한 반북한운동이나 반남한 운동을 거부하고 민족의 화해와 평화체제의 구축을 위한 운동을 전개해야 한다. 특히 종교단체들과 시민단체 등이 앞장서서 이 운동을 전개해 나감으로써 남·북한이 상호적대관계에서부터 상호안보의 관계로 나아가는 길이 될 수 있다. 유럽 국가들에서는 지난 몇 년 동안 국가적 영역에서의 평화정책의 수단으로서 시민단체들에 의한 갈등해결 노력들이 크게 주목을 받고 있으며 그것은 때로는 국가의 재정적 지원을 받아서 실행되기도 한다. 이들 단체들 가운데 "평화교회들"의 활동은 눈부신바 있으며 8-90년대 유럽의 평화운동을 중심에 서서 이끌어 온 것은 바로 이들 "평화교회들"이었다. 그렇기 때문에 갈등들의 해소를 위한 효과적이면서도 비군사적 수단들이 시급히 요청된다. 무엇보다도 교회는 이러한 노력들의 발전, 증진, 사용을 위한 평화봉사가 전개되어야 한다.[2]

3. 평화확보에서 비군사적 수단들의 우선

우리는 그동안 평화를 안보와 혼동함으로써 평화를 말할 때나 안보를 말할 때 전적으로 군사적 수단에 의존해 왔다. 평화개념은 안보개념과는 그 출발점과 목표에 있어서 본질적으로 다른 것이다. 안보는 전적으로 군사적 차원에서 다루어져야 하기 때문에 안보를 말하게

---

2 *Schritte auf dem Weg des Friedens, Ein Beitrag des Rates der Evangelischen Kirche in Deutschland*, 1993/4, S. 32.

되면 군대와 무장의 정도에 따라서 판단하게 된다. 따라서 안보를 확고하게 한다고 할 때는 언제나 군비증강을 염두에 두었다. 반면에 평화는 정치적 차원에서 다루어져야 할 개념이고 따라서 군비의 증강이 아니라 그 감축과 관련되는 개념이다. 1989년 동독교회는 세계교회협의(WCC) 총회에서 "평화문제들에서 기본정향"으로서 "비폭력을 위한 우선적 선택"(vorrangige Option für die Gewaltfreiheit)을 제시했다. 이 도식이 목표하는 바는 갈등들의 처리와 평화의 확보를 위한 비군사적 수단들의 성과능력을 검증하고 정치적으로 이용하며 이 수단들을 더욱더 발전시키고 강화하자는 것이다.3

이를 위해서 우리는 다음과 같은 것들을 고려해 볼 수 있다.

1) 정치적 영향력 행사와 예방을 위한 외교활동(예로서 조지 부시의 악의 축 발언과 거기에 대처한 김대중 정부의 외교적 노력들).
2) 정의로운 세계경제질서의 확립을 통한 국가 간의 갈등의 감소
3) 경제적, 사회적, 문화적 협력(북한에 대한 경제적 지원과 및 문화적 활동에서 협력 등)
4) 법률에 기초한 공존을 목표로 한 갈등해소를 위한 형식들의 강화
5) 군복무 대신 민간차원에서의 평화봉사의 확대와 강화
6) 군비축소와 전쟁물자의 판매와 이동금지

세계교회협의회(WCC)도 2001년 2월 독일 포츠담에서 열린 중앙위원회에서 "무장 폭력의 상황에서 위협 당하는 민족 집단들의 보호"

---

3 *Ibid.*, S. 15.

라는 문서에서 그들을 위한 평화확보와 갈등해결을 위해서 비군사적 수단들을 고려한 정치적 조처들을 강구할 것을 촉구했었다. 사실상 "비폭력을 위한 우선적 선택"이란 도식은 2001년에 시작된 폭력 극복을 위한 10년이라는 WCC 프로그램에 그 뿌리를 두고 있다.

4. 법질서로서 국제적 평화질서의 강화

유엔헌장이 제시하고 있는바 국제적 평화질서의 강화를 위한 조치들이 시급하다. 이러한 국제적 평화질서들이 기능하고 또 효력을 발생하기 위해서는 일정한 방식으로 법적 기초 아래 구성되어야 하며 또 제도화됨으로써 "법의 지배" 아래 있어야 한다.4 이것은 세계대전 이후에 출범한 국제기구인 유엔이 이러한 "법의 지배"를 강제할 수 있는 국제적 기관으로서 기능해야 한다는 것을 의미한다. 이러한 "법의 지배"라는 꿈은 국제법의 시조라고 할 수 있는 네덜란드의 법철학자인 그로티우스(Grotius) 이래로 많은 사람들이 주장해 오고 있었지만 국제적 차원에서는 항상 힘 있는 나라들에 의해서 무시당하고 말았다. 이러한 선언에도 불구하고 한국전쟁을 비롯해서 걸프전쟁에서 나타난 양상은 유엔은 평화를 위한 국제관계에서 "법의 지배"의 담지자

---

4 The United Nations Charter(1945), 13조 등 참조: Articles 13: "The General Assembly shall initiate studies and make recommendations for the purpose... promoting international cooperation in the economic, social, cultural, educational, and health fields, and assisting in the realization of human rights and fundamental freedoms for all without distiction as to race, sex, language, or religion." Walter Laqueur and Barry Rubin(ed), *The Human Rights: Reader, A Unique Sources Book and Documentary History on the Isssue of Human Rights,* New York, 1979, 195-197.

라기보다는 강대국의 도구로 전락했다는 느낌마저 들고 있다.

　독일 개신교의 평화백서인 "평화의 길에서의 전진들"이란 문서는 유럽인들의 관점에서 이러한 유엔의 기능에 대해서 평가를 하고 있다. "갈등의 경우 법이 관철되어야 한다. … 유엔의 법을 통해서 논거 지어진 그러나 아직도 불완전하기는 하지만 국제적 평화질서에서 질적으로 새로운 것은 그것이 최후의 수단으로서 물리적 강제를 법의 관철의 수단으로서도 인식하고 있다는 데서 성립된다."5 이러한 기대에도 불구하고 9·11 테러사건 이후 전개된 아프가니스탄 전쟁에서 미국은 이러한 현존하는 국제기구의 결의나 동의 없이 전쟁을 수행했다. 이런 점에서 앞으로 유엔을 비롯한 국제기구들은 힘에 의한 군사적 평화가 아니라 상호 이해와 협력을 통한 평화로운 국제관계를 발전시키고 통제하는 방향으로 나아가야 할 것이다.

　국제적 연대를 가진 교회들이나 세계의 고등 종교들은 서로 협력하여 이러한 국제적 평화질서를 세우는데 더욱더 노력해야 한다. 왜냐하면 이데올로기적 대결이 종식된 이후에는 민족적 혹은 종교적 갈등들이 더욱더 증가되고 첨예화되는 현상을 보여주고 있기 때문이다. 또는 문화충돌론이 등장하기도 한다. 이 점에서 모든 문화의 뿌리가 되는 "종교 간의 평화 없이는 세계평화도 불가능하다"라는 독일의 가톨릭신학자 한스 큉(Hans Küng)의 주장에 귀를 기울일 필요가 있다.6

5　Schritte ,auf dem Weg des Friedens, Ein Beitrag des Rates der EKD, *EKD-Texte* 48, 1994(3. erweiterte Auflage 2001). S. 25ff.

6　Hans Küng, *Weltfrieden - Herausforderung für die Weltreligion, in: Weltethos für Weltpolitik und Weltwirtschaft,* Darmstadt, 1998. S. 159ff.

5. 최후의 수단(ultima ratio)으로서 군사력의 사용

새로운 세계질서 안에서 코소보 사건과 같은 민족적 갈등들이나 9·11 테러사건과 같은 강대국에 대한 공격 등 긴급한 상황이 도래했을 때 우리는 즉시 무력사용을 통한 문제해결을 생각하게 된다. 그러나 기독교 평화윤리의 전통에서 볼 때 무력사용은 단지 불가피한 경우 최후의 수단이 되어야 하며, 과도하게 확대되어서는 안 된다. 동시에 오늘날 현존하고 있는 국제평화기구 말하자면 유엔과 같은 공적 기구의 승인이나 동의를 얻어서 제한적으로만 사용되어야 할 것이다. 9·11테러사건 이후 아프간 전쟁에서는 이러한 국제법적 절차나 국제기구의 동의 없이 미국이 일방적으로 무력을 사용한 것은 매우 좋지 못한 선례를 남겨주었다. 특히 테러의 응징이라는 차원에서 최근 논의되고 있는 이라크에 대한 미국의 독자적인—유엔 등 국제기구의 승인 없는 무력 사용이 용납해서는 안 될 것이다. 무력 사용을 위해서는 충분한 이유와 함께 국제적인 동의가 선행되어야 한다.

6. 평화윤리의 주개념으로서 정의로운 평화

1981년도에 출간된 서독의 개신교 평화백서인 "평화의 보존, 증진, 갱신"(Frieden wahren, fördern und erneuern)에서는 모든 그리스도인들은 정치적 책임을 따를 의무가 있으며 궁극적으로는 모든 기독교 과제들은 이 평화계명에 종속된다고 선언하고 있다.[7] 여기에서 기

---

7 *Frieden wahren, födern und erneuern, eine Denkschrift der Evangelischen*

독교 평화윤리의 목표방향에서 모든 윤리적 명제를 포괄하는 것은 지상에서의 평화실천이라고 말할 수 있다. 여기서 말하는 평화, 즉 그리스도의 평화는 "내가 주는 평화는 세상이 주는 평화와 같은 것이 아니다"(요 14:27). 말하자면 그리스도의 평화는 무력을 통해서 모든 적대자들과 반대자들을 억압하고 침묵시키는 "로마의 평화"가 아니고 그리스 사람들이 말하는 "마음의 평화"(Ataraxia)도 아니다. 로마의 평화에서는 안보가 평화로 오해되고 있고 그리스의 평화에서는 내면의 안정이 평화로 변용되고 있다. 로마의 평화에서는 정치적 책임성이 군사적 의무수행으로 해석되고 있으며 그리스의 평화에서는 정치적 책임성을 도피하는 수단으로 이용된다.

기독교의 평화계명과 거기에 따른 정치적 책임성은 "지상에서의 평화" 보존과 증진 그리고 갱신을 위한 투쟁적 삶의 형식을 띠고 있기 때문에 일차적으로는 로마적 평화에 대한 투쟁을 통해서("너희는 내가 땅위에 평화를 주러 온 줄로 생각하지 말라. 평화가 아니라 칼을 주러 왔다." 마 10:34) 그리고 그 다음으로는 그리스적 평화, 마음의 평화에 대한 투쟁을 통해서 실현되어야 한다.

우리는 이러한 기독교적 평화를 "정의로운 평화"라고 정의할 수 있을 것이다. 이 개념은 1988년 세계교회협의회 총회에서 동독의 교회 대표들이 제안한 생각으로서 "정의로운 전쟁"에 대한 반대 개념으로 사용하고 있다.[8] "안보는 오직 군사적으로만 정의될 수 없다. 안보는

Kirche in Deutschland, Gütersloher Verlagshaus Gerd Mohn 1981, S. 10
8 독일 가톨릭 주교회의도 2000년에 들어와서 "정의로운 평화"라는 표제 하에 새로운 평화개념을 발표한바 있는데 이것은 내용적인 면에서 많은 부분 독일 개신교의 "평화의 길을 향한 진보들"과 일치하고 있다.

무엇보다도 남과 북 그리고 동과 서 사이의 삶의 기회들의 정당한 분배, 인권의 보존, 법치국가적이고 민주적 구조들의 강화, 삶의 자연적 기초들의 보호에 의존하고 있다."9 여기에서 확대되어 사용된 안보나 평화개념은 그동안의 평화연구의 결과들에서 나온 것이다. 신뢰할만한 평화구조를 위한 기본적이고 상호 의존적인 구성요소들을 들자면 다음과 같은 것들이다.

1) 자유의 수호를 보장하는 법치국가성과 거기에서 도출되는 법의 안정성 확보
2) 심각한 경제적 불균형들의 제거와 함께 다수의 사람들이 처한 곤궁의 완화를 위한 경제적 정의실현
3) 불법적인 폭력을 막아내기 위한 국제조직들과 국제법의 강화
4) 불관용과 민족주의적 경향들에 대처할 수 있는 소수민들과 다른 인종들과의 공동의 삶을 위한 문화의 증진10

이러한 네 가지 구성요소들은 한 사회 안에서뿐만 아니라 국제적 관계들 안에서도 세계적 차원의 준거가 되어야 할 것이다.

---

9 *Schritt auf dem Weg des Friedens*, S. 14.

10 Friedensethik in Bewährung. Eine Zwischenbilanz zu Schritte auf dem Weg des Friedens. in: *Orientierungspunkte für Friedensethik und Friedenspolitik.* S. 5.

V. 결론

한국 개신교회는 한반도를 둘러싼 제국주의 열강들의 쟁탈전과 그들에 의한 식민지화 과정에서 조선반도에 들어왔다. 이들 영미계통에서 교파교회 혹은 자유교회의 전통을 가진 대부분의 선교사들은 "보수적이고 정통주의" 전통에 속해 있어서 처음부터 "정교분리"의 원칙에 따라서 선교활동을 시작했으므로 복음과 그 담지자인 교회가 갖는 정치적 책임성을 안중에 두지 않았다. 물론 지극히 적은 수의 일부 선교사들은 식민지화된 조선민족들에 대해서 연민의 정을 가지고 복지사업과 교육사업에 노력을 기울였지만 대부분의 선교사들은 당시의 국제적 현실을 받아들이고 그리스도인들이 피안의 세계가 주는 평안과 복락을 위해서 노력하도록 권면했다.

따라서 한국의 개신교인들은 "지상의 평화"보다는 "천상의 평화"를 갈구하게 되었고 사회적 정치적 책임성, 특히 그리스도인들의 평화위탁에 대해서는 별 관심을 갖지 않게 되었다. 그리고 일부 독립운동에 관심을 가졌던 "민족의식을 가졌던 그리스도인들"은 선교사들과 그 동맹세력에 의해서 교회에서 추방되는 현상까지 나타나게 되었다. 그것은 1907년에 있었던 선교사에 의한 대부흥운동과 1910년 한일합방 직후 민족자주와 독립을 위해서 그리스도인들을 중심으로 만들어졌던 신민회에 대한 일제의 탄압과 교회의 외면과 배척으로 분명하게 드러났다. 따라서 1919년 독립운동이 실패로 끝나자 한국개신교회는 보수적 선교사들과 그 동맹세력들에 의해서 장악되어 완전히 타계적인 기독교로 고착되게 된 것이다.

해방되던 1945년이 될 때까지도 종파를 가리지 않고 지배하고 있던 이러한 경향이 일부에서 깨어지기 시작한 것은 1960년대 중순부터 70년대 초에 박정희의 권위주의적 정권이 들어서고 나서부터이다. 국민의 동의를 외면한 한일국교 정상화의 강행과 함께 시작된 산업화 과정에서 자행된 인권탄압에 대해서 교회가 눈을 뜬 것이다. 이의 계기는 독일의 신학자 본회퍼의 참여적 삶의 소개와 함께 유럽에서 진행되던 산업선교 및 하나님의 선교운동에서 영감과 에너지를 얻었기 때문이다. 처음에는 인권운동과 민주화 운동의 기치로 출발했으나 80년대에 들어오면서 통일운동으로 발전되었다. 분단된 조국의 통일 없이는 인권도 민주화도 불가능하다는 인식이 통일운동의 출발점이 되었다.

이러한 통일운동은 2000년대에 들어오면서 새로운 지평을 열어가고 있다. 그것은 1990년 서울에서 열렸던 "정의, 평화, 창조질서의 보전" 대회를 기점으로 해서 정의, 평화, 창조질서의 보전이라는 삼중의 개념들이 궁극적으로는 "평화"라는 개념으로 수렴된다는 인식이 확산되면서부터 평화운동이 오늘날 시민운동의 보편적 개념이 되었다. 인권운동, 민주화 운동 그리고 통일운동도 결국은 한반도에서 평화를 달성하기 위한 운동으로 수렴되게 된다. 이러한 제반 운동들은 궁극적으로는 교회가 "지상에 평화"를 이루기 위한 부문운동에 불과한 것이기 때문이다. 아니 역사상 각 분야에서 위대한 업적을 남긴 사상이나 운동들도 궁극적으로는 "지상에서 인간들 사이의 평화"를 위한 것들이다.[11]

궁극적 평화는 하나님의 손에 속한 것이지만 그것을 위해서 일하

---

11 위대한 경제학자인 아담 스미스도 그의 국부론이나 도덕감정론에서 경제학이나 정치철학의 궁극적 목표는 인간들 사이의 평화라고 말했다. 토머스 홉스는 그의 국가론에서 국가의 궁극적 목표는 인간들이 평화롭게 살 수 있는 조건을 제시하는 것이라고 했다.

는 인간들은 그리스도인들이어야 한다. 예수는 그의 산상설교에서 "평화를 위해서 일하는 사람은 복이 있다. 그들이 하나님의 자녀라고 불릴 것이다"(마 5:9)라고 했다. 바울도 "하나님의 나라는 먹는 일과 마시는 일이 아니라, 성령 안에서 누리는 의와 평화와 기쁨이다"(롬 14:17)라고 했다. 이러한 지상에서의 평화운동이야말로 한국의 그리스도인들과 교회들이 오늘날 감당해야 할 가장 중요한 과제로 등장하고 있는 것이다.

제 4 장

김재준의 사상에 나타난
동북아시아의 평화

I. 들어가는 말

필자가 요청받은 주제는 "동북아시아와 한반도 평화"이다. 이 주제가 기대하는 것은 첫 번째 제2차 세계대전 이후 미국과 소련에 의해서 강제로 분단되어 그것으로 인해서 동족상잔의 한국전쟁을 치르고 아직도 분단된 채 대결과 반목상태에 있는 한반도의 평화를 어떻게 달성할 수 있는가 하는 것이다. 두 번째 이 평화를 달성하기 위해서는 동북아 지역 국가들과 가졌던 과거의 전쟁과 대결의 시대를 경험했던 역사적이고 정치적 유산들과 문제들을 청산하는 것일 것이다. 세 번째 한반도의 평화와 번영을 위해서 동북아시아 국가들의 협력관계를 위한 틀을 어떻게 형성해 나갈 수 있을까 하는 문제다. 그리고 마지막으로 동국아시아의 평화의 내용과 질을 장공 김재준의 관점에서 어떻게 신학적으로 심화시키는 길을 찾을 수 있을까 하는 것이다.

필자는 1990년 소련과 동유럽의 붕괴이후 미국의 초극적 패권주의에 직면해서 대안모델로 새롭게 논의되고 등장하고 있는 지역 공동체들 모델들과 그것들이 지향하는 평화와 협력의 의의들을 간략하게 살펴보고자 한다. 최근에 와서 미국 발 경제위기는 미국의 패권이 강하게 흔들리고 있음을 보여준다. 중국은 미국에 맞서는 G2 국가로 성장했다. 미국은 여전히 군사적 면에서는 그 힘을 과시하고 있지만 이라크, 아프가니스탄 전쟁에서 미국의 군사적 패권의 한계를 드러내고 있다.

따라서 미국의 패권이후의 다극적 세계질서, 즉 지역주의 흐름에 주목하지 않을 수 없다. 우리는 이미 새로운 다극적 세계질서 시대에 들어서고 있다고 할 수 있다.[1] 왜냐하면 유엔과 같은 세계기구는 그동안의 성과로 봐서 전 세계적 문제뿐만 아니라 지역적으로 제기되는 문제들을 해결하고 조정하는 데는 한계를 보여 왔기 때문이다. 특히 유엔은 동서냉전체제에서는 미·소의 이해관계의 대립으로 제구실을 하지 못했고, 냉전체제 이후 미국의 이해관계에 과도하게 의존함으로써 전체 회원 국가들의 이익을 대변하지 못했다.[2]

---

1 크게 보아서 지역적 세계질서로서 아프리카 연합(African Union), 유럽연합(European Union), 남미국가연합(UNASUR), 미주국가연합(Organization fo American States), 아랍동맹체(Arab League), 남아시아국가연합(Association of Southeast Asian Nations(ASEAN), 남아시아 지역협력기구(South Asian Association of Regional Cooperation) 등을 들 수 있다.
2 장공 김재준은 유엔의 모순을 다음과 같이 피력하고 있다. 유엔총회와 안전보장이사회, 투표자와 집행자의 모순이 첫째며, 둘째는 권력정치에 사로잡혀 있는 것이다. 즉 미·소가 불화할 때 두 강대국을 함께 견제할 수 있는 권력이 부재하다는 것이다.

이러한 지역주의 흐름에서 특히 주목하게 되는 것은 첫째로 자본 축적의 중심축이 되는 미국, 유럽연합, 아시아 국가들의 경쟁이다. 이제까지의 자본축적의 중심축이었던 미국은 경제위기에 직면해서 새로운 돌파구를 찾으려고 몸부림 치고 있었고, 여기에 대항할 만큼 경제적으로 성장한 중국, 인도 등 아시아 국가들은 서서히 아시아의 독자적 중심축을 구성하고 있다. 유럽은 이미 유럽공동체를 경제통합단계에서 정치통합의 단계로 들어섬으로써 유럽지역의 확고한 축을 구성하고 있다. 그 다음으로 남미국가들은 2000년대 초반부터 친미우파정권들의 정치적 억압과 경제적 부패에 실망한 국민들에 의해서 좌파지도자들이 집권함에 따라서 베네주엘라 대통령 차베스가 주도하는 남미국가연합, 남미은행, 남미안보협의회 등을 구성하고 미국에 도전하는 연대세력으로 등장하고 있다. 지역적 통합을 통하여 자신들의 몫을 찾고 세계무대에서의 경쟁에 나서고 있는 것이다.

둘째로 동북아시아 국가들, 특히 한국은 정치, 경제 등 모든 면에서 미국과 일본에만 의존해 왔는데 이들 나라들의 정치적, 경제적 쇠퇴와 함께 중국과 러시아 그리고 인도 등의 부상으로 한국은 모든 면에서 새로운 도전을 맞고 있다. 한국은 그동안 미국과 일본에 의지해서 국가안보를 보장받고 다소나마 경제발전을 이룩했으나 동아시아에서 중국의 급부상과 함께 북한정권과의 밀착관계가 가져올 예측 불가능한 상황에서 새로운 진로를 모색해야 하는 처지에 직면했다.[3] 이러한 심각한 도전은 금년 11월에 서울에서 개최되는 G20회의에서도

---

3 김애화, 안영민, 임승수, 조예재 지음, 『다극화체제, 미국이후의 세계』, 시대의 창, 2010, 참조,

나타나기 시작했다.

따라서 필자는 우선 동북아시아라는 개념을 지리적, 역사적, 정치적으로 간략하게 살펴보고자 한다.

II. 동북아시아에서 한반도의 조건들

동북아시아란 지리적으로는 아시아의 북부지역으로 중국, 한국, 일본을 주축으로 하고, 경우에 따라서는 몽고와 대만 등을 포함하는 지역이다. 문화적으로는 이 지역은 한자문화권에 속하며 따라서 문화적으로 중국이 중심적 역할을 해 오고 있다. 역사적으로나 정치적으로도 그동안 중국이 동북아시아의 중심적 역할을 해왔다고 할 수 있다.

그러나 19세기에 들어서면서 동북아시아의 제반 사정은 급변했다. 서구열강들의 제국주의적 팽창에 의해서 중국을 비롯하여 동아시아 국가들은 강제적인 문호개방이나 식민지화의 수모를 당한다. 이 과정에서 일본은 재빨리 서구화의 문물을 받아들여 근대화함으로써 아시아의 강자였던 중국(1896년)과 러시아(1904년)와의 전쟁에서 승리함으로써 동아시아의 맹주로 등장한다. 일본은 한반도의 식민지화(1910년)한 후 동남아시아 제국들을 식민지화하고 나아가서 만주국과 중국의 일부를 장악했다. 일본은 역사의 후발주자였던 독일, 이태리와 더불어 역사의 선두주자였던 영국과 러시아 그리고 미국에 대항하는 제2차 세계대전을 일으킨다.

제2차 세계대전에서 일본이 패배한 후 한반도는 일본세력으로부터 해방되었으나 2차 대전의 가장 큰 승리자인 미국과 소련의 분할점령으로 인해서 식민지라는 비극의 역사를 제대로 청산하지 못하고 분단국가로 남게 되었다. 그것은 결과적으로 한국전쟁이라는 동족간의 전쟁으로 나아가게 되었고 휴전이 되었으나 지금도 한반도에서는 분단과 냉전 상태가 지속되고 있다.

이러한 분단으로 인해 남·북한은 전후 60여 년 동안 정치적, 군사적으로 대립을 계속해왔다. 그 결과 남·북한 국민들은 모두가 비정상적으로 오래 지속되는 휴전체제 하에서의 대립으로 인해 고통스러운 삶을 살고 있으며 정치적으로는 국민이 주인이 되는 자유롭고 정의로운 사회를 실현하지 못했다. 남한에서는 분단체제의 사생아로 탄생했던 이승만 독재정권이후 박정희로부터 시작하는 군사독재가 30여 년 동안 계속되어 왔다. 이들 독재정권들은 깨어 있는 국민들의 투쟁에 의해서 극복되고 민주정권들이 들어섰다. 김대중의 국민의 정부와 노무현의 참여정부 시절 약 10년 동안 남한에서는 민주주의가 다시 회복되고 나아가서 북한과의 관계도 개선되어 국민들이 남북의 통일과 평화에 대한 희망을 갖게 되었었다. 그러나 북한에서는 김일성, 김정일, 김정은 등으로 이어지는 세습정부의 일당독재체제와 선군정치체제로 국민들의 자유와 민주주의는 말살당해 왔고 근래에는 국민들의 인권은 물론 생존권마저 위협당하고 있다. 남한에는 친미 일변도의 한나라당 이명박 정부가 들어선 이후 정치에서 민주주의는 후퇴하고, 경제에서는 친 재벌 정책으로 일관함으로써 빈부격차는 심해지고 서민대중들은 빈곤에 시달리는 처지가 되었다. 특히 남·북한 관계는 급격히 악화되어 대화에서 대결로, 평화에서 안보로 전환됨으로써 통일에 대한 국민들의 희망은 사라지고 말았다. 특히 이명박 정부는 미국과 일본에 의지하는 한반도의 안보정책을 추구함으로써 김대중, 노무현 정부가 추구하던 민족의 자주적 "평화정책"을 완전히 무효화 해버렸다.

이러한 현재의 대결상황에서 한반도의 평화의 내적 조건은 무엇일까? 그 다음으로 한반도 평화의 외적 조건들로서 동북아시아의 국가들의 제반 정치적 조건들과 협력관계를 어떻게 구축해야 할 것인가?

1. 한반도 평화의 내적 조건들

1) 한반도 특히 남한 내에서 진보적 평화세력의 역량강화가 선행되어야 한다. 해방 후 지금까지 남한은 수구적 안보세력이 정치, 경제, 군사 등 모든 영역을 장악해 오고 있다. 이 안보세력은 과거의 친일세력과 현재의 친미세력들로서 국가의 정체성을 자유민주주의와 자본주의적 시장경제체제 두고 있다. 그들은 친미사대주의적 사고에 매몰되어서 민족문제를 민족공조를 통한 평화적 통일보다는 미일공조를 통해서 남한의 안보만을 유지하려고 한다.[4]

2) 남한 내에서 진보적 평화세력은 안보세력인 한나라당을 제외한 야당들과 진보적인 시민단체, 진보적인 종교 세력들 그리고 자본주의 체제에서 고통 받은 절대 다수의 노동자와 농민들로 구성되어 있다. 이들은 정치적으로는 사회적 민주주의와 복지국가를 추구하며,

---

4 신약성서에 나타나 있는 친 로마 세력인 헤롯당과 사두개파가 여기에 상응한다고 할 수 있다

경제적으로는 자유 시장경제보다는 사회적 시장경제와 분배의 정의를 추구한다.5 이들은 외교에서 미일공조보다는 민족공조를 추구하기 때문에 북한과의 화해와 민족의 자주적 통일과 평화를 추구한다.

3) 따라서 남한 내의 진보적 평화세력의 역량이 그동안 크게 성장해 왔고 앞으로도 성장할 수 있는 지반이 형성되었다.6 이러한 지반은 사회 각 분야 특히 야당과 시민단체 그리고 교육기관 등을 통해서 점차 강화되는 추세이다. 앞으로 이러한 추세는 미국과 일본의 패권의 급격한 약화와 중국과 인도 등의 급부상 그리고 제3세계 국가들의 세계정치에서의 역량강화로 더욱 급진전될 것으로 보인다.

4) 이러한 진보적 평화세력은 미국의 쇠퇴하는 패권주의에 맞서서 동북아시아의 지역 공동체들의 강화로 더욱 성장할 수 있는 조건들이 만들어지고 있다. 따라서 남한의 평화세력은 정치적으로나 경제적으로나 안보세력이 추구하는 미국과 일본에만 의존할 것이 아니라 동북아 지역 국가들과의 협력을 강화함으로써 다변화된 외교와 경제협력을 추구해 나가야 할 것이다.

5) 이러한 평화세력들은 북한과의 화해와 평화 그리고 궁극적으로는 통일을 위해서 정치, 경제, 사회, 문화 등 각 분야에서 교류를 강

---

5 사회적 시장경제

6 2010년 10월 26일 한나라당 대표인 이상수가 국회의 시정연설에서 중도실용주의를 내세우며 좌파가치들도 수용하겠다고 선언한 것은 한국에서 진보적 평화세력이 상당히 성장한 것에 대한 위기감을 표현한 것이라 할 수 있다.

화해야 한다. 특히 청소년 단체들, 시민단체들, 문화단체들, 종교단체들의 남·북한 교류와 협력은 경직화된 남·북한 관계를 완화하고 서로 화해와 협력으로 나아가는 지름길이 된다. 각 지방 자치단체들과 경제단체들을 통한 경제적 교류와 협력은 화해와 통일로 나아가는 절대 필수적 조건이 된다. 이러한 과정들을 거쳐 국회나 정부의 남북교류와 협력은 평화통일의 길을 열어나갈 것이다.

2. 한반도 평화의 외적 조건들: 동북아시아 국가들과의 협력

1) 세계는 앞서 언급한대로 미국의 패권주의 시대 이후의 세계, 즉 다극화 체제 혹은 지역적 공동체를 통한 평화와 번영을 추구하는 새로운 시대를 맞이하고 있다. 동북아시아국가들도 이제는 정치적, 경제적 협력 체제를 만들어 공동의 안보와 번영을 통해서 화해와 평화의 길로 나아갈 때가 되었다. 이러한 길을 가로막는 이데올로기적 대립은 이미 사라졌다.7 중국, 러시아, 일본 등 강대국들의 새로운 패권주의를 극복하고 협력적 지역공동체를 만들어 가는 것이 문제이다. 이 세 나라는 모두가 강대국들이기 때문에 일방적인 패권주의는 내세울 수 없을 것으로 보인다.

---

7 김재준,『세계평화의 문제』, 장공전집 7권, 326 (「사상계」, 1985년 8월); "유럽의 지도자들은 이데올로기보다는 생활건설을 앞세우고자 주장한다. 다 같은 인간이니만큼 다 잘 살기를 원하는 것이며, 생활이 안정되면 자유를 원하게 됨으로 우선 생활건설에 성공하면 이데올로기의 차이는 저절로 희미해진다는 것이다. … 실존이 본질에 선행한다는 것이 시인된다면 이것도 귀담아 들을 이야기다." 장공은 이데올로기 극복의 대안으로서 인간 본성이 요구하는 보편문화를 제시한다.

2) 한국은 일찌감치 사회주의 국가였던 중국과 러시아와 국교를 맺고 화해와 협력의 길로 나아가고 있다. 북한은 미국과 일본과의 관계정상화와 함께 화해와 협력을 통한 평화의 길을 추구하고 있지만 미국과 일본은 북한과의 관계를 개선하기보다 막강한 군사력의 위협으로 무조건적인 굴종을 강요하고 있는 실정이다. 이것이 남·북한의 화해와 통일의 가장 걸림돌이 되고 있다. 따라서 미국과 일본은 전근대적 패권주의를 청산하고 북한과 화해하고 협력함으로써 동북아시아에 남아 있는 전쟁의 위협과 불평화를 해소하고 상호협력과 평화의 길로 나아가는데 협조해야 할 것이다. 왜냐하면 미국의 패권주의 시대는 이미 지나가고 있기 때문이다.

3) 이러한 미국과 일본 그리고 북한의 화해와 협력은 남·북한의 통일과 평화의 기본적 조건이 된다. 왜냐하면 미국과의 공조를 통한 안보에 족쇄를 차고 있는 한국정부가 민족공조를 통하여 북한과 화해하고 협력하여 한반도에서 평화를 이루기 위해서는 미국과 북한의 화해가 필요한 실정이기 때문이다. 따라서 남한 정부는 쇠퇴해 가는 미국의 일극체제의 패권주의에만 매달릴 것이 아니라 다극화되어 가는 지역공동체라는 새로운 평화와 번영의 길을 모색하지 않을 수 없다. 한국은 국제무역에서도 미국 위주에서 다변화를 추구하고 있고 중국은 제1의 무역파트너로 등장하고 있다. 따라서 남북화해와 통일은 이러한 변화되어가는 세계질서에서 삶의 계명이다.

4) 남·북한의 화해와 통일 그리고 동북아시아 지역공동체의 건설은 상호 밀접하게 얽혀 있는 사안이다. 남·북한의 통일 없이 아시아

지역공동체의 구성은 어렵고, 반대로 지역공동체의 구성의 열망은 남
·북한 통일의 촉진제가 된다. 왜냐하면 근래에 동북아시아 지역공동
체형성의 씨앗들이 여러 방면에서 싹트기 시작하고 있기 때문이다.

III. 동북아시아 평화공동체의 꿈: 동북아시아의 집[8]

근래 동북아시아 평화공동체의 꿈으로서 '동북아시아의 집' 구상
을 본격적으로 제안하고 연구하는 학자들이 활동하고 있는데 대표적
으로 일본의 동경대학교 정치학부 교수인 와다 하루끼(和田春樹)이
다. 그는 원래 러시아 연구가였으나 박정희 시절 한국의 민주화 투쟁
에 깊은 관심을 갖고 투신함으로써 동북아시아에 대한 연구로 전환한
다. 그는 1990년대 초부터 "동북아시아 공동의 집"을 구상하고 오늘
날까지 지속적으로 연구하고 있다.

그는 첫째로 소련의 붕괴와 미국의 군사적, 경제적 초국가화가 발
생시키는 문제들, 특히 북한과 이란 등에 가하는 엄청난 위협들과 여
기에 대항하는 북한의 핵무기개발로 동북아시아는 세계에서 가장 위
험한 (핵)전쟁의 위협에 처하게 되었다. 따라서 북한에 대한 미국의
비이성적 공세와 여기에 대한 북한의 핵무기로 대항하는 것은 인접국
인 한국이나 중국뿐만 아니라 일본에게도 평화와 안전보장에 위협이

---

8 일본은 동아시아 지역에서 구미의 식민지지배의 타파를 구실로 대동아공영권을 주창했
  었다. 이는 메이지 시대의 아시아연대론과 독일의 지정학적 생활권(Lebensraum)의
  구상을 이어받은 것으로서 內鮮一體, 日滿支 3國提携, 東亞協同體 등의 구호를 내세
  웠으나 이는 동북아시아에서의 일반침략을 은폐한 것이었다.

되지 않을 수 없다. 그래서 의식 있는 일본의 학자들은 물론 한국과 중국 러시아의 지식인들이 동북아시아의 평화공동체 형성을 위한 논의에 들어갔다.[9]

둘째로 동남아시아 국가연합(Association of South East Asian Nations=ASEAN), 즉 동남아시아 공동체의 움직임이다. 2000년 11월 말레시아에서 열린 제5차 ASEAN+3(중국, 한국, 일본)정상회담의 동아시아 비전그룹이 보고서 "동아시아 공동체를 향하여—평화, 번영, 진보의 지역"이 제출된다. 거기에 이렇게 쓰여 있다. "우리 동아시아 국민들은 지역 내 모든 국민의 전면적 발전에 기초한 평화와 번영, 진보의 동아시아 공동체(East Asian Community) 창조를 희구한다."[10] 이 보고서가 중요한 것은 아세안 국가가 아닌 중국, 일본, 한국 등의 지도자들도 여기에 참석했고 그 보고서를 받아들인 것이다. 이 회담에서는 다른 지역 공동체들처럼 동북아시아에도 평화와 안정 그리고 경제적 협력을 통해서 공동번영의 길로 나아가는 공동체가 형성되어야 한

9 1990년 7월 23-24일 서울에서 동아일보와 아사이신문 공동주최로 "21세기 세계와 한일관계"라는 제목으로 심포지엄이 열렸는데 여기에는 고려대학교 李昊宰교수와 동경대학의 와다 하루끼 등이 참가 했다. 이 모임에서 최초로 와다 하루끼는 "동북아시아 인류 공생의 집"을 제안한다. "유럽공동의 집"이라는 개념은 미카엘 고르바초프가 페레스트로이카를 주창하면서 제시한 개념으로 이후 유럽의 평화가 오고 독일이 통일된다. 이어서 사하로프 간은 사람은 "유라시아의 집"이라는 개념은 제안했는데 이는 유럽과 아시아의 평화와 공생을 위한 프로젝트라고 할 수 있다. 이러한 주제를 가지고 기독교 지식인들이 중심이 된 한국의 신학연구소와 일본의 도미자카 센터가 공동주최한 1차 세미가 1992년 일본에서, 제2차 세미나가 1994년 상하이에서 열렸는데 한국, 일본, 중국, 러시아, 북한의 대표들이 참가했다. 이 모임은 이렇다 할 성과를 내거나 주목을 받지 못하고 말았다.

10 와다 하루끼(이원덕 역), 『동북아시아 공동의 집』, 일조각, 2003, 18-19; ASEAN 국가들은 인도네시아, 말레이시아, 싱가포르, 타이, 필리핀 등으로 구성된다.

다는 당위성에서 출발하고 있다.

셋째, 한국에서는 김대중 대통령이 2000년 6월 15일 평양을 방문하여 김정일과 회담한 후 평양선언에서 동북아시아 평화공동체의 청사진을 제시한다. 즉 "한국과 일본, 남·북한, 북한과 일본—이 3국간의 평화적 협력관계구축이 동북아시아의 지역협력의 중심적 핵이 된다"라는 것이 골자다. 김대중과 김정일이 공동으로 서명한 평양선언제 4항에 이렇게 기록되어 있다. 김정일 위원장도 서명했기 때문에 이동북아시아의 지역 협력제안은 남·북한 정치지도자들의 공동의 제안이라 할 수 있다.

쌍방은 동북아시아 지역의 평화와 안정을 유지·강화하기 위해 서로 협력해 나갈 것을 확신했다. 쌍방은 이 지역에 관련된 각 나라 사이의 상호신뢰를 바탕으로 한 협력관계 구축의 중요성을 확신하면서, 동시에 이 지역 관계국 간의 관계 정상화와 더불어 지역의 신뢰조성을 도모하기 위한 틀을 정비해가는 것이 중요하다는 인식에 합의했다.

넷째, 2003년 2월 25일에 취임한 노무현 대통령은 "평화공동체"를 자기 임기동안의 최우선과제로 삼는다고 그의 취임연설에서 선언했다.

동북아시아의 중심에 위치한 한반도는 중국, 일본, 대륙과 해안을 이어주는 가교이다. 유럽연합처럼 평화와 공생의 질서가 동북아시아에서도 구축되는 것이 내 희망이다.

노무현 대통령은 남북관계의 개선에 선행해서 우선 동북아시아 공동체를 한국이 주도권을 갖고 추진함으로써 남·북한 문제를 해결하고자 했다. 이러한 노무현 대통령의 구상은 그 후 크게 발전되지 못하고 그의 임기가 끝남으로써 소멸되고 말았다.

그러나 이 동북아 지역협력체에 대한 구상은 아직도 개별학자들의 연구에서나, 한국 내 연구모임들 그리고 동북아시아 국가들의 공동세미나에서 주된 주제로 다루어지고 있다. 이러한 연구나 학회들의 발표에서 주된 논의의 방향들은 다음과 같이 정리할 수 있다.

(1) 우선 분단된 한반도가 동북아시아의 평화와 발전에 가장 큰 장애요소이기 때문에 이 문제를 해결하기 위한 방향으로서 동북아시아 지역협력체가 요구된다.

(2) 한반도가 동북아시아 국가들의 중심에 있고 또 역사적으로나 문화적으로 가교의 역할을 했기 때문에 이러한 동북아 지역협력체를 구성하는 데는 통일된 한국이 중심적 역할을 할 수 있다.

(3) 다수의 한국인(조선인) 디아스포라들이 동북아 국가들에 살고 있기 때문에 이들이 "동북아시아의 인간적, 평화적 협력을 위해 활동할 가장 적합한 주체"가 된다.(와다 하루끼)

(4) 동북아시아 지역공동체는 공동의 안전보장, 공동의 번영, 공동의 복지를 지향하게 된다.[11]

---

11 Eine Denkschrift der Kammer der Evanglischen Kirche in Deutschland für soziale Ordnung, *Verantwortung für ein soziales Europa – Herausforderungen einer verantwortlichen sozialen Ordnung im Horizont des europäischen Einigung- sprozesses. Eine Denkschrift.* 독일개신교협의회는 유럽공동체형성과정에서 가져야 유럽 국가들이 지향해야할 책임적 사회질서를 위한 연구문서, "사회적

Ⅳ. 한반도의 평화건설을 위한 그리스도인들의 사명

그리스도인들과 교회의 궁극적 사명은 무엇인가? 그것은 예수의 첫 설교에 가장 잘 요약되어 나타나 있다. "때가 찼다. 하나님의 나라가 가까이 왔다. 회개하여라. 복음을 믿어라"(막 1:15). 때가 차서 하나님의 나라가 도래한다는 것이다. 예수는 바로 이 하나님 나라를 건설하러 이 세상에 왔다. 그러면 그 하나님 나라는 어떤 나라인가? 성서는 그 나라를 여러 가지 방식으로 설명하지만 한마디로 요약해서 말하면 "평화의 나라"를 말한다.

구약성서의 평화란 말 shalom은 그리스어로 eirene라고 번역하는데 이 말은 장차 올 메시야와 관련된다. 구약성서, 특히 예언서들에 보면 장차 메시야가 와서 모든 악한 세력들을 물리치고 이룩할 나라를 평화의 왕국으로 묘사하고 있다. 그래서 이사야는 메시야를 "평화의 왕"으로 규정하고(사 9:6) 그의 나라를 "정사와 평화가 무궁한 나라"로 묘사한다(사 9:7). 시편에 보면 이 메시아는 그의 "백성에게 평화를 주며… 그 날에 의인이 흥왕하며 평화가 풍성하다"(시 72:3, 7)고 했다. 장차 올 메시아 즉 그리스도는 평화의 왕으로서 이 세상에 평화의 나라를 세우고 그의 백성들이 평화롭게 살게 한다는 것이다.

신약성서에 보면 예수(메시아)의 탄생기사에서 그의 오심의 목적은 땅에 평화를 가져오는 것임을 밝히고 있다. "가장 높은 곳에서는 하나님께 영광이요, 땅에서는 주께서 기뻐하시는 사람들에게 평화로

유럽을 위한 책임성"((Verantwortung für ein soziales Europa)을 총회에서 채택하여 유럽의회에 제출했다.

다"(눅 2:14). "어둠 속과 죽음의 그늘 아래에 사는 사람들에게 빛을 비추게 하시고, 우리의 발을 평화의 길로 인도하실 것이다"(눅 1:79). 그는 흑암에 사는 사람들에게 빛이 되고 고통당하고 억눌리는 사람들을 평화의 길로 인도하실 것이라고 했다. 따라서 예수가 지상에 건설하시고자 하는 하나님 나라는 모든 사람들이 평화롭게 사는 나라이다.[12]

사도들의 전승에서도 그리스도인들이 믿어야 할 복음은 "평화의 복음"이라고 했다. 베드로는 "평화의 복음"을 전한다고 했다(행 10:36). 에베소서에 보면 그리스도는 "우리의 평화"라고 했고 그 분은 모든 막힌 담을 헐고 사람들 사이에 원수 되게 하는 법조문들을 폐하여 평화를 이루게 했다고 한다. "그리스도는 우리의 평화이십니다. 그리스도께서는 유대 사람과 이방 사람이 양쪽으로 갈려 있는 것을 하나로 만드신 분이십니다"(엡 2:14).

그러면 그리스도의 평화와 세상의 평화는 어떻게 다른가? 즉 그리스도교가 말하는 평화는 다른 사상이나 종교들이 말하는 것과 어떻게 구별되는가?

요한복음에 보면 "나는 평화를 너희에게 남겨 준다. 나는 내 평화를 너희에게 준다. 내가 주는 평화는, 세상이 주는 평화와 같은 것이 아니다. 너희는 마음에 근심하지 말고, 두려워하지도 말아라"(요 14:27). 예수님은 자신이 주는 평화와 세상이 주는 평화는 같은 것이 아니라고 했다. 그러면 세상이 주는 평화란 어떤 것인가?

---

12 하나님 나라는 시간적으로 역사가 종말을 맞이한 다음에 하나님에 의해서 초자연적으로 등장하는 초역사적이고 초시간적이며 뭔가 피안적인 것이 아니라, 역사 한가운데서 그리스와 그리스도를 믿는 사람들에 의해서 이루어질 나라이다.

1) 첫째 것은 그리스적인 평화다. 그리스적 평화는 "마음의 평정"(ataraxia)이다. 그리스어 ataraxia는 육체적 고통과 정신적 불안이 없는 고요한 마음의 상태를 말한다. 이러한 형태의 평화는 그리스의 스토아학파나 에피쿠로스(방법은 다르지만) 학파들이 추구하던 평화이다. 물론 피타고라스학파도 이러한 마음의 평화를 추구했었다. 동양에서는 주로 도교(道敎)에서 선인(仙人)들이 추구하던 평화가 이와 비슷한 것으로 인간이 속세를 떠나서 자연과의 조화를 이루는 것이 곧 평화이다. 그들은 복잡한 속세를 떠나서 "청산도 절로절로 녹수도 절로절로"식의 평화를 추구한다(宋時烈의 青丘永言). 한 걸음 더 나아가서 불교에서는 무아해탈의 경제에 들어간 상태의 평화, 니르바나의 평화 즉 평화 그자체도 기대하지 않는 평화를 추구한다고 할 수 있다.13

2) 둘째는 로마의 평화다. 로마의 평화는 안보(securitas)란 말에서 왔는데 이 말은 평화라기보다는 안보를 의미한다. 그래서 사람들은 로마의 평화(Pax Romana)란 말을 사용하는데 이 말은 군사적 무력지배를 통해서 평화를 확보하는 것을 말한다. 로마는 수많은 나라들을 굴복시키고 로마제국을 건설했다. 그래서 로마는 점령당한 국가들에서의 해방운동이나 봉기를 강력한 군사력으로 평정했다. 이것이 곧 로마의 평화다. 따라서 로마의 평화를 공동묘지의 평화라고 말한다. 그래서 로마인들은 평화를 원하거든 전쟁을 준비하라는 격언을 남겼다.14

---

13 장공 김재준, 『평화와 환란』, 장공전집 3권, 40면 참조

따라서 예수가 말하는 평화는 세상이 말하는 평화 즉 마음의 평정을 추구하는 그리스적 평화도 아니고 무력으로 억눌러서 침묵시키는 무덤의 평화 즉 로마의 평화도 아니다. 예수 그리스도는 로마의 식민지 치하에서 활동하면서 특히 로마의 평화에 대해서 반대했다. 왜냐하면 이 로마의 평화는 지배세력과 가진 자들이 추구하는 평화 즉 자신들의 패권과 기득권을 지키려는 평화, 아니 안보였기 때문이다. 그들은 피지배자와 억압당하여 억울한 자들의 권리, 정의를 추구하는 자들의 평화에는 관심이 없고 자기들의 기득권만을 지키려하는 자기 안보에만 관심을 갖는다.

그러나 구약성서에서 말하는 평화는 빼앗긴 권리와 정의를 되찾는 것이 곧 평화를 회복시켜 주는 것이다. "주의 백성과 그 경건한 성도에게 평화를 약속하실 것입니다. 사랑과 진실이 만나고, 정의와 평화가 입을 맞춘다"(시 85:8-10). 신약성서 복음서에 보면 예수는 로마의 평화 즉 억압적인 안보세력을 물리치고 억압당하고 힘없는 사람들을 위한 진정한 평화세력을 위해서 왔다고 선언한다. "너희는 내가 땅 위에 평화를 주러 온 줄로 생각하지 말라. 평화가 아니라 칼을 주러 왔다"(마 10:35). 즉 그리스도의 평화는 약자의 권리를 찾아주고 가난한 사람들에게 정의를 베푸는 희브리적 평화를 말한다.

그러면 이 로마적(혹은 미국적) 안보세력을 물리치고 히브리적 평화를 이룩하기 위해서는 우리는 어떻게 해야 하는가? 예수는 산상설

---

14 로마제국 당시 영국인들은 로마의 평화를 두려워했다고 한다. 로마가 강력한 힘을 가지고 있을 때는 주변국들은 전쟁의 공포와 불안에 시달렸다. 오늘날 미국의 평화(Pax Americana)란 말이 사용되고 있는데 미국의 평화는 곧 주변국들에 위협으로 나타난다는 것이다.

교에서 "평화를 만드는 사람은 복이 있다. 그들이 하나님의 자녀라고 불릴 것이다"(마 5: 9). 예수는 평화란 만들어가는 것, 아니 한걸음 더 나아가서 싸워서 쟁취하는 것이라고 했다. 따라서 그리스도를 따르는 그리스도인들은 이 어두운 세계의 지배자들과 하늘에 있는 악한 영들, 평화를 깨뜨리는 세력들과 싸워 이겨서 이 세상에 평화를 가져와야 할 사람들로 규정한다. 평화는 그냥 주어지는 것이 아니다. 예수는 이 평화의 나라, 즉 하나님 나라를 건설하려고 당시 안보의 세력들(로마제국, 안보세력에 빌붙은 헤롯당, 사두개파, 제사장 등)과 투쟁하시다가 십자가에 돌아가셨다.

오늘날 한국에는 두 종류의 그리스도인들이 존재한다.

첫 번째, 한국의 그리스도인들 중 일부 그리스도인들은 평화를 그리스적 마음의 평화(ataraxia)와 동일시하는 사람들이 있다. 그들은 이 세상에서 하나님 나라 건설에는 무관심하고 죽어서 천당가는 것만 꿈꾸며 종교행사에만 몰두하는 그리스도인들이다. 그들은 예레미야 시대의 제사장들과 비유된다. "이는 그들이 가장 작은 자로부터 큰 자까지 다 탐남하며 선지자로부터 제사장까지 다 거짓을 행함이라. 그들이 내 백성의 상처를 심상히 고쳐주며 말하기를 평강하다. 평화하다 말하나 평화가 없도다"(렘 6:12-14). 이러한 한국의 그리스도인들을 가리켜 장공은 그리스도의 정신이 "증발한 그리스도인들", "무사안일의 그리스도인"이라고 비판했다.[15]

둘째는 한국의 그리스도인들 중 대다수는 평화를 안보와 동일시

---

15 김재준, 『복음과 평화』, 장공전집 10권, 235 참조. "한국교회는 개인적, 주관적 평화경험이라는 영적 도취를 권장한다. 술 마시고 번민을 잊자(餘萬事無過酒)는 것이어서 일시는 잊을지 모르나 그것으로 현실을 대신할 수 없다."

하여 강대국, 특히 미국의 군사력이 자기를 지켜줄 것이라는 안보세력을 추종하고 그들의 하수인들로 전락했다. 예수 시대의 헤롯당과 사두개파들이 로마세력에 빌붙어 자기들의 보잘것없는 기득권, 즉 안보를 지키고 자기의 동족들을 억압하고 착취하던 것처럼 강대국의 안보논리에 매달려서 힘없고 가난한 민중들의 평화를 외면하는 수구적 친미적 그리스도인들이 존재한다. 그들은 독일의 보수파 루터교인들이 미국의 핵은 고무찬양하며, 소련의 핵은 정죄하던 그리스도인들과 같이 행동한다(핵무장에 대한 하이델베르크 논제 7.8항 참조). 핵무기는 어느 나라의 것이든지 생명을 파괴는 것이므로 모두 반 그리스도적이다.

V. 마치는 말

결론으로 오늘날 그리스도의 혼을 상실하고 희랍적 평화, 마음의 안위나 추구하거나 아니면 강대국이나 거기에 의지하는 안보세력에 붙어서 안일만을 추구하는 "그리스도의 혼이 증발된" 한국 교회와 그리스도인들의 현실에 직면해서 장공은 하나님 나라건설을 위한 운동으로서 그리스도의 평화운동을 위한 방안들 다음과 같이 제시한다.16

1) 그리스도인은 하나님을 믿고 그리스도를 따라서 평화의 나라, 하나님의 나라를 지상에 건설함에 있어서 어떤 세상세력에도 의존해서는 안 된다는 것이다. 특히 강대국의 안보논리에 의존하거나 교회

---

16 김재준,『복음과 평화』, 장공전집 10권, 230-237 참조

지상주의나 교회성장주의와 같은 맘몬의 힘에 의존하려 해서는 안 된다고 보았다. 장공은 이러한 그리스도인 혹은 인간들의 상을 두 가지 유형으로 구별했다. 첫째는 불의에 굴하지 않았던 사육신들처럼 독야청청(獨也靑靑), 낙락장송(落落長松)하고 당당한 그리스도인들과 자주하지 못한 채 주변의 힘센 나무에 휘감기며 사는 칡넝쿨과 같은 미숙한 그리스도인들이 존재한다는 것이다. 한국의 그리스도인은 낙락장송과 같이 머리를 하늘높이 들고 가지를 길게 늘어뜨려 다른 나무들을 거느리는 소나무의 기상을 가진 자유인이 되어야지 칡넝쿨처럼 남에게 빌붙어 살려는 인간이 되어서는 안 된다는 것이다.

2) 장공은 지상에 하나님 나라 즉 평화를 건설하려는 그리스도인들의 자세를 적과 싸우기 위해서 단단히 무장한 용사의 자세로 보았다. 그는 이러한 그리스도의 자세를 바울서신의 다음과 같은 구절을 인용하면서 제시한다. "그러므로 여러분은 진리로 허리를 동이고, 정의의 가슴막이를 하고, 버티어 서십시오. 발에다가는 평화의 복음을 전할 채비를 하십시오. 무엇보다도, 믿음의 방패를 손에 드십시오. 여러분은 그것으로, 악한 자가 쏘는 모든 불화살을 막아 끌 수 있을 것입니다"(엡 6:14-16). 이렇게 무장한 그리스도인의 기개를 장공은 청년 남이장군의 시에 나타난 기상에 비유한다.

백두산에 칼을 가니 그 산이 달아서 먼지가 되고,
두만강에서 말에게 물을 먹이니 강물이 말라 없어지더라
(白頭山城磨刀塵이요 豆滿江水飮馬無라).

〈장공 김재준박사 기념강연, 2010년 11월 4일 명동 은행회관〉

제 5 장

미국의 패권정책과 한반도의 평화

I. 서론적 고찰: 미국의 세기의 시작

오늘의 강연주제는 신학자의 과제라기보다 국제정치학자가 맡아야 할 과제라고 생각한다. 그래서 필자는 이 과제를 맡아놓고도 오랫동안 주저했다. 그러나 이 과제를 그대로 수행하게 된 것은 무엇보다도 함석헌 선생님에 대한 존경의 부채를 별로 갚아보지 못한데 대한 자성이고 다른 이유는 오늘날 미국이라는 실체를 이해하지 못하고는 세계이해는 물론 자기에 대한 올바른 이해나 결단과 행동을 할 수 없는 시대에 살고 있기 때문이다. 미국에 대한 이해는 곧 우리 자신의 이해와 직결되고 따라서 원하든 원치 않든 미국과의 관계설정이 모든 나라들의 미래운명과 밀접하게 연관되어 있다. 오늘날 미국은 우리나라뿐만 아니라 전 세계의 모든 나라들에서 정치, 종교, 군사, 경제, 사회, 문화 등 삶의 전 영역에 관여하고 막대한 영향을 주고 있다. 역사상 로마제국도 단지 지중해 연안 국가들과 유럽과 아시아 일부국가들에게만 패권을 행사했지 미국처럼 전 세계 모든 나라와 그 국민들의 삶에 막대한 영향을 주지는 않았었다. 따라서 미국의 실체에 대한 바른 이해만이 우리의 실존을 바로 이해하고 바로 결단하고 바로 행동할 수 있는 준거라고 할 수 있겠다.

1941년 2월 미국의 잡지 "라이프"(*Life*)지의 발행인 Henry Luce는 이 잡지 서문의 제목을 "미국의 세기"(The American Century)라고 달았었다.[1] 벌써 제2차 세계대전이 끝나기도 전에 미국은 자기들이 주도하는 시대를 열어놓았다는 것이다. 그 후 미국의 세기라는 주제는 우리 시대사의 중요한 개념들 가운데 하나가 되었다. 히틀러가 구소련연방을 침공하고 일본이 하와이 진주만을 폭격하기 몇 달 전 Luce는 "미국의 경험이 미래를 푸는 열쇠이다. 미국은 국제적 국가들에서 큰 형님이 될 것이다"라고 예언했다. 20세기 초 전통적 강대국들 예를 들면, 프랑스, 스페인, 합스부르크 제국은 세력들은 점차 그 힘을 잃어가고 영국, 러시아, 미국, 독일 등 서로 경쟁하는 제국들이 지배권을 놓고 다투던 당시 "미국의 세기"를 말하는 것은 당시로서는 뭔가 모험적 예단인 같기도 했다. 그러나 당시 영국 수상 글래드스턴(William Gladstone)이나 유럽의 단결을 외치던 독일 황제 빌헬름 II세(Wilhelm II) 같은 사람들은 미국이 장차 역사의 중심이 될 것을 예상했었다. 이들이 성장하는 미국의 영향력을 두려워하게 된 이유들 가운데 하나는 당시의 막강한 경제력에 있었다. 물질적 부가 정치적 군사적 영역에

---

1 독일 시사주간지 *Spiegel*, 1997/46

도 큰 영향력을 미친다는 것이다. 미국은 비옥한 토지, 엄청난 지하자원, 급성장 하는 산업생산력, 거대한 철도와 도로망, 바쁘게 돌아가는 항만들, 수많은 백만장자들을 가지고 있었다. 이미 제1차 세계대전 발발 직전 미국의 국민 총 생산량은 다른 모든 강대국들의 것과 맞먹었다. 그 밖에도 이러한 미국을 가능하게 한 것은 낡은 땅 유럽에서 온 미국인들의 개척정신이었다. 그리고 사회적 상승의 꿈은 매년 유럽으로부터 수많은 이민자들을 끌어들였고 그들은 자신들의 행복과 나라의 부를 위해서 열심히 일했었다.

그러나 당시 미국은 1898년 스페인과 전쟁이후 유럽에 대해서는 고립정책을 쓰고 있었고 중앙정부는 그렇게 강력하지 못했으며 세계에서 두 번째 큰 함대를 가졌으나 군대는 시원치 않았다. 이러한 미국의 존재가 오히려 유럽인들에게는 다행으로 여겨졌다. 그러나 혜안을 가진 사람들은 본능적으로 미국의 거대한 자원들이 조만간 유럽의 강대국과의 균형을 깨뜨릴 것이라는 것을 깨달았었다. 영국의 외무장관 그레이(Edward Grey) 경이나 젊은 윈스턴 처칠(W. Churchill) 같은 이는 미국을 "거대한 산업기계"라고 묘사했는데 이러한 진단은 타당한 것이었다. 1914년 8월 유럽의 강대국들에 의한 세계 제1차 세계대전이 일어나고 서로 적대시하는 양편 국가들이 연합하여 싸우자 국가 간의 갈등은 쉽사리 끝나지 않았다. 전쟁의 비용이 계속 증가, 두 연합국들은 새로운 전쟁 파트너들, 예를 들면 터키, 일본, 불가리아, 루마니아, 그리스 등을 찾았다. 1918년은 결정적인 해였다. 그들의 군대는 서부전선에서 승부를 결정하지 못한 교착상태에 있었다. 당시 역사가 테일러(A. J. P. Taylor)가 지적한대로 당시 세계의 균형을 바꿀 수 있는 힘을 가진 유일한 국가는 대서양 건너편에 있는 나라 미국이었다.

미국은 서서히 국제정치의 중심무대에 등장하기 시작한다. 미국 대통령 윌슨(Woodrow Wilson)이 들고 나온 민족자결주의가 그 대표적인 표징이었다. 그리고 유럽국가들 안에서 승리 없는 평화, 대양(大洋)의 자유와 새로 강조된 국제적 질서는 계속해서 정치적 논의를 바꾸어 나갔다. 1919년, 미국은 아직까지는 우유부단한 강대국으로 남아 있었다. 미국의회는 고립주의와 중립성을 결의했다. 윌슨의 작품인 국제연합은 더 이상 고려되지 않았다. 1917~18년 엄청나게 무장을 강화한 미국의 군대도 똑같이 뒤로 물러나 있었다. 엘리트 군대인 해병대를 해체하자는 제안까지 나왔고 심지어 국무성, 즉 외무부라는 기구의 유지를 놓고도 논쟁이 있었다. 외국의 비밀문서들을 해독하는 비밀기구가 폐쇄되기도 했다.

경제적 영역에서는 자기중심적 정책을 폈고 국민총생산에서 해외무역이 차지하는 비중이 전에 없이 줄었지만 역설적이게도 외국에서의 미국의 경제적, 재정적 정책의 영향력은 계속 증가했다. 이것은 1929년 미국의 경제공항으로 인한 월스트리트(Wall Street)의 충격 다음 이어지는 국제적 어려움들을 반증해 주었고 미국의 무역을 통한 본격적 목조르기가 다음 해에 도입된 Smoot-Hawley 관세법을 통해서 이루어진다.[2] 미국이 거부했지만 세계는 경제적 구원선의 닻을 미국에서 찾았다. 하지만 1930년대의 미국은 아직 세계무대의 중심에 서지 못하고 그와 쌍벽을 이루었던 소련처럼 단지 변방에 서있게 된다. 이 시기로 말하면 약화된 서구의 민주국가들이 등장하는 파쇼

---

2 Willis Chatman Hawley와 Reed Owen Smoot 상원의원이 1930년 제안한 관세협정으로 미국의 보호주의의 절정을 이룬다.

적 독재국가들과 직면해야 할 때였다. 이러한 진기한 상황이 얼마나 계속될지 판단하기 어려웠다. 루스벨트 대통령과 그의 자문들은 히틀러와 일본의 군사지도자들의 점증하는 침략행위가 없었다면 미국을 고립주의로부터 벗어나게 하지 않았을 것이다. 고립주의자들의 로비는 우선 유럽과 태평양에서의 전쟁에 미국의 개입을 막고 위협들에 대처해서 어떤 전략을 세우는 것을 거부하는 것이었다.

II. '미국의 세기'의 세계화

그러나 독일이 프랑스와 유럽의 약소국들을 점령하고 소련이 공격을 당하고 영국이 포위되자 미국은 국제정치에 본격적으로 참가하게 된다. 이것이 Henry Luce가 1941년 자기 국민에게 외쳤던 "미국의 세기"의 본격적 실행이고 20세기 후반을 "미국적인 것"으로 바꾸게 되었다. 사실상 미국의 시대가 본격적으로 온 것이다. 미국만이 파쇼적 국가들, 독일과 이탈리아 등을 군사적으로 대항하고 파산한 여러 연합군들을 외국 자본법으로 즉 경제적으로 지원할 수 있었다.[3] 전쟁이 확대될수록 미국의 힘이 점점 가시화 되었다. 독일 잠수함이 미국상선 한 척을 침몰시키면 세 척을 만들어 냈다. 비행기 한 대가 격추되면 미국은 다섯 대의 비행기를 생산했다. 1944년에만 96,318대의 비행기를 생산했고 2주일마다 항공모함 한 척씩을 진수시켰다. 새로

---

3 1941년 3월에 미국 의회에서 통과된 대출에 관한 법은 미국 대통령으로 하여금 전쟁물자와 생필품들을 연합국들에게 제공하도록 했다. 영국과 영연방국가들은 약 30억 달러어치의 물건들을 받았고 소련은 약 10억 달러의 물품들을 받았다.

운 아직 시험해 보지 않은 원자탄을 생산하기 위해서 수십 억 달러의 돈을 문제없이 조달했다.

이미 1945년 Luce의 외침이 전 세계 여러 지역들에서 나타나기 시작했다. 원하든지 원치 않든지 미국은 어디서나 "큰 형님"(Big Brother)이었다. 전후 재건사업에 자금을 투여할 수 있는 나라는 미국뿐이었다. 미국은 이제 가장 거대했던 해양, 무역, 금융의 국가로서 대영제국의 세계를 해체시켰다. 미국은 헤게모니 세력으로서 새로운 국제 건설에서 주된 설계사가 되었다. 1944년 미국 브레턴우즈(Brettenwood) 협의회에서 만들어진 기구들(세계은행과 세계통화기금)이 런던이 아니라 워싱턴에, 또 유엔이 제네바가 아니라 뉴욕에 본부를 두게 된 것은 놀랄 일이 아니다. 미국의 군대는 강력한 군사력으로 무장되었고 워싱턴은 원자탄을 독점하였다.

제2차 세계대전이 끝나자 해외에 주둔했던 육군과 공군은 부분적으로 철수했거나 감축되었다. 그리고 많은 미국인들은 심지어 전쟁 이전의 고립주의로 되돌아 갈 것을 요구했다. 그러나 미·소관계의 악화와 냉전의 시작으로 그와 같은 계산은 빗나갔다. 유화정책과 고립주의 단계에서 얻은 교훈에 의지하는 미국의 지도적 정치가들은 급히 자신들의 정책방향을 바꾸고 모든 민주국가들에게—그것을 원했던— 도움을 약속했다. 투르만 독트린의 시작이다.

미국은 그리스, 터키, 다른 나토연방들, 일본, 한국, 오스트렐리아, 중남미 국가들에게 많은 군대를 주둔시키고 군사 원조를 제공했다. 미국의 전폭기들이 영국의 공군기지 여러 곳에 주둔했다. "미국의 평화"(Pax Americana)가 보편적으로 시작된 것이다. 다른 나라들에 대한 미국의 힘은 이전 로마제국 이래 이렇게 강하게 구형화 된 일이 없었다. 냉전시대에 엄청난 재래식 무기와 핵무기를 가지게 된 소련, 동유럽과 제3세계의 소련의 동맹국들, 이들의 경쟁적 이데올로기는 세계인들의 눈에는 하나의 양극체제, 즉 두 개의 강대국들의 세계로 비쳐졌다. 그러나 소련은 "불완전한 강대국"이었다. 소련은 불완전할 뿐만 아니라 점차 토대를 상실하고 마침내는 해체되어 가는 강대국이었다.

월남전과 브레턴우즈 체제의 약화 그리고 1981년 미국의 이란 인질극 구출의 실패, 유럽과 일본의 부상 등으로 미국의 위상과 군사력이 약화되는 듯 보였으나 80년대 초의 미국경제의 놀라운 발전으로 미국의 지도적 역할은 다시 회복된다. 이러한 기업가 정신의 갱신은 결정적 조치들을 수반하는데 그것들은 생산 노동자들의 세분화, 노동조합 영향력의 약화 내지 무력화, 수백만의 불안전한 시간제 일자리의 창출, 저임금국가들로의 생산시설 이전 등을 낳았다. 나아가서 70~80년대 급속하게 발전한 새로운 기술들이 미국의 힘을 보여주는데 기여했다. 컴퓨터, 통신체계, 새로운 소프트웨어 전 지구적인 통신 네트 등은 단지 비 중앙집권적 사회와 경제에서만 성립할 수 있는 지식혁명을 가져왔다. 동시에 이것의 유용성은 수직적 소련이나 유럽과 일본과 같은 강력한 관료체제 사회보다는 미국과 같은 다원적 사회에서 잘 나타나고 있다. 이러한 지식혁명이 가져온 기술은 미국군대의 전투력 향상에 이용되었고 미국의 전쟁기계들은 전술적으로나 전략적으로 세계 어느 다른 나라들의 전력과도 겨루어 능가하게 만들었다.

III. 미국의 제국주의화

1990년 구소련의 붕괴와 동유럽의 해체이후 미·소 양극으로 구성되었던 냉전체제는 사라지고 미국을 정점으로 한 일극체제의 새로운 세계질서로 개편되었다. 당시의 세계 정치적 분위기는 냉전체제를 벗어남으로써 국제협력을 통한 새로운 세계평화질서를 지향하는 것처럼 보였다. 그러나 동서 냉전체제의 해체는 곧이어 남북의 열전체제로 대치되었다. 그동안 미·소 양극체제 하에 있던 국가들의 정치적 자유는 곧 미국에 대한 이들 국가들의 정치적 입장에 따라서 새로운 좌표들이 설정된다. 유고내전, 코소보 전쟁, 체첸 전쟁 등은 미국과 러시아의 정치적, 경제적 이해관계와 밀접하게 연결된 전쟁이다. 그러나 미국의 패권주의가 가장 구체적으로 나타나기 시작한 것은 1990년 8월에 일어난 걸프 전쟁이라 할 수 있다. 석유패권을 노린 이라크의 쿠웨이트 침공으로 시작된 이 전쟁은 초강대국 미국에 의해서 단독으로 결정되고 러시아와 유엔 등 세계 모든 국가들이 협력해서 싸운 전쟁이다. 승리자는 홀로 미국이었고 그 승리의 결과물들은 미국의 것으로 돌아갔다. 그 후에 알카에다에 의한 뉴욕의 무역센터가 공격을 받아 무너진 후에 미국의 조지 부시대통령과 이라크의 사담 후세인과의 전쟁도 유엔의 승인을 얻었다고는 하지만 미국의 단독 전쟁이었고 영국과 몇 개의 나라들만이 여기에 부수적으로 협력하는 것으로 귀결된다. 이때 우리나라도 여기에 군대를 보냈는데 그것은 1960년대 베트남 전쟁에 참여한 것보다도 더 굴욕적 형식을 취했었다. 미국은 승리했고 사담 후세인은 제거되었지만 이라크에 평화는 주어지지 않았고 민주화도 실현되지 않았다. 이때부터 미국은 세계

국가들의 보스로 모든 것을 단독으로 결정했고 러시아나 유엔 같은 국제기구도 여기에 따라야 했다.

이러한 미국의 패권주의는 2001년 9월 11일 미국무역센터에 대한 알카에다의 테러를 야기하는 원인이 되었다. 그리고 이 패권주의는 이후 더욱 노골화되었다. 러시아는 물론 중국과 파키스탄과 같은 미국에 비협조적이었던 국가들도 협조해야 했고 그것이 국제 정치적으로 현실적이라고 생각되었다. 2002년 1월 아프가니스탄 침공 이후 미국은 북한, 이란, 이라크를 악의 축으로 규정하고 미국의 안전을 위협하는 것을 곧 세계의 안전을 위협하는 것과 동일시했다. 이렇게 악과 선이라는 종교적 이분법을 통해서 세계를 해석하는 미국의 보수적 기독교의 이데올로기가 정치적 영역에서 관철되고 이 종교적 불관용이 곧 정치적 불관용으로 되어 이제까지의 국제 정치적 대화와 협력 관계를 파괴한다. 이렇게 냉전시대에도 통용되었던 대화와 협력이라는 국제정치의 룰이 사라지고 유엔이라는 국제기구마저도 무력화시키는 결과를 초래했다. 결국 국가 사회로서의 국제질서의 틀이 사라지고 일인 보스국가에 대해서 복종해야 하는 다수의 국가들의 관계로 전락함으로써 국제질서는 전적으로 군사력에 의해서 조정되는 미국식 제국주의 체제로 나아간다.

일본의 정치학교수 후지하라 기이치(藤原歸一)는 「세계」라는 잡지(2002년 5월호)에 기고한 "민주주의 제국"이라는 글을 통해서 오늘날의 미국의 실체를 분석하고 있다. 그에 의하면 역사적으로 제국은 다음 네 가지 형태로 분류될 수 있다고 한다. 첫째, 강력한 군사대국으로서 제국, 둘째, 세계의 여러 민족들을 지배하는 국가로서 제국, 셋째, 해외의 식민지 국가들을 가지고 있는 제국, 넷째, 세계 경제에서 지배적 세력으로서 제국 등이 그것들이다. 물론 제국에 대한 이러한 네 가지 범주들은 전적으로 독자적 범주들은 아니고 서로 상호 연관된 범주이기도 하다. 말하자면 강력한 국사대국으로서의 제국은 여러 민족을 지배하는 세력일 수도 있고 또 해외에 식민지를 가진 세력으로서 제국은 세계경제를 지배하는 세력으로서 제국일 수도 있는 것이다.

역사적으로 강력한 군사대국으로서 제국은 서양역사의 로마제국과 아시아에서는 중국의 한나라나 당나라 등이다. 이들 제국의 특징은 군사력을 통해서 이른바 로마의 평화 즉 경쟁하는 지역 국가들의 힘의 균형을 유지하게 함으로써 평화를 유지하게 하는 것을 목적으로 하고 있다. 이러한 제국은 억압당하는 국가들의 동맹을 통해서 해체되거나 아니면 내부의 모순으로 인해서 군사력이 약해짐으로써 해체되는데 이때 국제정치가 새롭게 시작되고 국제 정치적 차원에서 협력과 대화의 시기가 등장한다. 이러한 예는 유럽에서 17세기 30년 전쟁 동안의 종교전쟁 이후에서 볼 수 있다.

그 다음으로 세계의 여러 민족을 지배하는 세력으로서 제국은 유럽에서 합스부르크가, 로마노프왕조, 혹은 아시아에서는 오스만 왕조로서 이들은 18세기 국민국가의 출현으로 해체된 제국의 전형적 예라고 할 수 있다. 이러한 다민족을 지배하는 국가로서의 제국은 제2차 세계대전 후에 완전히 사라진다.

19세기에 들어와서 영국과 프랑스 등은 국민국가로 성장했지만 이들이 하나의 제국으로 남아 있을 수 있었던 것은 이들이 세계로 나가서 다수의 국가들을 식민지 국가로 삼을 수 있었기 때문이다. 여기에 대한 설명은 생략한다.

마지막으로 우리는 세계 경제에서 지배적 제국으로서의 미국에 대해서 살펴보자. 16세기 스페인, 18세기의 프랑스 그리고 19세기의 영국의 제국과는 달리 미국의 제국으로서의 특성은 우선 지역적으로 전 세계적 차원에서 제국이며 동시에 동맹체를 갖지 않은 단독적 제국이라고 할 수 있다. 그러나 미국이 가진 제국으로서 가장 큰 특성은 삶의 제반 영역에서의 제국 특히 경제영역에서의 제국이다. 미국은 1944년에 만든 국제적 경제기구들, 세계은행이나 세계금융통화기금을 통해서, 그리고 GATT를 146개국이 참가하는 WTO로 재구성함으로써 세계무역의 새로운 질서를 만들어 냈다. 이것은 국민 국가적 주권 하에 있던 세계시장을 미국의 통제하에 둠으로써 국제자본의 이동과 시장의 자유를 극대화한 조치이다. 그 다음으로는 NAFTA와 APECK 등 지역협력 체제를 구축함으로써 세계적 차원에서뿐만 아니라 지역적 차원에서도 미국의 영향력을 확대했다. 그리고 냉전시대의 시장의 절반을 차지했던 사회주의 경제체제를 자본주의 경제체제에 편입시키는데 성공했다. 중국시장의 편입은 앞으로 새로운 세계 경제 질서로 나아가는 계기가 될 것이다.

IV. 미국의 경제적(민주적) 제국주의

이러한 자본주의 경제에서의 지구적 체제의 구축은 계속되는 시장의 통합을 앞두고 국민국가의 권력의 약화를 가져왔다. 따라서 이러한 세계시장의 통합에 수반되는 정부와 국제기구의 총체가 사실상 오늘날의 제국, 즉 미국이 여타의 주권국가를 무력화하는 하는 것이 특징이다. 여기서 제국개념은 시장결정론으로 해석되며 따라서 여기서 문제가 되는 것은 세계시장과 제국과의 관계이다. 근대 이전의 제국들은 강력한 군사력에 의존하고 있었기 때문에 대부분 내부의 군사력 대결로 인해서 붕괴되었다. 그러나 근대 자본주의는 군사력보다는 시장에서 지배하고 수탈하기 때문에 그 시스템이 보다 공고하게 지속될 것이다.

오늘날의 제국에서 시장은 통합적이지만 정치는 다원적인 것이 특징이다. 정치는 다원적이나 경제는 일원적이다. 따라서 이전의 제국에서처럼 미국은 다른 나라들의 정치적 통합을 강요할 필요가 없으며 단지 정치적 힘이 강해서 시장을 강제로 통제할 수 없게 만드는 것이 주된 목적이다.4 따라서 오늘날의 세계화 혹은 지구화에서 정치적 다원성은 용인되지만 경제적 다원성은 절대로 인정되지 않는다. 우리는 이것을 경제적 혹은 민주적 제국주의라고 정의할 수 있다.

그러면 이러한 정치적 다원주의에 기초한 미국의 경제적 혹은 민주적 제국주의의 실체는 무엇인가? 그것은 한마디로 지역개입주의로 정의할 수 있을 것이다. 미국은 과거의 제국과 같이 해외에 영토를 갖지 않고 있다. 쿠바나 필리핀과 같이 미국의 영토였던 지역들도 과거의 식민지에서 독립했고 이런 의미에서 미국은 정치적으로는 민족자결주의를 존중하는 것처럼 보인다.

그러나 미국은 제2차 세계대전 이후 일정 국가들을 미국의 군사기지화 하고 동시에 특정 국가들을 동맹국으로 지원함으로써 지역개입

---

4 이러한 현상은 최근에 한국에서도 나타나고 있다. 보수적 친미정당인 한나라당은 국가의 정체성을 "자유민주주의와 시장경제"에서 보고 있으며 따라서 진보적 야당들이 주장하는 사회민주주의나 복지국가이론을 공산주의적이라고 철저히 반대하고 있다. 그리고 삼성 등 대기업들이 보수적인 정권의 경제정책을 좌지우지하고 있으며 따라서 정치가 경제에 개입하는 것을 극도로 반대하고 있다.

을 지속하고 있다. 20세기에 들어와서 식민지 독립 국가들을 경제적
정치적으로 지원하고 냉전체제에서는 좌경화와 공산화를 방지함으
로써 지속적으로 동맹국가로 삼아 왔다. 아시아에서는 한국이나 일본
의 주둔하고 있는 미국군대가 그 대표적 예라 할 수 있다. 말하자면
미국은 이들 국가들에서 통치는 하지 않지만 개입은 계속하고 있다.
미국은 이들 동맹국들을 지원함에 있어서 민주주의와 인권을 이데올
로기로 내세우지만 필요한 것은 이와 같은 인도주의적 가치들이 아니
라 협력자를 구하고 자기 영향력 하에 두는 것이다. 여기에는 고문관
들이나 CIA요원들이 활동했다. 만일 동맹국이 위기에 처하면 군사개
입도 마다하지 않는데, 필리핀 개입, 이란의 모자데크 전복, 스마트라
분리공작, 라오스 전쟁 개입 등을 예로 들 수 있다. 특히 냉전시기의
지역개입을 우리는 "더러운 전쟁"이라고 부르는데 공산주의를 막고
민족주의를 억압함으로써 미국의 국익추구에 혈안이 되어 왔기 때문
이다.

1980년대에 들어오면서 미국이 제3세계에 만들어 놓은 군사정부
의 붕괴와 민주화 신장으로 세계 각국에서 정치적 변화가 있었지만
미국의 위상에는 아무런 변화도 없었다. 필리핀 정권의 몰락으로 레
이건 대통령이 충격을 받았으나 클린턴 대통령 정부에 들어와서는 민
주화와 인권을 미국 외교의 목적으로 내세우면서 지역개입을 더욱 강
화하고 있다. 필요한 경우 미국은 직접 개입하지 않지만 내외의 반대
세력을 이용하여 미국에 반대하는 정권들을 붕괴시킨다. 이렇게 볼
때 미국은 식민지 없는 제국으로서 세계를 지배하고 있는 것이다.

이러한 전략은 미국이라는 본성과도 상응한다. 미국은 다민족, 다
문화로 구성되어 있다 그것은 Star Track에 나오는 인물들에 의해서

도 대변되는데 이러한 미국의 다양성이 대외관계에서도 이용되지만 그러나 두 가지 측면에서 미국은 일방성을 갖고 있다. 그것은 경제력과 군사력에서다. 경제적 측면에서의 일방성에 대해서는 이미 앞서 언급했기 때문에 생략하고 군사적 측면에서만 살펴보자.

경제, 지역개입, 민족에 의존치 않는 통합원리로 볼 때 미국은 민주주의적 즉 데모크라시(Democracy) 제국이다. 특히 군사적 우위에서 미국은 제국이다. 미국은 적어도 군사적 측면에서는 다른 국가의 통제를 받지 않는 일방적 억제력을 갖고 있으며 다른 국가들이 경쟁할 수 없는 세계적 규모의 무력을 가지고 있다. 과거의 제국들—로마제국, 스페인, 프랑스, 영국 등은 제국이었지만 세계적 차원에서 제국은 아니었다. 러시아나 유럽연합, 중국 등도 강한 군사력을 가지고 있지만 세계적 차원에서는 독자적으로 군사행동을 할 수 없다. 유엔조차도 미국의 독자적 군사행동을 억제하지 못한다. 특히 이번 이라크 전쟁에서는 유엔이나 다른 나라의 지원 없이 미국은 군사행동을 취했고 전쟁에서 승리했다. 걸프전에서도 미국은 다른 나라들의 지원을 받았지만 싸움은 주로 미군들이 했다.

이러한 데모크라시 제국으로서의 미국은 부시 정권이 들어선 이래 국가 간 협조보다는 단독행동주의로 나아가고, 국제기구의 협력을 통해서보다는 미국의 파워, 특히 군사력에 의존해서 문제를 해결하고 있다.

V. 오늘날의 세계평화의 문제

데모크라시 제국으로서의 미국의 이러한 자세는 권력집중과 주변 국가들의 주권약화 내지는 소멸로 나아가는데 특히 미국에 저항하고 있는 국가, 이라크, 북한, 이란 등 이른바 악의 축 국가들에서 그러하다. 이라크는 이미 주권을 상실했다. 이것은 세계평화와 민주주의 신장이라는 미국의 이데올로기와 궤를 같이 하고 있다. 이것은 세계정부가 존재하지 않고 유엔도 제 구실을 하지 못하고 있는 오늘날 실질적으로 세계정부의 역할을 하고 있는 미국으로서는 당연히 해야 할 역할이라고 받아들이는 정치적 현실주의가 지배하고 있다. 이러한 현실에서 생존을 위해서 투쟁해야 하는 대부분의 나라들은 이러한 현실주의를 강요된 선택으로 받아들이지 않을 수 없다. 이것은 곧 미국이라는 대국이 세계정부를 대행하는 것이다.

그러나 여기서 평화와 관련해서 세계정부를 대행하는 미국이 동시에 한 국가라는 현실이 문제가 된다. 미국은 하나의 국가로서 자국의 이익과 자국 기업의 이익을 동시에 추구하고 있다. 여타의 나라들은 이러한 미국에 저항할 수 없으며 미국과의 협력에서 이탈할 수 없고 또 미국이 주도하는 국제관계의 틀 안에서 움직여야 한다. 여기서는 실제로는 협력은 없고 귀속만이 존재한다. 이러한 상황에서 저항수단으로 등장한 것이 곧 테러리즘이며 이것은 오늘날의 강요된 세계질서에서 유일하게 선택할 수 있는 방법으로 이용되고 있다. 이러한 모순된 상황이 오늘날 세계평화를 위협하고 있는 것이다. 미국의 평화는 곧 세계의 보편적 평화가 되지 못하고 있는 것이다.

이러한 상황에서 한국과 북한이 속해 있는 동아시아의 선택은 어떤 것일까? 냉전체제 하에서 미국의 동아시아 정책은 주로 대 중국과 북한을 겨냥한 공산주의 확산방지와 여기에 따른 한국과 일본 등과의 동맹체제 유지였다. 이 체제를 유지하기 위해서 일본과 한국에서는 제2차 세계대전의 전쟁 책임을 묻는 것을 회피하면서 일본의 군국주의 극우세력과 한국의 친일파와 우익세력들을 앞세워 동맹세력의 중심으로 삼았다. 이러한 반공주의와 그 지원 세력을 중심으로 한 동아시아에서의 미국의 봉쇄정책은 닉슨 대통령의 중국과의 접근과 화해를 통해서 새로운 단계에 접어든다. 미국은 이제까지의 힘에 의한 봉쇄정책을 중단하고 중국과 일본 한반도에서 지역균형을 잡아가는 방향으로 정책을 수정해 간다. 여기서 미국과 미군들은 세 나라로 하여금 이른바 "병뚜껑" 역할을 통해서 기능을 하게 한다. 병속에 숨어서 기회를 노리고 튀어나올 수 있는 온갖 위험을 힘으로 막고 있는 역할을 미군이 한다는 것이다. 말하자면 일본으로서는 중국의 모험주의를 통제하기 위해서 주일미군과 주한미군의 필요성을 인식하고 있고, 중국으로서는 일본의 군사대국화를 막기 위해서 미군의 존재를 승인한다. 한국은 위의 두 나라의 모험주의나 군사적 대국화 그리고 북한에 대한 불신 때문에 미군의 존재를 강력하게 요청하고 있다.

이렇게 볼 때 동아시아의 평화는 팍스 아메리카 즉 미국의 힘에 의해서 억제된 평화라고 말할 수 있다. 그러나 1세기 초 "영국인들이 로마의 평화를 두려워했다"라는 역사학자 타키투스(Cornelius Tacitus)의 말처럼 지금 한반도에서 평화는 국가들 사이의 화해와 협력에 의한 평화가 아니라 강요된 평화, "공동묘지의 평화"가 60년 이상을 지배하고 있다. 오늘날 북한은 말할 것도 없고 남한마저도 미국의 평화를 두려워하고 있다. 진정한 평화는 미국의 병뚜껑 전략을 통해서 주어지는 것이 아니라 오히려 그 전략이 한반도의 진정한 평화를 가로막고 있는 것이다.

이러한 팍스 아메리카나에 의한 평화가 한반도에서 참된 평화가 아닌 것은 간략하게 말해서 몇 가지로 정리할 수 있을 것이다.

북한에 관한 한 미국의 팍스 아메리카나 정책은 오늘날 그 생존 자체를 위협하는 것으로 나타나고 있다. 북한은 미국의 군사적 무력사용에 대응하여 생존을 지키기 위해서 핵무기를 만들고 있고 현재는 완성 단계로 알려져 있다. 군사력 증강에 대한 막대한 군사비 지출은 북한 주민들을 인간으로서의 삶의 제반조건들을 희생시킨 채 고통을 당하게 하고 있다. 즉 북한은 미국의 정치적, 경제적 봉쇄정책에 맞서고 있지만, 경제는 파탄에 이르고 인민은 심각한 굶주림에 시달리고 있다. 여기에 대해서는 긴 설명이 필요하지 않다.

미국의 동맹자로서 남한의 상황은 어떤가? 정치적 주권이 미국에 예속 당해 온 것은 한국전쟁 직후나 지금이나 마찬가지다. 한국군에게 지휘권이 이양된다고 하지만 미군은 철수하지 않고 그 역할도 줄어들지 않을 것이다. IMF 사태이후 그리고 WTO 등장 이후에는 경제적 주권은 거의 상실한 상태다. 대부분의 사기업들은 말할 것도 공기업들에서도 엄청난 지분이 미국의 다국적 기업들의 손에 들어갔다. 수많은 금융기관들이 미국인들의 손에 들어갔다. 몇 년 전에는 제일은행이, 며칠 전에는 한미은행이 미국인의 손에 완전히 넘어갔다. 이런 것을 말하자면 한이 없다. 김대중 정부는 공기업 가운데 알짜배기인 철도와 한전마저 팔려고 했었다. 당시 정부는 경기부양이란 이름으로 수많은 카드를 남발함으로써 전 국민을 채무자로 만들었다. 이들이 진 빚은 우리나라 5년 예산에 버금가는 700조 가량 된다. 약 700

만 명의 빚쟁이들 가운데 370만 명이 신용불량자들이다. 이들은 노숙자로, 부녀자 납치 강도로, 자살자로 변했으며 수많은 가정들이 깨지고 일 년에 수천 명씩 자살한다. 한국경제는 파탄지경이다. 한국의 내수경기는 완전히 죽었다. 빚진 사람들이 무슨 돈으로 물건을 사겠는가? 물건을 팔지 못하니까 공장 문 닫고, 공장이 문 닫으니까 실업자가 늘어난다. 한국경제의 회생을 말하는 자들이 있으나 이런 상황에서 회생은 10년이 걸릴지 20년이 걸릴지 알 수 없다.

경제회생을 내걸고 정권을 잡은 이명박 정부는 사태를 더욱 악화시켰다. 이른바 기업프렌들리 정책을 폄으로써 대기업의 감세정책, 종합부동산세 폐지 등으로 막대한 이윤을 기업가들에게 몰아주고 있고 4대강 사업을 통해서 대기업 토목세력들을 지원함으로써 중소기업이나 내수경기는 침체를 면치 못하고 있다. 특히 금융시장활성화라는 명분으로 은행들에게 막대한 이익을 창출하게 함으로써 800조가 훨씬 넘는 가계부채가 국민의 삶을 옥조이고 있다.

이 모든 것들 배후에는 미국의 평화 즉 데모크라시 제국이 도사리고 있다. 악마의 세력인 사회주의만 붕괴되면 이 세상에는 평화가 올 것이라고 예언했던 미국의 신보수주의자들의 예언과는 달리 오늘날 미국에 의해서 세계화된 새로운 질서에서는 7초 만에 어린이 한 명이 굶어 죽고, 3억의 인구가 하루에 1천 원 미만의 돈으로 살아가야 한다. 세계인구의 0.4%가 세계의 부의 40%를 차지하고 있다. 이것이 미국이라는 데모크라시 제국, 미국에 의해서 만들어진 세계질서고 미국의 평화의 참 얼굴이다. 세계인들은 바로 이 미국의 평화를 두려워하고 있다.

VI. 결론

필자는 정치학자가 아니고 신학자지만 이러한 상황에서 몇 가지 세계 평화를 위한 대안들을 생각해 보았다.

첫째, 쇠퇴하고 황폐해진 낡은 국제기구인 유엔을 재건함으로써 새로운 민주주의적 국제협력의 틀을 마련하여 미국의 독주와 패권을 통제하고 지역분쟁과 세계적 차원에서 경제적 정의를 국제적 협력을 통해서 해결함으로써 평화를 유지하는 것이다. 또한 WTO나 IMF, 세계은행 등과 같은 국제기구들을 보다 민주적 제도로 개선해서 미국이 독점적으로 지배하고 결정권들을 제약함으로써 미국의 다국적 기업들이나 거대기업들에게 유리하게 작용하고 있는 경제 질서를 바로 잡아야 한다. 따라서 미국의 국제 지배가 아니라 국제협력을 위한 각국과 블럭 사이의 협력의 노력이 필요하다. 그 밖에 환경이나 교육 등 국제적 기구들이 좀 더 자율성을 가짐으로써 미국의 일방성에서 해방되어야 한다. 미국은 도쿄 기후협약이나 핵무기금지 확산과 같은 협약에서 탈퇴함으로써 국제관계에서 독불장군이 되었으나 이것은 미국의 강함을 나타내기보다는 오히려 약함을 드러낸 것으로 인류의 보편적 가치에 역행하고 있다. 미국의 군사력을 인류가 보편적으로 추구하는 가치들 정의, 평화, 인권 등을 통해서 극복할 때 미국의 평화가 아니라 인류의 평화가 가능하다.

둘째, 지역협력 기구의 강화를 통한 미국의 일방성의 통제가 요청된다. 나프타나 이펙 등은 지역협력 기구이지만 실제로는 미국이 주도권을 행사함으로 공정성이 상실된 기구들이다. 유럽 공동체와 같이 미국의 패권주의와 일방성을 통제할 수 있는 기구가 동아시아에도 만들어짐으로써 미국이 국제협력으로 나오게 해야 할 것이다. 이러한 징조는 이미 유럽 국가들이 이라크 전쟁에 참가를 거부한 예와 현재 베이징에서 진행되고 있는 북한 핵 문제에 대한 6자 회담에서 잘 나타나고 있다. 북핵문제의 경우 유엔보다는 현재의 6자 회담이 더 좋은 해결모델이 될 수 있다. 이렇게 될 때 국제적 공공영역이 확산될 수 있다.[5]

셋째, 새로운 평화운동으로 등장하고 있는 세계의 NGO운동의 강화가 요청된다. 전통적 주권국가들이 미국의 패권주의에 의해서 힘을 잃고 있는 현실에서 새로 등장한 시민운동들은 국가의 울타리를 넘어서 세계적 차원에서 인류의 보편적 가치 실현을 위해서 일하고 네트웍을 형성해 가고 있다. 이 단체들은 이제는 개개 국가들의 국내적 문제를 넘어서 지구화된 조건에서 세계적 차원의 문제를 같이 해결해 나갈 수 있는 이상과 조직력을 키워나가고 있다. 이것은 함석헌 선생님의 생각을 밀리자면 "씨알들"이 소리를 내는 것이다. 그런 의미에서 미국이 추구하고 있는 힘의 제국을 씨알들이 추구하는 사랑과 정의 그리고 평화의 제국으로 만들어야 한다.

〈함석헌 탄생 103주년 기념 세미나 "폭력극복 함석헌의 평화사상"
2004년 3월 13일, 가톨릭 회관〉

---

5 손규태, "동아시아와 한반도의 평화"라는 논문을 참조할 것. 여기서는 강대국의 일방성에서 벗어나기 위하여 동아시아의 지역협력기구와 같은 것을 만들어서 상호 협력함으로써 공동의 안보와 번영을 설계할 것을 제시하고 있다.

제 6 장

그리스도교와 마르크스주의
– 주체사상에 대한 신학적 평가

1. 들어가는 말

북한의 주체사상과 남한의 전통적 기독교는 그 역사적 출발점에서 보거나 그것들이 지향하는 이념적 목표에서 보거나 장차 가장 화해하기 힘든 두개의 이념으로 남을 가능성이 있다. 왜냐하면 북한의 주체사상은 하나의 철학사상으로서 뿐만 아니라 사회원리로서 북한주민들의 생활과 사고방식을 전적으로 규정하고 있으며 다른 한편 남한의 반공적 역대정권들을 가장 확실하게 지지해 준 세력들을 들자면 대다수의 보수적인 개신교와 천주교도들이라고 봐야 할 것이기 때문이다. 반공으로 말하자면 보수적 개신교회들을 능가할 수 있는 다른 종교는 존재하지 않으며 따라서 교회가 반공과 반북한의 보루 역할을 한 것을 부인할 수 없다.

　이러한 기독교의 반공주의의 역사는 적어도 1920년대 중반으로 거슬러 올라간다. 당시 일본과 중국 등을 통해서 조선에 소개된 공산주의 사상은 반제국주의와 반봉건주의를 슬로건으로 내세우고 지식인들 사이에서 무차별적으로 확산되었었다. 이들 공산주의 운동은 당시 선교사들과 그들에 의해서 세워진 교회들을 제국주의 선전선동의 앞잡이로 매도하고 그들의 선교활동을 제국주의 사상운동으로 몰아세웠었다. 말하자면 당시 공산주의 운동에서 가장 시급히 극복해야 할 것으로서 자본주의적 세계관과 유착되어 있는 기독교였던 것이다. 이것이 이른바 반기독교 운동의 실상이다.

　이러한 기독교와 공산주의 운동 사이의 역사적 적대감은 6·25전쟁을 통해서 더욱 내면화되기 시작하여 그동안의 긴 역사적 과정들을 통해서 체제화 되기에 이른 것이다. 무엇보다도 남·북한이 분단된 이래로 북한에서는 마르크시즘의 토착적이고 민족적 형태인 주체사상으로 철저히 무장되고 남한에서는 자유민주주의라는 외형하에 파행적인 군사독재가 계속되면서 이들 사이의 적대감은 점차 심화되었다. 그 과정에서 개신교 정통주의 세력은 북한 공산주의 집단을 묵시록에 등장하는 무저갱에서 나온 붉은 용으로 파악하고 아마게돈 신학으로 무장하는 것을 가장 성스러운 그리스도인들의 사명이라고 생각했었다. 소련과 중국은 그런 붉은 용의 두목이요 따라서 모든 악한 것과 불길한 것은 북으로부터 온다고 생각했었다. 이러한 반공적인 기독교는 미국에 대해서는 천사장 가브리엘적 환상을 가짐과 함께 이미 위에서도 언급한대로 역대 군사독재정권의 열렬한 지지자가 되었고 때문에 그들의 온갖 정치적 억압과 경제적 착취를 반공의 이름으로 눈감아 주고 정당화해 주었다.

이러한 기독교와 사회주의 간의 역사적 적대감은 결과적으로는 상호간에 왜곡된 오해에 기인할 뿐만 아니라 이러한 대립은 이들 모두에게 이익이 되지 못한다는 인식이 전 세계적으로 진보적인 기독교도들 안에서 생겨나기 시작한 것은 1960년대의 일이다.

우선 1960년대 초반에 체코슬로바키아의 로마드카를 중심으로 한 크리스천과 마르크시스트들 간의 대화는 이들 사이에 잉태되어 온 역사적 적대감이 대부분 상호간의 오해와 불신에 기인한다는 것을 밝혀냈었다. 특히 골비처와 몰트만 등 서구의 신학자들과 당시 현존하던 사회주의의 이념적 실천적 모순들을 깊이 통찰하고 있던 동구의 휴매니스틱한 사회주의자들이나 유럽의 공산주의자들은 기독교와 사회주의가 추구하고 있는 역사적 변혁의 지향성에서 많은 유사성을 발견하고 서로 대화하고 협력할 것을 주장하고 나선다. 그들은 왜곡된 자본주의적 경제 질서와 거기에 기초한 인간관의 모순들을 비판함으로써 교회의 갱신을 꾀하고 오히려 기독교의 본질을 사회주의 운동에서 발견하고 동시에 사회주의의 왜곡을 기독교 정신을 통해서 갱신해 보려고 했다. 이들이 관심가진 것은 기독교와 마르크시즘이 지향하는 사회변혁의 이상들에서 많은 공통점을 발견할 수 있다는 확신에서 출발하고 있다.

그 다음으로 기독교와 사회주의의 역사적 적대감을 극복하려고 했던 운동은 비단 유럽에서만 일어났던 것은 아니다. 1972년에 남미에서 결성된바 있는 "사회주의를 위한 그리스도인들"의 운동은 당시로서는 매우 새롭고 고무적인 것이었다. 미국과 그들의 다국적 기업들에 의한 남미 대륙의 대한 정치적 억압과 경제적 착취는 한계상황에 달했었다. 가장 자연자원이 풍부한 대륙이 세계에서 가장 빈곤한 대륙으로 전락했다. 600년 전 콜럼버스로부터 시작되는 남미의 역사는 유럽인들의 강제와 착취의 역사 그 자체였다. 이러한 착취와 억압의 역사에서 눈을 뜬 남미의 천주교인들은 새로운 신학적 사고를 발전시키기 시작했는데 이것이 곧 우리에게 잘 알려진 해방의 신학이다. 산디아고에서 모인 "사회주의를 위한 그리스도인들"의 대회에서는 모든 라틴 아메리카의 민중의 해방과 더불어 그들은 사회주의 대륙의 건설을 다짐했었다. 기독교인과 마르크스주의자들의 대화의 차원을 넘어서 구체적인 협력의 차원으로까지 나아갔던 것이다. 그러나 이 시도는 미국 중앙정보부에 의한 반혁명 세력의 확장과 그들에 의한 아옌데 대통령의 암살과 더불어 사회주의 정권이 몰락함으로써 끝장나고 말았다.

세 번째로 들 수 있는 것은 세계교회협의회를 중심으로 한 새로운 선교개념의 제시가 그동안의 이들 사이의 적대관계를 반성하게 하는 결정적 계기를 만들었다. 그동안 선교라 하면 전통적으로 이베리아식 식민지에 따른 남미의 가톨릭 선교와 그 후에 등장한 19세기 중엽 이래의 영미식 식민지 확장에 동행했던 개신교의 확장을 들 수 있다. 이베리아식 식민지는 진정한 의미에서 새로운 대륙과 나라들에로의 "사람들의 이식"을 통한 점령을 의미한다. 16세기의 남미의 선교는 이러한 스페인과 포르투갈인들의 이주와 원주민들의 학살과 추방을 통해서 달성되었다. 서구인들에게 19세기는 "위대한 세기"지만 제3세계인들에게는 "식민지의 세기"였다. 개신교 선교는 당시 영미를 중심으로 한 식민지 세력들과 더불어 달성되었다. 이러한 선교개념은 우선 식민주의와 제국주의와 결탁되었을 뿐만 아니라 그 목표는 1910년

스코틀랜드 에딘버러 대회가 선언한대로 기독교 문화의 확산에 두었던 것이다. 그런데 1960년대 등장했던 "하나님의 선교"(Missio Dei) 개념은 종래의 선교개념이 지녔던 19세기적인 "복음전도"(Evangelisation)의 지평을 넘어서 하나님의 세계통치와 경륜의 역사적 현실에서 묻게 되었다. 특히 1973년 방콕에서 열렸던 세계선교 대회에서 내걸었던 주제 "오늘의 구원론"(Salvation Today)은 과거의 선교신학에서 영혼구원에서부터 전인구원 즉 정치적 억압과 경제적 착취로부터의 해방으로 파악하기에 이른 것이다. 이러한 선교론과 구원론의 새로운 지평이 열림으로써 그동안 기독교와 마르크시즘 사이의 오해의 요소들이 많이 해소되고 대화의 장이 마련되게 되었다.

마지막으로 로마 가톨릭교회 안의 변화는 더욱 과격한 것이었다. 제2바티칸 공의회(1962~1965)를 통해서 그동안의 반공적 가톨릭교회 안에서 사회정의 실현에 대한 관심이 고조되었다. 1968년에 발표된 메델린 문서는 역사적으로 처음으로 "해방"이란 용어를 사용함으로써 남미에서 해방신학의 기초를 놓았던 것이다. 이러한 제2바티칸 공의회와 해방신학의 출현은 그동안의 중요한 신학적 개념들을 새롭게 파악하는 결정적 계기들을 만들어 주었다. 예로서 전통적인 죄에 대한 개인적이고 인격주의적 이해에서부터 그것이 가지는 사회경제적인 범주를 묻게 되었다.

이러한 기독교와 사회주의의 역사적 적대감을 극복하려는 운동이 외국에서만 일어났던 것은 아니다. 한국에서도 1970년대 기독교와 마르크시즘의 대화의 중요성을 인식했던 선각자들이 있었는데 그 대표적인 인물로서 우리는 박형규 목사를 들 수 있다. 그는 이미 70년대 초에 한신대에 강사로 나가면서 그동안 유럽의 신학자들 사이에서 진행되었던 그리스도인들과 마르크시스트들 사이의 대화들을 소개하려 했었고 동시에 남미 등에서의 사회주의를 위한 교도들의 운동 등을 기독교 사상지를 통해서 발표하기도 했다. 이러한 운동들에 대한 소개들은 젊은 그리스도인들 특히 대학생들과 청년층의 그리스도인들에게 깊은 영향을 주었다. 그들은 자기들이 속해 있는 교회들의 신학적 정향들을 문제 삼기 시작했고 그동안에 왜곡되어 있는 사회주의에 대한 인식에도 수정을 가하기 시작했다. 이러한 운동이 1960년도 4·19혁명 이후에 학생운동의 방향을 재수정하게 했으며 교회 안에서의 갱신운동의 방향을 바꾸는 방향으로 나아갔다. 그러나 반공법과 국가보안법이 존재할 뿐만 아니라 "반공을 국시"로 생각하고 있던 군사독재 정권하에서 이 방면에 대한 연구와 발표의 자유는 지극히 제한되어 있었다.

그 다음으로 기독교와 마르크시즘 내지는 마르크시즘의 변형된 형태로서의 주체사상 사이의 적대감을 해소하려는 시도들은 일부 민중신학자들 사이에서도 있었다. 그들은 주체사상과 민중신학이 서로 대화할 수 있는 공통의 장이 존재한다는 것을 전제로 민족문제 해결을 위해서 서로 배우고 수정하며 보완해 나갈 것을 조심스럽게 제안하고 있다.

그리고 한국기독교교회협의회와 소속 교단들의 "평화통일위원회"들을 통해서 북한 바로 알기 운동과 함께 제한적이긴 하지만 상호 방문과 만남을 통해서 그동안의 오해들 불신들을 상당 부분 제거하는 일에 커다란 성과를 거두었다고 할 수 있다. 한걸음 더 나아가서 소연방의 붕괴와 사회주의권의 몰락으로 동서냉전의 이념적 대결의 시대는 끝나고 점차 새로운 화합의 세계질서가 자리 잡아 가고 있었다. 이러한 추세에 맞추어 우리는 공산주의의 종주국인 소련 및 중국과도 국교를 수립했고 그들에게 가졌던 과거의 적대감이 순전히 허위의식에 기초한 것이었음을 발견했다. 나아가서 우리는 그동안 30여 년의 왜곡된 군사독재 정권을 청산하고 이른바 문민정치의 시대에 접어들고 있다. 이러한 국내외적 여건의 변화에 상응하여 우리의 사고와 의식의 전환이 절실히 필요한 때에 도달했고 나아가서 새로운 실천을 통하여 통일운동에 이바지할 때가 되었다고 생각한다. 특히 길고도 지루한 왜곡된 남북관계의 청산을 위한 그리스도인들의 의식 전환이 그 어느 때 보다도 필요한 것이 오늘의 시점인 것이다.

우리는 그동안 터부시했거나 아니면 왜곡되게만 파악했던 북한과 그 국가체제를 유지시키는 기본원리인 주체사상에 대한 바른 이해와 평가야말로 그들을 바로 알고 그들과의 대화의 장으로 나아가는데 있어서 필수적인 조건이 되는 것이다. 나아가서 기독교와 사회주의 사이의 역사적 적대의식들을 적극적으로 해소하고 새로운 통일된 조국을 건설하는데 있어서 공동의 과제를 발견하는 길을 모색해 보자는 것이다.

II. 주체사상의 역사적 배경과 핵심내용들

주체사상은 마르크스 레닌주의 일반이 그러하듯이 하나의 철학사상일 뿐만 아니라 북한사회 전반을 지배하는 하나의 지도 원리이다. 말하자면 북한 사회의 구성원들의 사회적 규범과 개개인의 생활과 사고방식까지도 포괄적으로 규정하는 하나의 국가이념(Staatsgedanken)

이다.

　이러한 주체사상은 일찍이 1930년대 항일무장투쟁운동을 배경으로 하고 탄생한 것으로 알려져 있다. 이 항일무장투쟁의 경험가운데서 반사대주의, 반교조주의, 반종파주의 투쟁과정에서 "전 인민대중에 의거한 혁명과 건설"이 주체사상의 사상적이고 실천적인 기원이라는 것이다. 그러나 "주체"라는 용어가 등장한 것은 1955년경이고 1960년대 말에 가서야 소위 "주체사상"으로 체계화되었다는 것이 학자들의 일반적인 견해이다. 1955년 말이라는 시기는 북한으로 말하면 소련의 내정간섭이 극심해지고 거기에 편승한 당내의 파벌투쟁과 함께 전쟁으로 인한 경제적 파국 등 북한정권 수립 이래 총체적인 위기에 처했던 시기로 규정할 수 있다. 이러한 국내외적으로 산적한 문제들을 해결하기 위해서 당의 지도이념으로서 주체사상의 확립이 요청되었다. 이러한 주체노선의 결정은 당시 전후 복구를 위한 소련으로부터의 지원의 필요성과 함께 당시의 신생 사회주의 국가군들에게 행사한 소련의 제반 영역에서의 영향력을 고려한다면 매우 대담한 것이며 모험적인 것이기도 하다.

　그러나 이러한 주체사상의 출현배경은 스탈린 사망 이후에 등장한 후루시쵸프와 더불어 국제공산주의 운동에서 일어난 변화에서 보려는 시각도 존재한다. 그는 대내적으로 "사회주의가 승리하여 과도기가 끝났으며 따라서 프롤레타리아 독재도 더 이상 필요 없게 된 전 인민의 국가"를 선언했고 또 대외적으로는 "제국주의의 본질이 변하였으므로 제국주의 세력과의 평화공존 속에서 사회주의에로 평화적 이행이 가능하다"라고 주장하면서 데땅트 정책을 적극적으로 추진했다. 이러한 수정주의적 노선에 대해 중국이 가장 강력한 비판을 가했고 북한도 거기에 동조했다. 그러면서 논쟁이 사회주의와 공산주의 본질문제로 옮겨 가면서 중국이 극좌적인 노선을 택하자 북한은 다시 중국과 소련을 다함께 패권주의, 대국주의로 비판하기에 이른다. 이러한 소련과 중국에 대한 동시적 비판에서 북한은 독자노선을 천명하고 이 과정에서 '정치에서의 자주'와 '외교에서의 자주'를 표방하고 나선다.

소련은 1959년부터 코메콘을 강화하여 "사회주의적 국제 분업"을 제안하고 이것을 사회주의 국가들에게 강요했는데 북한은 이것에 강력히 반대했다. "그들은 종합경제의 간판 밑에 형제국가들의 경제적 자립을 없애고 이 나라들의 민족경제의 발전을 통제하며 그것을 다른 나라의 경제에 얽매인 기형적인 것으로 만들려고 하고 있다. … 경제적 자립이 상실되면 나라의 완전한 독립과 자주권도 보장할 수 없다는 것은 뻔한 일이다. 독립과 자주권이 없는 곳에서는 진정한 국제적 평등도 사실상 존재할 수 없다"라는 것이다. 이것이 북한이 내걸고 있는 "경제에서의 자립"이다.

마지막으로 "국방에서의 자위"의 원칙이 등장하게 된 배경을 살펴보자. 이 원칙은 국방건설과 군사전략에서 "자력갱생"을 제창한 것으로서 "어떠한 외래침략자들의 침공에도 대처하여 자체의 힘으로 조국의 인민을 수호하고 혁명의 전취물을 보위하여 혁명을 계속 발전시켜 나간다"는 것이다. 북한의 이러한 노선은 멀리는 쿠바 위기를 그 배경으로 하고 있고 가깝게는 남한에서의 5·16군사 쿠테타를 염두에 두고 있는 것으로 평가되고 있다.

III. 주체사상의 기본원리에 대한 신학적 평가

북한의 주체사상은 기본적으로 다음 세 개의 범주—철학적 원리, 사회역사원리 그리고 지도원리—로 구성되어 있다. 철학적 원리는 마르크스의 변증법적 유물론을 사회역사원리는 사적 유물론을 그리고 지도원리는 당활동의 원리를 담고 있다. 그러면 우선 세 가지 원리들의 내용을 검토하고 신학적으로 평가해 보자.

1. 철학적 원리

북한의 주체철학의 출발점과 종착점은 "인간중심의 철학사상"이라는데 있다. 기존의 마르크시즘이 주로 물질세계의 합법칙성을 인식하는 문제 즉 "물질과 의식 중에 어떤 것이 선차적인가"하는 문제와 "인간이 그 물질세계를 인식가능한가" 하는 것에 집중하고 있는 반면에 주체철학은 인간을 모든 사고의 중심에 놓고 인간과 세계의 상호관계를 밝히는 것을 철학의 근본과제로 삼고 있다. 따라서 세계 개조자로서의 인간의 실천적 역할을 내세움으로써 철학의 모든 임무는 인간을 위해서 복무하는 것에 있다고 했다. 따라서 주체철학의 출발점과 목표는 철저하게 인간 그 자체이다.

그러므로 주체사상에서의 인간이해는 그 근본원리를 파악하기 위한 필수적요건이다. 주체철학에서는 인간의 본질적 특성을 자주성과 창조성 그리고 의식성으로 규정하고 있다. 또한 상호 연관되어 있는 이들 세 가지 속성들 중 가장 중요한 속성은 자주성이라고 주장하고 있다. 이 자주성은 "온갖 예속과 구속을 반대하고 주위 세계를 지배해

나가는 사람의 본질적 속성 즉 세계의 주인으로서 적극적으로 살려는 속성"이며 창조성은 "주위 세계를 자기의 의사와 욕구에 맞게 능동적으로 목적의식적으로 인식 개조해 나가는 사람의 속성 즉 합목적적으로 세계를 개조하고 자기 운명을 개척해 나가는 속성"이다. 그리고 의식성은 "세계와 자신을 파악하고 대변하기 위한 모든 활동을 주관하는 속성"이라는 것이다. 주체사상에 의하면 이 세 가지 속성들은 모든 인간의 생물학적 속성과는 대비되는 사회적 속성으로서 자주성이 없으면 창조성이 없고 또 창조성이 없으면 의식성이 존재할 수 없다는 것이다. 이러한 세 가지 속성들은 일종의 순환관계에 있어서 서로 떼래야 뗄 수 없이 결합되어 있다는 것이다.

여기에서 그리스도인들이 제기할 수 있는 신학적 주제들은 기독교 신학이 이러한 주체철학의 "인간중심 원리"를 어떻게 평가할 수 있는가 하는 것과 인간의 속성들에 관한 문제일 것이다.

우선 그동안 신학에서 "인간중심"의 원리가 어떻게 파악되었는가를 살펴보자. 17~18세기의 영국의 이신론(Deism)이나 프랑스의 자연주의 그리고 독일의 합리주의 신학들에서 주로 관심했던 문제는 "세계"(Welt)였는데 그들의 주된 관심은 "신과 세계 사이의 관계"를 규명하는 것이었다. 따라서 이들의 세계에 대한 관심은 일차적으로는 세계에 대해서 가지는 신의 역할에 집중되었고 물질세계의 합법칙성에 관한 물음은 이차적인 것이었다. 영국의 이신론자들에게서 우리는 신으로부터 일정한 자율적인 법칙성을 부여받은 세계를 발견하게 된다. 이러한 이신론적 관심에서부터 신학의 근본문제를 극단적으로 인간학의 문제로 전환시킨 이는 철학자 포이에르바허다. 이러한 철저한 패러다임의 전환은 그동안의 계몽주의와 거기에 기초한 인간의식의 자기확산에서 찾아야 할 것이다. 이러한 인간중심주의는 자유주의 신학을 통해서도 대변되었다. 19세기의 자유주의가 관심대상이었던 것은 결정적으로 인간 자신에 관한 물음이다. 그것이 슐라이어마허의 "절대의존의 감정"이건 신칸트학파에 기초한 리츨의 도덕률이건 로데에 의한 과학적 이성이건 간에 자유주의신학의 기본관심은 이신론을 넘어서 인간의 자기가능성과 자기실현에 집중했었다. 이러한 자유주의 신학이 신정통주의의 대변자라고 할 수 있는 바르트에 의해서 "인간중심주의"로서 강력한 반격을 당하고 있지만 엄격히 말해서 그들의 신학이 "전적으로" 인간중심주의라고 말하기는 힘들 것이다. 단지 출발점이 인간에게 있었다고 할 수 있을 것이다. 인간에게서 출발해서 신에게로 향해 나아갔던 것이다.

여기에서 주체사상의 "인간중심주의"와 기독교 신학의 "신중심주의"는 서로 화해할 수 없는 구조를 가지고 있는 것으로 파악되었다. 출발점과 중심이 다르다는 것이다. 이것이 기독교 신학편에서 마르크시즘 내지는 주체사상을 수용하지 못하는 가장 큰 이유인 것이다. 말하자면 신적인 세계와 인간의 세계 사이에는 존재지배적인(Ontokratisch) 거리가 존재한다는 것이다. 이것이 진정으로 기독교와 마르크시즘이 만날 수 없는 심연인가? 필자는 여기서 두 가지 철학적 신학적 논제를 제시하려고 한다.

첫째는 그리스 신화에 나오는 프로메테우스의 논제요 다른 하나는 신약성서에 나오는 성육신의 논제이다(여기에 대해서는 Jan Milic Lochmann의 "그리스도냐 프로메테우스냐?"와 영국의 신학자인 William Tempel의 성육신 신학을 참고하기 바란다). 이들 프로메테우스 논제는 전통적이고 인습적인 신과 세계 혹은 신과 인간의 질적 차이를 극복하고 있다. 프로메테우스는 인간과 신 사이의 존재지배적인 지평을 뛰어 넘어서 신에게서 인간에게 불을 가져다준다. 인간이 자기의 운명을 스스로 개척해 나갈 수 있도록 생존 조건인 불을 인간에게 가져다준 것이다. 그리고 나서나서 제우스로부터 심한 형벌을 받는다.

프로메테우스 논제와 같이 성육신 논제도 신과 인간 사이의 관계를 규정하고 있다. 하나님은 인간을 온갖 종류의 죄와 억압으로부터 구원하기 위해서 스스로가 인간이 되어 성육신한 몸으로 십자가에 죽임을 당한다. 신이 인간이 되었다. 그리스도 사건을 통해서 신적인 것과 인간적인 것이 화해할 뿐만 아니라 존재론적인 질적 차이를 극복했다. 이렇게 함으로써 그리스도는 신과 인간 사이에 놓여 있는 존재지배적 간격을 뛰어 넘는다. 기독교의 성탄절은 이러한 신과 세계, 신과 인간 사이에 가로 놓인 심연이 철폐되는 사건이다. 따라서 성탄절은 엄격히 말해서 과거의 모든 이신론적 토론 아니 자유주의적 토론의 문제를 극복했을 뿐만 아니라 나아가서 신정통주의의 하늘과 땅의 질적 차이를 뛰어넘어 신적인 것과 인간적인 것을 하나로 만드는 사건이다. 그렇기 때문에 이것이 구원의 사건이다. 그래서 칼뱅은 하나님에 관해서 아는 것은 곧 인간에 대해서 아는 것이요 하나님을 말하는 것은 곧 인간에 관해서 말하는 것이라고 했다. 따라서 신학적인 것과 인간학적인 것은 따로 떼어서 다룰 수 있는 성질의 것이 아니다.

그 다음으로 우리가 신학적으로 검토해 볼 수 있는 것으로는 주체사상이 말하고 있는 인간의 속성들 즉 자주성, 창조성 그리고 의식성에 관했다. 주체사상은 마르크스주의가 인간의 속성을 "노동하는 인간"으로 파악하고 있는 대신에 "자주성"으로 파악하고 "인간을 진정한 세계의 주인으로 위치 짓는 것"을 강조하면서 전통적으로 인간을 자연의 노예나 신과 같은 것에 의지하게 하는 일체의 미신과 종교 그리고 숙명론을 배척하고 있다. 여기에서 "종교는 인민의 아편이다"라는 전통적인 마르크시즘의 논제를 암시적으로 지시한다. 그러나 주체사상이 이러한 논제를 그대로 받아들여 종교를 무조건적으로 배척하는 것은 아닌 것 같다. 단지 비자주적이고 의식성을 결여한 일체의 사상과 종교들을 배척할 뿐이다.

이러한 인간 속성을 대변하는 신학적 흐름은 펠라기우스로부터 시작해서 개혁교에서는 아르메니안주의를 거쳐서 오늘날에는 민중신학에서도 나타나고 있다. 이러한 신인협동론적 신학의 흐름들은 그동안 교회에서 이단사설로 배척당했지만 여기에 대한 진지한 신학적 검토가 요청되는 시기에 우리는 와 있는 것이다.

여기서 필자는 인간의 속성과 관련해서 전통적으로 가톨릭교회에서 사용하고 있는 이른바 "열쇠권"(마 16: 19)의 새로운 해석을 시도해 보고자 한다. 이 열쇠권은 교회사에서 로마 교회의 격상과 함께 사제들의 고해성사권과 함께 교황권의 강화에 기여한 신학적 논제로 잘 알려져 있다. 이 말씀만큼 성서의 역사에서 교회를 왜곡시킨 구절도 적으리라. 이 구절을 자세히 살펴보면 그리스도 사건 이후의 인간의 운명에 관한 것이 잘 규정되어 있다. 과거에는 모든 것이 하늘에서 열려야 땅에서도 열렸지만 이제부터는 땅에서 열면 하늘에서도 열린다는 것이다. 즉 인간이 자기의 운명을 스스로 결정하도록 허락되었다는 것이다. 숙명론이나 형이상학적 관념론이 지배해서는 안 된다는 것이다. 이러한 인간의 자주성에 관한 전통은 구약의 출애굽 전통에도 잘 나타나 있고 이러한 자주화라는 가치를 기독교 신학의 이름으로 부정할 수는 없을 것이다. 인간은 자기 자신의 운명의 주인이며 따라서 자주성과 창조성과 의식성을 가지고 살아야 한다는 것이다.

2. 사회역사 원리

북한의 주체사상에서 인민대중은 사회역사의 주체이며 인류역사
는 인민대중의 자주성을 지향하는 투쟁의 역사라는 것이다(이 부분에
대한 검토는 생략한다).

3. 지도적 원리

주체사상에서 지도적 원리란 한마디로 "인민 대중의 지위와 역할
을 어떻게 높이는가?" 하는 문제로서 "인민대중은 혁명과 건설에 대
하여 주인다운 태도를 가져야 하며 주인다운 태도는 자주적 입장과
창조적 입장으로 표현된다"라고 했다. 이것을 달성하기 위해서는 인
민들은 자주적 입장을 견지해야 하며, 창조적 방법을 구현시켜야 하
고 사상을 기본으로 삼아야 한다는 세 가지 "지도 원리"를 제시하고
있다.

북한에서는 이미 살펴본 대로 정치에서 자주, 경제에서 자립, 국방
에서 자위 그리고 사상에서 주체를 주장하면서 이 중에서도 정치에서
자주를 가장 강조하고 있다. "한 사람에게 있어서도 자주성은 생명으
로서 사람이 사회적으로 자주성을 잃어버리면 사람이라고 말할 수 없
으며 동물과 다름이 없다. 사회적 존재인 사람에게 있어서는 육체적
생명보다도 사회정치적 생명이 더 귀중하다고 말할 수 있다. 비록 목
숨은 붙어 있어도 사회적으로 버림을 받고 정치적으로 자주성을 잃어

버리면 사회적 인간으로서는 죽은 몸이나 다름없다."

그런데 이러한 자주성의 근원이 어디에 있는가? 즉 사회정치적 생명의 근원이 어디에 있는가? 바로 사회정치적 생명은 수령으로부터 오는 것으로서 여기에 대하여 높은 정치적 자각과 기술에 입각한 충성으로 보답해야 한다는 것이다. 말하자면 주체사상에서의 지도 원리는 인민대중이 혁명과 건설에서 주인다운 태도를 가져야 한다는 것과 함께 사회정치적 생명의 근원으로서의 수령에 대한 충성이 병행되어야 한다는 것이다. 우리는 수령론에서 제시하고 있는 기본원리인 전체를 위한 개체와 개체를 위한 전체의 변증법적이고 역동적인 관계를 파악할 수 있다. 이 경우 수령은 김일성이라는 하나의 자연인을 대변하는 이름이 아니라 전체 인민의 집약된 의사와 희망을 체현화하고 있다는 것이다. 다시 말하면 사회정치적 생명을 이어가는 모든 사람들의 이상을 성육신화 한 것이라 할 것이다. 따라서 주체사상에서의 지도원리의 핵심은 수령론에 귀착된다고 해야 할 것이다.

이 수령론이 남한 정부는 물론 세계 각국들로부터 가장 의심과 오해의 대상이 되고 있는 부분이기도 하다. 수령론이 특정한 개인을 수장으로 보는 것이 아니라 전체 인민의 집약된 의사와 희망을 상징하는 것이라고 할지라도 그것은 우선 근대 이후의 모든 국가들이 추구하고 있는 가치로서의 민의 통치 혹은 민주주의의 이상과는 형식과 내용과 모순되는 것으로 나타나고 있기 때문이다. 현재 북한에서 실천되고 있는 수령과 당에 대한 인민들의 일치된 충성은 놀랄만했다. 수령과 당의 사심 없고 애국적 헌신에 대한 응답이라는 평가가 있는가 하면 고도의 정치조작과 대중동원 기술에 의한 기형적 통치방식이라고도 한다. 우상숭배에 민감한 그리스도인들에 의해서는 수령론은

"인간우상숭배"로서 낙인찍히고 있다. 사회주의 일반에 대해서 가해졌던 비판인 전체주의의 전형을 여기서 볼 수 있다는 것이다.

수령론은 사실상 기독교 신학과 주체사상의 대화에서 가장 큰 장애가 되는 부분이기도 하다. 장애가 되는 것은 수령론이 기독교 구원론에서 등장하는 사상과 구조적으로 차이가 나기 때문이 아니라 오히려 너무나 유사하기 때문일 것이다. 수령론은 그 구조면에서나 실천면에서 너무나도 기독교의 세속화된 형태를 취하고 있다는 말이다. 이것이 기독교로 하여금 수령론을 받아들이지 못하게 하는 요소이기도 하다.

수령론은 이미 암시한대로 주체사상의 지도원리에서 내세우고 있는 혁명과 건설에서의 인민들의 위상을 높임에 있어서나 인민들의 주체성 확립이라는 차원에서 볼 때는 이론적인 모순을 내포하고 있는 것같이 보이기도 한다. 전체와 개체의 변증법적 통일이라는 도식으로 설명한다 하더라도 이들 수령과 인민 사이는 호상적 관계라기보다는 종속적 관계로 보이기 때문이다. 여기서 제기되는 물음은 수령이 주체고 인민은 어느 경우에서나 객체화, 대상화되는 것이 아닌가 하는 것이다.

마지막으로 사회정치적 생명의 영생론에 대해서 몇 마디 언급하고자 한다. 생물학적 생명은 생식을 통해서 전수된다. 여기에도 시간의 무한성을 전제로 하지 않을 때는 생명은 계속된다고 할 것이다. 주체사상에서 말하는 사회정치적 생명의 영생론은 정교회의 전통적 선교론에서 나타나고 있는 후손의 생물학적이고 정교회 신앙적 연속성의 보존과 상응한다. 따라서 정교회에서의 선교는 자녀를 출산하고 그들을 정신앙으로 양육하는 것으로써 교황권의 승계가 아니라 신앙이 대를 잇는 것이 중요하다. 이렇게 보면 주체사상에서의 사회정치적 생명의 영생론은 수령의 세습화와 함께 사회정치적 생명으로서 영원한 전수와 발전을 기대하는 것으로 파악될 수 있을 것이다. 이것은 북한 사회의 사회정치적 이상을 뭔가 불변의 것으로 이상화 하고 그것의 영원한 전수를 염두에 두고 있는 것으로 생각된다.

IV. 결론

위와 같이 철학적 논리와 지도원리의 관점에서 본 주체사상에 대한 몇 가지 논제를 다루고 평가해 보았다. 주체사상은 그 형식에 있어서나 내용에 있어서 기독교 신학과 대화할 수 있는 많은 유사점과 공통점을 가지고 있다. 그리고 남북 사이의 평화적 통일을 달성하기 위해서도 이 두개의 사상은 대화하지 않을 수 없다.

그렇다면 우선 이 두 사상이 대화의 장으로 삼을 수 있는 기초 가운데 하나는 민족문제가 아닐까 한다. 동서 냉전의 이념체계의 붕괴와 더불어 새로운 세계질서 형성과 함께 등장한 가장 중요한 문제들 가운데 하나는 민족문제라고 할 수 있기 때문이다. 과거 제국주의 시대를 거치면서 강제되었던 민족들 사이의 분열은 재통합으로 나아가고 강요되었던 민족들 사이의 통합은 해체되는 과정을 격고 있다. 월남의 통일과 독일의 통일은 그 전자의 대표적 예고 유고의 내전과 소련연방의 붕괴는 그 후자의 대표적인 예라 할 것이다. 이러한 세계사적 전환기에서의 민족운동들은 식민주의와 제국주의의 청산이라는 국제정치학적 의미와 함께 사상과 문화에 있어서도 모든 민족이 자주적으로 살고자 하는 강렬한 의사의 표시라고 할 수 있을 것이다. 물론 현재에도 문화와 과학기술을 통한 보편주의가 지배하고 있지만 다른 한편으로는 포스트 모던이즘에 기초한 지역주의가 강력한 힘을 발휘하고 있는 것이다.

이러한 현상은 신학계에서도 잘 감지할 수 있다. 남미 대륙을 중심으로 하고 등장한 해방신학이나 한국의 민중신학, 미국의 흑인신학, 아프리카의 민족해방신학 등이 이러한 지역적 특성을 대변하는 것이다. 이제 우리는 과거와 같이 어떤 보편타당한 신학을 강요할 수 없는 세계에 살고 있다. 이 점에서 신학에서도 민족문제 그리고 지역문제가 토론의 중심을 형성하고 있다. 따라서 진정한 한국의 신학은 한국민의 열망과 소원을 해석해 줄 수 있어야 신학으로서 자기위상을 발견할 수 있는 것이다. 그렇기에 한국에서 등장한 토착신학인 민중신학과 북한에서 체계화된 주체사상은 "민족문제"를 그 장으로 하고 대화할 수 있어야 할 것이다.

그 다음으로 주체사상에서 지도원리에서의 수령론의 문제를 우리 신학에서는 보다 고차원의 선교, 신학적 접근 하에서 이해해 보려고 해야 할 것이다. 수령론이 제1계명에 기초한 신학적 논거에서 볼 때 인간 우상숭배적인 요소를 전적으로 배제할 수 없는 것도 사실이지만 기독교 전통 안에서의 교황무오설에 상응하는 것으로서 이해할 수 있을 것이다. 그 상응성은 지도자 승계에 있어서도 발견되는 것이다. 여기서 필자는 이러한 수령론이 기독교 신학과 가지는 관계를 칼 라너의 도식을 빌어서 세속적 형태에서의 "복음을 위한 준비"라고 할 수 있지 않을까 생각해 본다. 맘몬과 하나님을 동시에 섬기는 자본주의 사회에서 그리스도인들의 모순된 세속주의보다 주체사상은 훨씬 더

복음에 가깝다는 것이 필자의 입장이다. 북한 인민들은 보다 분명하고 따라서 극복 가능한 우상 앞에 서 있다면 남한의 그리스도인들은 불분명하고 따라서 극복 불가능한 우상과 더불어 살고 있는 것은 아닌가!

〈서울 남노회 평통위원 세미나, 1996년 가을, 동광교회〉

제 7 장

북한의 핵무장에 대한
그리스도 교회의 입장

I. 들어가는 말(문제제기)

당신을 사랑하는 모든 사람들의 기도를 들으시는 전능하신 아버지 하나님, 당신의 높은 하늘을 날아서 우리의 원수들을 대항해서 싸우러 나아가는 이들과 함께 하기시를 빕니다. 그들이 받은바 명령을 수행하기 위해서 하늘을 날아 전투에 참여할 때 그들을 보호하시고 지키소서. 그들로 하여금 당신의 능력과 힘을 깨닫게 하시고 당신의 도움으로 이 전쟁을 속히 종결짓게 하옵소서. 바라기는 전쟁이 빨리 끝나서 다시금 지상에 평화가 임하게 하옵소서.

이 밤중에 비행하려고 하는 사람들을 당신의 보호 하에 두시고 그들이 무사히 우리에게로 돌아오게 하옵소서. 우리는 당신에 대한 신뢰

가운데 계속 우리의 길을 가고자 합니다. 우리는 지금부터 영원토록 당신의 보호 가운데 있음을 믿나이다. 아멘.[1]

이 기도는 1945년 8월 5일 남양군도 가운데 타이니안(Tinian)섬에서 원자탄을 싣고 출발하기 직전에 한 루터파 소속의 군목이 드린 기도이다. 만일 이 비행기가 출발하다가 사고라도 나면 그 섬 전체가 날아갈 위험이 있다고 어떤 사람이 한 장군에게 말하자 그는 "우리는 그런 일이 일어나지 않도록 기도해야 합니다"라고 말했다고 한다. 그들은 이런 전대미문의 엄청난 살육의 무기를 떠나보내면서 종교적이 되었던 것이 당연했을 것이다. 이러한 엄청난 살상을 가능하게 하는 무기의 사용을 우리는 단순히 정치군사적 측면에서만 다룰 수는 없다. 이러한 사실이 그들로 하여금 기도하게 했고 그러나 그 결과는 참담한 것으로 나타났다.

히로시마와 나가사끼에 투하되기로 계획되었던 핵폭탄은 이렇게 루터교회의 성직자의 기도로 시작되는 종교적 의식을 마친 다음에 출발했고 그 투하작업은 군사적으로 성공했다. 그러나 이 핵무기의 사용으로 두 도시는 그 형체를 알아볼 수 없을 정도로 파괴되었고 수 만 명이 목숨을 잃었다. 또 수많은 사람들이 여러 형태의 상처를 입었다. 이들 가운데는 불구가 된 신체를 이끌고 고통을 겪고 있는 한국인들도 있다. 우리는 일본인들과 함께 최초의 원폭피해자가 되었다. 전쟁은 끝나고 평화가 왔다. 미국인들은 이와 같은 성공에 다시 한 번 하나

---

1 Helmut Gollwitzer, Die Christen und die Atomwaffen, *Theologische Existen heute* 61,6 Aufl, Chr. Kaiser München 1957 s. 7.

님께 감사의 기도를 드렸고 하나님에게 아낌없는 찬양을 드렸었다.

이렇게 핵분열의 발견과 함께 군사적 무력사용의 새로운 시대가 시작되었다. 따라서 핵무기의 개발은 제도로서의 전쟁을 근본적으로 바꾸어 놓은 것이다. 핵무기의 사용에서 발생하는 압력과 열 그리고 광선은 사람들이 예측했던 목표들에만 손상을 입히는 것은 아니다. 또한 핵무기의 사용은 적에게만 치명타를 가하는 것이 아니라 그 사용자들에게도 엄청난 위험부담을 주고 있다. 이것의 사용으로 인해서 이제까지 통용되던 전쟁에서 윤리적 국제법적 기준들이 전적으로 무용지물이 되었다. 히로시마와 나가사끼의 충격을 통해서 우리가 발견한 것은 인류가 이제는 핵무기의 개발을 통해서 자신들의 역사를 완전히 끝장낼 수 있는 수단들을 손에 쥐게 되었다.[2]

II. 남한 핵과 북한 핵

핵무기는 제일 먼저 미국에 의해서 개발되었을 뿐만 아니라 그들에 의해서 사용되었다. 제2차 세계대전이 끝나자 곧이어 소련도 핵무기를 소유하는 국가가 되었다. 미국이 언제나 군사 기술적 차원에서 소련을 앞질렀지만 이들 두 강대국들 사이의 군비경쟁은 질적으로나 양적으로나 우리가 상상을 초월하는 것이었다. 그리고 이들만이 핵무기의 독점국가들은 아니다. 영국, 프랑스 중국, 인도, 파키스탄 , 이스

---

2 Wolfgang Huber/Hans-Richard Reuter, *Friedensethik*, Kohlhammer 1990, s.132ff.

라엘 등 제한적이긴 하지만 이들은 핵무장의 국가들이 되었다. 그리고 이 외에도 공적으로 인정하고 있지 않지만 핵무기를 가진 국가들이 더 있을 것으로 추정되며 또 핵을 생산할 수 있는 기술과 자료를 가지고 있는 나라들은 더 많이 있는 것으로 알려지고 있다. 그 대표적인 예가 일본이다. 일본은 이미 프랑스로부터 상당량의 플루토늄을 공적으로 수입해서 비축하고 있으며 기술적인 측면을 고려하면 일본은 당장이라도 핵무장을 할 수 있는 나라 가운데 하나이다. 이렇게 핵무기 제조기술이 일반화되어 가고 있는 지금, 핵무장을 통제하려는 국제적인 영향력도 점차 희박해져 가고 있다. 한편 핵무기 제조기술의 일반화와 함께 기존의 핵 기술 보유 국가들의 독점적 지배도 강화되고 있다. 그러나 제3세계 국가들 가운데는 이에 대한 반발로 오히려 독자적인 핵기술 개발에 박차를 가하고 있다.

박정희 역시 핵무기 제조에 대한 의도를 가지고 있었으나 핵 확산을 막고 핵무기의 독점적 우위를 강하게 주장하고 있는 미국에 의해서 좌절된 것으로 알려지고 있다. 그렇지만 1959년 이래 유럽의 나토 지역과 더불어 한반도에 핵을 배치하는 등 핵우산에 의한 안보를 공약하고 있는 미국으로서는 박정희 씨의 의도를 좌시할 수 없었을 것이다. 이것은 극동에서의 핵우산 정책을 통한 핵무기의 독점적 지위를 유지하려고 하는 미국으로서는 당연한 귀결이기도 하다. 동시에 한국의 핵개발은 북한뿐만 아니라 일본과 중국 그리고 당시 소련에게도 위협이 되는 것으로서 이들 가운데 핵을 가진 중국이나 소련은 물론 일본도 핵을 갖게 되는 결과를 초래할 수 있다고 판단했을 것이다. 결과적으로 한국의 핵무기 보유는 극동 아시아의 군사적 균형을 새롭게 설정해야 하는 부담으로 등장하며 이것은 마침내 이 지역의 안전에 중대한 위해를 가져올 것으로 판단했다. 박정희 씨와 미국과의 관계악화가 핵무기 개발의도로 나타났을 수도 있고 그 반대로 그의 핵무기 개발의도가 양자 사이의 관계를 악화시켰을 수도 있다. 그러나 결과론이지만 그와 미국과의 관계악화는 그의 정치적 생명뿐만 아니라 그의 자연적 생명마저도 끝장나게 하는데 간접적으로 작용했다고 할 수 있다. 이렇게 미국은 한반도에서 핵무기뿐만 아니라 핵기술의 독점적 지배를 포기하려 하지 않았던 것은 확실하다. 왜냐하면 핵무기의 독점적 지배 내지는 우월한 지위 확보라는 것은 강대국들의 지위확보에 가장 필수적인 조건들 가운데 하나였기 때문이다.

박정희 정권의 몰락 이후 남한에서는 핵무기 개발을 시도한 흔적은 나타나지 않고 있다. 그것은 이미 앞서도 말한바와 같이 미국의 핵이 배치되어 있는 상황에서는 핵무장은 불필요할 뿐만 아니라 불가능한 일이기도 했다. 이러한 조건하에서 1990년대 초 북한의 핵개발 의혹에 대한 문제가 제기되기 시작했다. 특히 미국은 북한의 핵개발이 한반도뿐만 아니라 세계적으로 평화를 위협한다는 관점에서 여러 경로를 통해서 다각적으로 대처하기 시작했다. 그러나 앞서 말한 바와 같이 북한 핵의 문제는 세계평화라는 관점보다는 미국 등 핵무기를 가지고 있는 나라들의 기존의 독점적 지위를 그대로 유지하려는 데 더 관심이 있다고 봐야 할 것이다.

일본도 일본과 북한과의 국교정상화를 위한 대화에 장애요소로서 북한의 핵개발을 들고 나오기 시작했다. 이와 아울러 남한 정부도 북한 핵에 대해서 매우 민감한 반응을 보였다. 노태우 대통령은 유엔가입과 관련해서 유엔총회 연설에서 북한이 핵무기 개발을 중지할 것을 촉구하고 남·북한의 군사적 신뢰구축조치에 응한다면 한반도의 핵문제에 대해 북한과 협의할 용의가 있음을 천명한다.[3] 1991년 10월 평양에서 열린 남북고위급회담에서 남한 정부는 북한이 핵무기개발을 중단하고 핵물질과 시설에 대한 사찰을 무조건 받아들일 것을 촉구했다. 그러나 북한은 남한의 미군의 핵무기 철거가 우선적으로 토의되어야 하며 한반도의 비핵지대화 실현이 평화를 만드는데 가장 급선무라고 강조하면서 '조선반도 비핵지대화에 관한선언'(초안)을 제안하기도 했다.[4] 이리하여 남·북한은 핵무기를 둘러싸고 첨예한 대립을 보였다. 남한은 북한의 핵무기개발의 중지를 요구하고 나섰고 북한은 남한내에 현존하는 핵무기의 철거를 주장했다. 북한은 자신들은 핵무기를 만들 능력도 의사도 없다고 주장하면서 한반도에 배치되어 있는 미군의 핵무기와 더불어 그들은 철수해야 한다고 주장했다.

이러한 대립상황에서 노태우대통령은 1991년 11월8일 '한반도의 비핵화와 평화구축을 위한 선언'을 발표한다. 그는 이 선언을 통해서 1) 핵에너지의 평화적 이용 및 핵무기의 제조, 보유, 저장, 배치, 사용 금지, 2) 한국내의 핵시설과 핵물질의 국제적 사찰, 핵연료 재처리 및 핵농축 시설의 불(不)보유, 3) 핵무기, 무차별 살상무기, 화학생물무기의 전면 제거를 위한 국제적 노력에의 참여와 협력 등 3개항의 비핵정책을 천명했다. 1, 2항은 화생방무기의 제조와 보유를 전적으로 포기하는 것이었다. 그러나 제2항은 핵무기의 평화적 이용에 필요한 핵재처리와 농축시설의 불보유를 선언한 것으로 이것은 곧 핵발전소 등에 필요한 핵물질의 생산과 처리를 전적으로 외국에 의존하겠다는 것

---

3 통일원, 통일백서 1992년도, 119면 참조.
4 상게서 참조.

이라 해서 야당으로부터 강한 비판을 받은바 있다. 야당은 이러한 비판을 통해서 그동안의 핵기술의 대미의존이 가져다 준 문제점을 지적했다.

또 노태우대통령은 1991년 12월 18일 "핵부재선언"을 통해서 남한 내에 어떠한 종류의 핵무기도 존재하지 않는다는 것을 선언했다. 왜냐하면 북한이 남한 내의 미군의 핵무기의 존재를 구실로 하고 핵무기를 개발하며 동시에 핵안전조치협정에 서명을 거부하고 있기 때문이었다. 그러나 우리가 주목할 것은 그동안 남한 내의 미군의 핵무기의 존재여부에 대해서 미군은 긍정도 부정도 하지 않았다는 사실이다. 만일 남한 내에 핵무기가 존재하지 않는다는 것을 더욱 확실히 하기 위해서는 미군이 그동안의 핵무기의 존재를 솔직히 시인하고 그 철거를 선언했어야 할 것이다. 한국인의 주권을 무시하여 한국국민의 동의도 받지 않고 들어와 있던 미군의 핵무기는 우리의 동의도 없이 철거되고 나서 주권국민을 대변하는 대통령이 외국의 핵무기 부재선언을 하는 것은 국제법적으로나 국민주권적 차원에서 온당한 행위는 아니라고 생각한다.

이러한 일련의 과정을 거치면서 남·북한은 1991년 12월에 서울에서 열린 제5차 남북고위급회담에서 합의한 바에 따라서 12월 31일 '한반도의 비핵화에 관한 공동선언'에 합의했다. 이것은 1992년 2월 19일 평양에서 개최된 제6차 남북고위급회담에서 남북기본합의서와 함께 공식 발효되었다. 이 공동선언문은 "남과 북은 한반도를 비핵화함으로써 핵전쟁 위험을 제거하고 우리나라의 평화와 평화통일에 유리한 조건과 환경을 조성하며 아시아와 세계의 평화와 안전에 이바지하고자 한다"라고 했다. 이러한 목적 하에 핵무기의 시험, 제조, 생산,

접수, 보유, 저장, 배비(配備) 및 사용을 하지 않으며 나아가서 핵재처리 시설과 우라늄농축시설을 보유하지 않는다는 데 합의했다.

이러한 비핵화 공동선언은 그동안 북한이 주장해 오던 '한반도의 비핵지대화'를 위한 노력과 남한 정부가 미군의 핵무기를 한반도에서 철거한 상황에서 가능했다. 이것은 그동안 한반도를 위협하고 있던 핵무기로부터의 해방을 의미하는 동시에 통일과 평화를 향한 진일보한 조치였다고 판단할 수 있다. 이어서 북한은 1992년 1월 30일 핵안전조치협정에 서명하고 1992년 10월까지 수차례에 걸쳐 국제원자력기구의 핵사찰을 받은바 있다. 이리하여 핵문제에 관한한 남·북한이 별 문제 없이 현안들을 해결할 수 있을 것으로 보였다.

그러나 이러한 합의에도 불구하고 두 가지 문제가 제기되었다. 그 하나는 비핵화공동선언 4항에 나타난 "상대측이 선정하고 쌍방이 합의하는 대상들에 대하여 상호 사찰한다"는 내용이다. 이것은 통일원이 주장하는 대로 국제원자력기구의 핵사찰이 미흡할 수도 있고 다른 한편으로는 핵문제는 민족의 생존과 직결되는 중대한 문제이기 때문에 별도로 상호사찰을 하자는 것이었다. 여기에 동의한 북한은 상호사찰에서 남한 내의 미군기지에 대한 사찰을 주장하고 나왔다. 그것은 실질적으로 남한 내의 핵무기 보유자는 미군들이었기 때문이다. 이들에 대한 사찰 없이 한국군에 대해서만 사찰하는 것은 '눈감고 아웅' 하는 식일 것이다.

또 하나는 미국을 중심으로 하는 국제원자력기구가 북한의 영변지역에 대한 '특별사찰'을 들고 나온 것이다. 북한에 대한 불신이 정상적인 핵사찰을 통해서는 해소될 수 없다는 것이다. 여기에 대해서 북한은 특별사찰의 대상이 되는 지역은 군사시설이며 동시에 이러한 불공평한 사찰은 주권국가의 입장에서 받아들일 수 없다는 것이다. 미국을 중심으로 한 국제적 압력이 거세지자 북한은 국제원자력기구에서 탈퇴를 선언하게 되었다. 불공정한 압력을 통해서 사찰을 강행하려는 것에 굴복할 수 없다는 것이다.

이것은 결과적으로 미국과 북한 그리고 미국과 한국 사이의 새로운 사태발전으로 나타났다. 우선 미국과 북한은 두 차례에 걸친 회담을 갖게 했고 앞으로 세 번째의 회담이 예정되어 있다. 이 회담들을 통해서 북한은 국제원자력기구 탈퇴를 유보하는 결정을 내렸으며 미국은 북한의 주권과 자주권을 인정해 주는 결과를 낳았다. 이것은 그동안의 미국과 북한관계로 봐서 대단히 중요한 의미를 갖는 것이라 할 수 있다. 이리하여 핵문제 해결뿐만 아니라 미국과 북한 사이의 화해를 거친 국교정상화까지도 점칠 수 있게 되었었다.

이러한 미국과 북한과의 접근에 대해서 남한은 의심과 경계심을 늦추지 않았고 이것은 여러 경로를 통해서 미국과 북한 사이에 화해를 위한 회담에 쐐기를 걸고 나왔다. 처음에는 미국과 북한 회담과 그 합의상항에 대해서 외무장관은 환영한다는 성명서를 발표하기까지 했으나 정부 내의 수구세력의 반발이 거세지면서 대통령마저도 "더 이상 양보해서는 안 된다"는 주장을 내세웠다. 그리고 지난 9월에 있은 미국과 북한회담의 미국 측 대표가 방한해서 외무부당국자들과 가진 회담에서는 이미 예정된 미국과 북한간의 제3차 회담은 북한의 가시적 태도변화가 없이는 불가능하다는 입장을 확인했다. 이것은 한국 정부의 수구적 입장이 강력하게 반영된 것으로 봐야 할 것이다. 그리고 이어서 한국의 보수적인 언론들을 유엔의 제재를 들고 나오고 중국이 여기에 제동을 걸 경우에는 G7과 같은 선진공업국들의 북한제

재까지를 상상하고 나서고 있다.

여기서 하나 지적하고 넘어가야 할 것은 한국정부의 핵문제에 대한 일관성 없는 태도이다. 핵문제가 민족의 사활을 쥐고 있다면 이미 오래 전부터 한국에 배치되어 있던 미국의 핵에 대해서 아무런 조치도 취하지 않은 것은 무슨 이유인가? 핵이란 그 성격상 적과 아군 그리고 전투원과 비전투원을 가리지 않고 살상할 수 있는 매우 위험한 무기라는 것을 한국정부는 알지 못했다는 말인가? 그동안 한반도에 있는 미군의 핵은 구소련의 핵탄두의 표적이 되어 왔다는 것을 알지 못했는가?

그리고 인도수상과 프랑스의 대통령의 한국 방문 시 우리 정부는 그들에게 북한 핵의 위험성을 거듭해서 강조한 바 있다. 북한 핵은 한반도에서 뿐만 아니라 국제적으로도 위협이 된다는 것이었다. 그러나 프랑스와 인도는 이미 엄청난 양의 핵무기를 보유하고 있는 나라들이다. 그들 나라의 핵과 핵실험이 가져다주는 위험성에 대해서는 일언반구도 말하지 못하면서 북한 핵의 해결에 협조해 달라고 말하는 것은 얼마나 자가당착인가? 만들어지지도 않은 북한 핵에 대해서 말하기 전에 프랑스와 인도의 핵에 대해서 폐기를 주장하는 것이 마땅하지 않은가?

그러므로 무엇보다도 우리 남한의 정부에게 필요한 것은 일관성 있는 핵정책의 수립과 태도이다. 핵이 인류를 파멸로 몰아가는 것이라고 판단한다면 누가 만든 것이든 누가 보유하고 있는 것이든 핵의 위험성과 폐기를 주장해야 한다. 수십 년 동안 우리의 땅에 배치되어 있는 미국의 핵에 대해서는 아무 문제 제기를 하지 못하는 모순도 풀어내야 한다. 또한 핵 보유 국가들에게 북한 핵의 문제를 해결해 달라고 통사정하는 추태도 이젠 그만 둬야 한다. 게다가 우리와 직접 관련도 없는 남미나 아프리카의 국가들에게까지 민족 내부의 문제의 협조를 구하는 것은 민족적 자존심을 손상시킬 뿐 아니라 정부 정치적 능력을 의심하게 하는 것이다. 그러므로 자주적이고 민족적인 정치력을 발휘해서 민족의 문제, 즉 북핵의 문제를 포함한 통일문제 등의 주요한 현안을 해결해 나가려고 우리 스스로 노력해야 한다.

III. 핵무기에 대한 그리스도인들의 태도

핵무장에 대한 그리스도 교회의 입장들에 대해서는 그동안 세계교회협의회(WCC)와 유럽의 교회들 그리고 몇몇 지도적인 신학자들의 견해들을 간략이 스케치하는 것을 통해서 밝혀보고자 한다.

1. 세계교회협의회(WCC)의 핵무장에 대한 견해

1937년까지 유럽과 북미의 그리스도인들 사이에서는 전쟁 일반과 관련해서 다음과 같은 세 가지 일반적 입장들을 가진 집단들로 갈라진다. 첫째 입장은 절대평화주의자들로서 이 세상에서 어떠한 전쟁도 사라져야 하며 그리스도인들은 전쟁에 절대로 참여해서는 안 된다는 것이다. 그들의 견해에 따르면 "현대적인 형식에서의 전쟁은 어떤 경우든지 죄악이며" 따라서 교회는 하나님의 본질인 사랑과 모순되는 전쟁수행에 참여해서는 안 된다는 것이다. 여기에서 "현대적인 형식의 전쟁"을 말할 때는 화생방무기와 같은 고도로 발전된 대량학살 무기 체제를 통한 전쟁을 의미한다. 둘째의 입장은 그리스도인들은 단지 "정의로운" 전쟁에만 참여해야 한다는 것이다. 즉 그리스도인들은 국제법상 타당한 전쟁에는 참여할 수 있고 또 전쟁수행에 있어서 정당한 수단이 사용되어야 한다는 것이며 그것은 평화를 가져오기 위한 전쟁이 그 목표가 되어야 한다는 것이다. 세 번째 입장은 전쟁은 죄악에 빠진 인간들의 세계에 속한 것이므로 어떤 노력을 통해서도 그것을 완전히 제거할 수는 없다는 것이다.

이러한 그리스도인들의 전쟁에 대한 일반적 입장들은 1945년 일본에 핵무기의 투하와 함께 여러 측면에서 변화를 겪게 된다. 1948년 암스테르담에서 열린 세계교회협의회의 창립총회에서 "전쟁은 하나님의 뜻을 거역하는 것이다"라고 선언함으로써 교회는 이제까지의 분열된 입장들에서 분명한 입장을 천명했다. 이것은 전쟁은 타락한 세계에서는 불가피하다는 종래의 패배주의적 입장을 뒤집은 것일 뿐만 아니라 정의로운 전쟁이라는 개념에 대해서도 새로운 성찰을 하는 계기가 되었다. 암스테르담 선언은 다음과 같이 계속하고 있다. "우리는 이제 전면전을 하게 되었다. 이제 남녀 모두가 전쟁에 참여하도록 되어 있다. 여기에 부가해서 엄청난 공중폭격과 핵무기와 새로운 무기들의 발전이 뒤따랐다. 이 모든 것은 현대전에서 이전의 전쟁들에서 알려지지 않았던 규모의 무차별적 파괴들을 낳게 된다."5 핵과 같은 새로운 무기의 발전 이후 전쟁에 대한 과거의 관념에 머물 수 없었다.

---

5 Günther Howe(Hg.), *Atomzeitalter - Krieg und Frieden, 2, Aufl. Frankfurt/Berlin 1963 - Kirche und Frieden, Kundgebungen und Erklärungen aus den deutschn Kirchen und der Ökumene*, hg, von der Kirchenkanzlei der EKD, Hannover 1982 s. 156.

1948년 암스테르담에 열렸던 세계교회협의회는 체코의 신학자 로마드카의 입장을 따랐다. 그는 총회 주제 강연자였던 미국의 국무장관이었던 덜레스(Dulles)의 입장, 즉 기독교 보수주의에 기초하여 악마로 규정한 공산주의 진영에 대해서는 핵무기를 사용할 수 있다는 입장에 반박한다. 자유민주주의 질서를 수호한다는 명분으로 핵무기의 제조와 배치 사용을 독점하고 있는 미국 등 대다수의 서방 그리스도인들의 입장은 신학적으로나 도덕적으로나 허락될 수 없다는 것이다. 이러한 입장은 1954년 에반스톤에서 열린 세계교회협의회 총회에서도 재확인되었다. 교회는 동서 냉전체제하에서 자본주의나 사회주의 그 어떤 이데올로기를 수호한다는 명분으로 핵무기와 같은 대량학살무기 등에 의한 위협이나 사용을 인정할 수 없다는 것이다.6

이러한 논의상황은 1958년 "핵시대에 있어서 그리스도인들과 전쟁방지 — 하나의 신학적 논의"라는 제목 하에 완성된 세계교회협의회의 연구위원회와 더불어 처음으로 달라졌다. 이 문서의 특징을 들자면 이제까지 같이 논의되었던 두개의 문제들이 제외되었다. 첫째, 이 문서는 정당전쟁론으로의 복귀를 거부하고 있다. 그것은 핵시대에 있어서 "전쟁수행의 허락된 영역"을 더 이상 유지할 수 없으며 따라서 전쟁은 완전히 폐기되어야 한다는 것이다. 다른 한편 평화주의적 입

---

6 1959년 독일에 미국 핵무기 배치를 둘러싸고 교회들 사이에 많은 논쟁이 있었다. 당시 독일교회가 채택한 합의서를 하이델베르크 논제(Heidelberger These)라고 한다. 그 논제 8항에서 공산주의를 대항해서 핵무기를 사용하는 것은 용인되어야 한다고 되어 있다. "교회는 핵무기를 통해서 자유 안에서 평화를 지키려는 노력에 참여하는 것을 오늘날도 가능한 기독교적 행동양식으로 승인해야 한다."(These 8: Die Kirche muss die Beteiligung an dem Versuch, durch das Dasein von Atomwaffen einen Frieden in Freiheit zu sichern, als eine heute noch mögliche christliche Handlungsweise anerkennen).

장에 대한 충분한 논의를 하지 못했고 앞으로 그 문제를 다루기로 한 약속이 아직도 미해결로 남아 있다.

이러한 세계교회의 입장은 여러 측면들로부터 비판을 받았다. 20여 년이 지나서 1966년에 제네바에서 열린 교회와 사회위원회에서는 세계적 변화들을 염두에 두고 새로운 반성들을 하게 되었다. 무엇보다도 탈식민지화, 국가들 사이의 빈부격차 문제 및 화생방 무기들의 발전 등과 관련해서 전쟁문제에 대한 교회의 입장들을 새로 정리해야 했다. 그동안 큰 교파들은 무력사용에 대해서 원칙적으로 정죄하지 않았었지만 다른 한편으로는 혁명신학과 해방신학의 영향으로 "혁명의 권리"에 대한 승인도 요구되었다. 그동안의 국가윤리적으로 논의되었던 방위의무의 입장은 더 이상 견지되지 못하게 되었다. 이것은 "핵평화주의"(Nuklearpazifismus)에 대한 고백으로 나타났는데 "상호간의 핵을 통한 자살행위는 더 이상 정의를 실현할 수 없다. 왜냐하면 그것은 정의가 수호하거나 달성하고자 하는 모든 것을 파괴하기 때문이다. 우리들은 이제 모든 정부들과 민족들에게 말하는데 핵전쟁은 하나님의 뜻에 거역하는 것이며 모든 악행 중에 가장 큰 악행이다. 따라서 우리가 확인하는 바는 모든 정부들과 그 직무담지자들의 최고의 의무는 핵전쟁을 방지하는 것이다."[7]

1983년도 캐나다의 밴쿠버 총회에서 '평화와 정의'에 대한 선언에서 핵무기들은 모든 것을 무차별적으로 파괴하기 때문에 금지되어야 한다는 것이 다시 한 번 천명되었다. 핵무기의 제조와 배치는 물론 사용은 인류에 대한 반역이며 핵무기 사용을 시도하는 것은 신학적으로

---

7 Wolfgang Huber, *Ibid.*, 164에서 중인(重引).

나 윤리적으로나 정죄 받아 마땅하다는 것을 확실하게 천명했다. 물론 세계교회협의회는 하나의 교단이 아니고 또 그 총회도 가톨릭의 공의회와 같은 구속력이 있는 집회는 아니지만 전 세계 개신교회들은 핵무기의 제조와 배치 그리고 사용은 하나님의 뜻에 반할 뿐만 아니라 인류에 대한 범죄행위라는 것을 분명히 하게 되었다.

2. 독일 교회의 핵무장 논의

1958년 서독에 미국의 핵무기의 배치가 결정되었을 때 그리스도인들 사이에서는 여기에 대한 찬반논쟁이 격렬하게 일어났다. 특히 히틀러 치하에서 반 히틀러 투쟁에 가담했던 고백교회의 형제위원회와 형제단들은 강력하게 반대하고 나섰다. "우리는 복음의 이름으로 우리나라 안에서 (핵)전쟁들의 준비를 즉시 중지할 것을 요구한다. … 우리는 진지하게 그리스도인이 되고자 하는 모든 사람들이 핵전쟁 준비에 어떠한 경우에도 동참하는 것을 거부할 것을 요구한다. … 이런 문제에 대해서 중립적 입장은 기독교적으로 받아들일 수 없다. 이것은 그리스도교 신앙의 세 가지 항목 모두를 부인하는 것이다."[8] 이러한 입장이 내포하고 있는 것은 핵무기가 더 이상 정치적 수단으로서의 전쟁에 사용불가능하다는 것이다. 동시에 핵무기의 승인은 신앙문제(status confessionis)와 직결된다는 것이다. 즉 핵무기 사용을 고백하는 이는 그리스도를 부정하는 것이라는 말이다.

이러한 논쟁가운데 서독개신교협의회는 연구위원회를 구성했고

---

8 Ernst Wolf(Hg.), *Christusbekenntnis im Atomzeitalter?*, München 1959 s.103f.

이 연구위원회는 11개항의 논제를 통한 연구결과를 보고했다.9 이것이 핵무장에 대한 하이델베르크 논제이다. 이러한 논제들은 독일개신교협의회에서 행동 지향적 구속력을 가지게 되었다. 그 내용을 요약하자면 다음과 같다.

우선 이 논제들은 핵무장에 대한 각기 다른 두개의 입장들의 보완을 시도하고 있다. 즉 논제 7에서 "교회는 무기포기를 기독교적 행동방식으로 승인해야 한다." 즉 그리스도인들은 핵을 용납해서는 안 된다는 입장과 논제 8의 "핵무기의 존재를 통해서 자유 안에서 평화를 확보하려는 시도 역시 기독교적 행동방식을 승인해야 한다." 즉 자유(민주주의)를 수호하기 위해서는 (공산국가들에 대해서) 핵무기를 사용하는 것 역시도 그리스도인의 행동양식으로 받아들여야 한다는 서로 상반된 논제들을 제시한다.10 이 모순되는 논제를 해결하기 위해서 "우리는 핵무기라는 딜레마에서 직면하여 다양한 양심결단을 하게 되는데 여기서 생기는 모순들을 보완적 행위로서 이해하려고 해야 한다"라는 것이다. 이러한 보완성 원리는 핵무장을 극구 반대하던 고백교회 계통의 인사들 및 개혁교(장로교) 전통에 선 인사들과 공산주의의 위협을 막아내기 위해서는 핵무기로 무장해야 한다는 루터교 전통의 신자들 사이의 갈등 사이에서 나온 것이다. 따라서 이러한 입장은 교회의 공적 기관들에 의해서 어느 하나가 선택되지 못하고 개개인의 양심의 결단으로 넘겨지는 매우 곤란한 처지에 빠진 것이다.

---

9 자연과학자로서 Günther Howe, Carl Friedrich von Weizsäcker, 신학자로서는 Helmut Gollwitzer, Edmund Schlink 그리고 철학자 Georg Picht 등이 동참했다.
10 *Frieden wahren, fördern und erneuern - Eine Denkschrift der Ev. Kirchenin Deutschland*, Gütersloher Verlagshaus Gerd Mohn, 1981, s. 82-83.

둘째, 우리는 하이델베르크 논제를 그 기본 경향에 있어서 상호 대립되는 행동방식들의 동시성과 더불어 중간윤리(Interimethik)를 대변하고 있다고 봐야 할 것이다. 핵무기들의 포기와 그것들의 유지는 단순히 무시간적으로 동등하게 이해되지 않고 역사적 발전 과정들에서의 대칭적 요소들로 파악된다. 따라서 그리스도인들의 무기포기가 일차적이고 유보됨이 없이 승인된다. 따라서 군사적인 평화확보에 참여하는 것은 시간적 유보 안에서만 가능하다는 것이다.

셋째로 핵시대에 있어서 평화는 삶의 조건이라는 것이 하이델베르크의 논제의 출발점이다. 왜냐하면 핵무기는 적군과 아군, 적과 동지를 구별하지 않고 멸절할 수 있는 힘을 가지고 있기 때문이다. 따라서 자유를 지키기 위해서 핵무기를 제작하고 배치하며 경우에 따라서는 사용할 수 있다고 하는 보수적 그리스도인들의 논리는 지지될 수 없는 것이다. 따라서 핵무기와 관련해서는 보완성원리라는 것은 불가능하다는 결론에 도달하지 않을 수 없는 것이다.

3. 개혁교(장로교)연맹의 입장

핵무장에 대한 독일개신교협의회(EKD)의 애매한 입장에 대해서 독일의 개혁교연맹은 1982년 6월 자신들의 최고의회를 통해서 보다 확고한 입장을 천명했다. "예수 그리스도에 대한 신앙고백과 교회의 평화책임"이라는 공식문서를 통해서 개혁교 연맹은 독일개신교협의회의 입장을 비판하고 자신들의 확신을 천명했다. "평화문제는 신앙고백의 문제"라는 전제 하에서 "모든 생명을 파괴하는 핵무장은 반신적인 것으로서 신앙고백과는 일치할 수 없다"라고 선언한다. 따라서

"그것을 통해서 우리에게는 신앙고백의 상황이 주어진다"라고 했다. 즉 핵무기를 고백하는 것은 그리스도를 부인하는 것이고 따라서 핵무기를 승인하거나 사용하는 자는 그리스도인이라고 할 수 없다는 것이다. 우리가 만일 핵무장에 대한 그리스도인들의 입장을 신앙의 문제로 삼으려고 할 때는 적어도 다음 세 가지 차원들이 고려되어야 할 것이다.

첫째, 신학적 차원이다. 말하자면 신앙의 기본항목의 관점에서 볼 때 핵무장은 그리스도교 신앙에 반한다는 것이다. 개혁교연맹의 문서 제2항에 보면 "그리스도의 화해행위에 기초한 새로운 현실은 인간들 사이에서 생명을 위협하는 모든 적대성과는 일치할 수 없다"는 것이다. 그리고 이 세계의 창조주요 보존자이신 하나님에 대한 고백은 "하나님에 의해서 사랑받고 계약의 상대자로서 선택받은 인간들을 멸절하고 창조계를 황폐화시킬 수 있는 대량학살무기의 개발, 배치 그리고 사용과는 일치할 수 없다"는 것이다(논제 3항). 이렇게 볼 때 개혁교연맹의 문서는 그리스도를 통한 하나님의 세계와의 화해(고후5:17)의 말씀이 그 신앙고백의 핵심을 구성하고 있다고 할 것이다. 이것의 배경을 이루고 있는 신학적 기초는 모든 교의학과 윤리학의 기초요 중심으로서의 화해이론을 말하고 있는 칼 바르트의 신학이다. 화해야말로 모든 현실을 변화시키는 하나님의 행위로 이해된다. 따라서 이러한 대량학살무기들의 개발, 제조, 배치 그리고 사용은 신학적으로 죄악으로 인정될 수밖에 없는 것이다. 죄에 대한 신학적 범주는 여기서는 일차적으로 개인적, 도덕적 결함으로서 파악되지 않고 대량학살수단을 갖춘 시대에 인간을 전멸시킬 수 있는 하나님과 같이 되려고 하고 될 수 있다고 생각하는 인간의 하나님 이해와 세계이해의 왜곡을 의미한다.

둘째, 정치적, 윤리적 차원이다. 여기서 개혁교세계연맹이 강조하고자 하는 것은 핵과 같은 대량학살무기는 이래도 저래도 좋다는 어떤 중성적인 것(Adiaphora)의 영역에 속하는 것이 아니라 도덕적으로 비난받아 마땅한 수단에 속한다는 것이다. 그것은 뭔가 선한 목적이나 목표를 위해서 사용될 수 있는 종류의 무기가 아니라는 것이다. 비록 이것이 위협정책에 있어서 효과적 전쟁방지수단이 될 수 있다고 말할 수 있을지 모르지만 그것은 전쟁수행수단이 될 수밖에 없기 때문이다. 또 이것이 전쟁수행수단이 될 경우에는 전통적으로 주장되어 온 전쟁에 대[11]한 어떠한 긍정적 결과도 기대할 수 없다. 따라서 개혁교연맹의 논제는 1959년의 하이델베르크 논제 8항 즉 자유를 지키기 위한 그리스도인들의 한 행동양식으로서의 핵무장의 찬성 논거를 전적으로 부정하는 것이다.

셋째는 교회론적 차원이다. 개신교 특히 루터교 전통에서는 신앙고백의 문제는 전통적으로 종교개혁 당시의 고백문서들과의 관련에서만 취급되어 왔고 그리고 근래에 와서는 복음의 진리에 대한 고백은 히틀러의 전제에 대항해서 수행되었던 교회투쟁과 바르멘 신학선언과 관련해서 이해되었었다. 이때에 제기된 신앙고백의 문제는 누가 진정한 의미에서 그리스도의 몸의 일원이며 누가 자신의 행위를 통해서 이 신앙공동체로부터 배제되느냐 하는 것이었다. 말하자면 신앙고백의 상황은 그리스도의 몸된 교회의 일원이 되느냐 아니면 거기에서 제외되느냐 하는 문제이다. 이러한 문제는 교회사적으로는 이단 심판

11 7 Wolfgang Huber, *Ibid.*, 164에서 중인(重引).

을 통해서 교리적 관점에서 결정되었었다. 그러나 핵무기를 긍정하느냐 부정하느냐에 따라서 교회구성원으로 받아들일 수 있느냐, 없느냐 결정하는 것은 교회론의 문제이지만 이단 심판이나 파문과 같은 차원에서 이것이 다루어지지는 않는다. 개혁교세계연맹의 문서도 그것을 분명히 말해주고 있다. 즉 신앙고백의 문제는 "파문이나 분열의 위협이라는 차원에서가 아니라 신앙고백의 구속력 있는 결단에로의 초청과 호소"의 차원에서 말해지는 것이라는 말이다. 그러나 여기에는 핵무장을 고백하고 인정하는 집단들이 존재한다는 것은 개인적 차원에서의 신앙고백의 문제가 될 뿐만 아니라 그 집단의 교회성도 문제가 된다는 것을 의미한다.

우리는 여기서 핵무장에 대한 세계교회협의회와 독일개신교협의회 그리고 개혁교세계연맹의 입장을 개괄적으로 살펴보았다. 여기에서 가장 분명한 입장을 천명한 것은 개혁교세계연맹이라고 할 것이다. 핵무장의 문제는 신앙고백의 문제요 따라서 하나님과 핵무기를 동시에 같이 긍정하고 섬기려는 입장이나 하나님 보다 핵무장에 자신의 안전을 위한 신뢰를 더 두는 것은 기독교인의 자세가 아니라는 것이다. 핵을 고백하느냐 그것을 부정하느냐에 따라서 그리스도인 됨이 결정된다는 것이다.

IV. 결 론

오늘날의 북한의 핵문제와 관련해서 뿐만 아니라 전 세계 핵 보유 국가들과 관련에서 그리스도인들 아니 오늘날 모든 인류가 깊이 생각해야 할 것은 핵과 같은 대량학살무기들은 무조건 폐기되어야 한다는 것이 필자의 소견이다. 그리고 이러한 대량학살무기들을 생산하고자 하는 국가들은 그 기도를 중지해야 한다. 이 이유들은 다음과 같다.

첫째, 전통적 정당전쟁론에 기초해서 본다고 하더라도 이 대량학살무기들의 사용은 정당화 될 수 없다. 핵무기의 위협은 전쟁을 억제하지 못할 뿐만 아니라 오히려 핵전쟁을 유발하게 할 가능성이 있다. 또 이 핵무기들은 전쟁을 종식시키고 평화를 가져다주지 못한다. 어느 일방이 핵을 가지고 있다고 해서 그 위협 하에서 평화가 주어지는 것은 아니다. 그리고 핵전쟁은 오늘날과 같이 발달된 기술 사회에서는 어느 편에도 승리를 보장해 주지 못한다. 따라서 국제간의 갈등해결의 유효한 수단으로서의 전쟁은 핵무기의 발견으로 인해서 더 이상 정치적 의미를 가지고 있지 못하다. 따라서 평화만이 삶의 계명이다.

둘째, 그리스도인들에게 핵무기의 승인은 진정한 의미에서 신앙고백의 문제다. 전통적 신앙고백들을 통해서 그리스도인 됨을 규정할 것이 아니라 핵에 대한 입장에서 규정되어야 한다. 예수는 산상설교에서 원수 사랑의 계명의 실천을 우리에게 요구하고 있다. 그리스도인들은 갈등의 문제를 사랑으로 해결하도록 해야 한다. 이것은 너무나 이상주의적이라고 말하고 있다. 그러나 오늘날의 군사 전략가들의 현실주의가 우리에게 세계평화를 가져왔는가? 전 소련 당서기장 고르바초프를 통한 동서간의 화해는 정치적, 군사적 현실주의에서 온 것이 아니라 원수 사랑의 이상주의에서 온 것이다. 남북통일과 북한 핵의 문제도 현실주의적 접근을 통해서 해결될 수 없다. 이것은 우리가 지난 40여 년간의 경험을 통해서도 알 수 있다. 현실 정치적 판단에 기초한 남·북한의 문제해결의 시도는 아무런 결과도 가져다주지 못하고 있는 것이다. 여기에는 원수 사랑의 이상주의만이 해결의 열쇠를 제공할 수 있다.

셋째, 그리스도인들은 핵이라는 대량학살무기와 관련해서 보다 진지하게 그리고 깊이 성찰하는 그리스도인 됨의 실존을 고려해야 한다. 예수께서 산상설교에서 간음에 대해 언급하실 때 "옛 사람은 간음하지 말라고 했지만 나는 너희에게 말한다. 여인을 보고 음심을 품어도 간음한 것이니라"고 말했다. 여기서 우리 그리스도인들이 생각해야 할 것은 그리스도인들은 핵무기의 개발, 생산, 배치, 사용은 말할 것도 없고 그런 생각이나 의도를 가져서도 안 된다는 것이다. 이미 핵무기를 가지려고 생각하는 것만으로도 우리는 죄를 저지르고 있는 것이다. 앞으로 인류의 미래와 평화는 이러한 대량학살무기 개발 자체를 생각도 하지 않는 데서 약속된다.

제 8 장

한반도 평화신학 정립을 위한 시안

I. 들어가는 말

기독교 윤리학적 측면에서 한반도의 평화신학 정립을 모색할 때 우리는 오늘날 한반도의 현실상황에 대한 과학적 분석을 그 출발점으로 삼아야 한다. 왜냐하면 기독교 윤리학은 우리의 현실성을 구체적으로 다루지 않고는 성립될 수 없기 때문이다. 우리 한반도가 처한 구체적 현실을 성서적 신학적 빛에서 조명하고 여기에서 제기된 문제들과 그것들을 해결하기 위한 과제들을 모색하는 것이 이 글이 목표로 하는 것이 될 것이다. 그러려면 한편으로는 기독교 윤리학과 다른 한편으로는 역사학 및 사회과학들과의 대화가 불가피하게 되는 것이다. 한반도 특히 남한에 대한 역사학 내지 사회과학적 연구들이 80년대 들어와서 괄목할만한 성과를 보이고 있는데 이것들이 한반도 평화신학 정립에서 적절히 이용되어야 한다고 본다.

이러한 일반 학문들의 성과들을 출발점으로 삼는다고 할 때 우선 우리가 초점을 맞추고자 하는 것은 한반도가 직면하고 있는 내적 혹은 외적 갈등구조들에 대한 해명 즉 갈등연구가 요청된다. 평화신학 정립이 궁극적으로 갈등을 지양하고 폭력을 최소화하려고 하는 것이라면 평화연구는 곧 갈등연구와 직결되어 있기 때문이다. 이렇게 볼 때 한반도 내에서 그리고 그것을 둘러싸고 있는 갈등구조들이 무엇이며 그것들은 어떻게 극복될 수 있는가 하는 것을 탐구하는 것이 곧 기독교 윤리학적 측면에서 평화신학 정립을 시도하는 목표가 된다고 보인다.

II. 한반도의 상황분석

우선 한반도의 상황분석에서 일차적으로 고려되어야 할 것은 반도가 분단구조 하에 놓여 있다는 인식이다. 이 분단구조는 역사적 뿌리는 일제시대로 소급하지만 세계 2차대전 종식과 더불어 미·소의 대립에 의해서 인위적으로 조성되었다. 그것은 그 후 이들 강대국들이 동서간의 이데올로기 냉전체제를 축으로 해서 자본주의 체제와 사회주의 체제 간의 갈등으로 더욱 첨예화되었다. 이 구조는 한국전쟁을 거치면서 남·북한 사회에서 이데올로기적 정지작업을 거쳐서 국민 내부에서 일정하게 내면화되었다.[1] 다시 말하자면 남한에서 이

---

1 박현채, 이대근, 최장집,『한국자본주의와 사회구조』, 한울, 1988년 10면; 북한에서는

분단구조는 자유민주주의의 수호라는 슬로간 아래 반공 및 국가안보 이데올로기를 기반으로 해서 강화되어 왔다. 그리고 분단구조는 북한에서는 반미. 반제국주의의 기치 아래 사회주의 체제수호를 목표로 더욱 강화되었다. 필자가 보기에는 이러한 이데올로기적 체제적 모순이 한반도의 평화를 지속적으로 위협하고 여타의 모순들을 해결하는 데 장애가 되는 기본모순인 것 같다. 이러한 민족 간의 이데올로기적 체제모순이 결국 남한이나 북한 사이의 평화와 함께 양측 사회의 제반 내적 발전을 기본적으로 가로막는 것이다.

이러한 이데올로기적 체제모순은 구소련과 동유럽의 사회주의적 국가들의 해체와 더불어 냉전적 유산으로 남아 있던 동서 베를린 장벽이 1989년 무너졌음에도 불구하고 유독 한반도에서만 지속되는 것은 우리 민족에게는 비극이 아닐 수 없다. 다시 말하자면 동서 냉전체제의 붕괴와 더불어 다수의 나라들이 이제는 보다 낳은 평화체제 수립에 나아가고 있지만 우리만 과거의 냉전체제의 산물을 그대로 유지한 채 지내고 있는 것이다. 이러한 한반도를 둘러싼 체제모순이 당분간 계속될 수밖에 없는 것은 호전된 외적 조건에도 불구하고 남·북한 정부의 대내외적 역량 부족에 그 원인이 있다고 할 것이다. 무엇보다도 남한 정부의 비자주적이고 비민족적 행태가 한반도의 갈등 문제를 정치적으로 해결하지 못하게 하는 주요 원인으로 고려되어야 할 것이다.[2]

60년대 중반 이후부터 사회주의 체제내에서 중소갈등의 틀 안에서 독자적 노선을 선택함으로써 주체사상을 삶의 전반적 기준으로 삼아서 사회주의 체제를 독특하게 발전시켰다.

2 정성진, "80년대 한국사회구성체 논쟁과 주변부자본주의론", 「한국사회연구」 5, 1987

그 다음으로 제기되는 한반도에서 가장 심각한 모순은 사회경제적 모순이라고 할 수 있다. 이러한 사회경제적 모순은 1960년대 이래로 급속히 진행되어 온 산업화를 통한 경제발전과 더불어 한국 사회가 자본주의 사회로 편입되어 가고 있는 것과 연관된다. 자본주의적 삶의 양식으로 정착되어 가면서 자본과 노동관계가 기본적 사회관계로 발전되어 지난 40여 년간 노사 간의 갈등 즉 계급문제가 우리 사회의 또 하나의 기본모순으로 등장했다. 근래에 와서 한국사회 구성의 성격과 관련해서 학자들 사이에는 자본주의 사회에로의 개편을 국가독점자본주의로 보는 시각과 주변부 자본주의로 보는 시각으로 갈라진다.3 국가독점자본주의의 시각은 주로 자본주의 사회에로의 확립 과정에서 자본주의적 운동법칙이 외부적 운동논리가 아니라 내부적 운동논리로 정착해 갔다는 데 주목하고 있다. 그러나 주변부 자본주의 시각은 제국주의 하의 구식민주의적 경험과 현재의 종속적 상황에 초점을 둠으로써 자본주의 발전의 보편성(계급모순의 정착)을 간과한 채 특수성만을 강조하는 인상을 주고 있다. 그런데 결국 한국사회인식에서는 국가독점자본주의 시각에서 부각된 계급모순과 주변부자본주의 시각에서 크게 드러난 민족모순이 상호 관계에서 인식되어야 한다는 지적이다.4

이렇게 볼 때 한국사회의 갈등구조에서 민족모순과 계급모순은

년 8월, 한길사 8면 이하 참조.

3 정성진, "80년대 한국사회구성체 논쟁과 주변부자본주의론", 「한국사회연구」 5, 1987년 8월, 한길사 8면 이하 참조.

4 및 박현채, 이대근, 최장집 편, "현 단계 한국사회의 성격과 민족운동의 과제", 「창작과 비평」, 1978년 11-12면. 상게서의 11면 참조.

깊이 연루되어 있으며 하나가 다른 하나를 더욱 심화시키는 상호작용을 하고 있다고 봐야 한다. 이러한 계급모순은 자본주의적 발전과정에서 나타난 과도한 자본의 집중화로 빚어진 빈부의 격차가 80년대 중반부터 첨예화되었으며 전두환 정권말기에 폭발점에 도달했었다. 이것은 노태우 정권의 등장과 때를 같이 하여 활발하게 전개된 노동운동과 농민운동에서 명백하게 나타났다. 이러한 모순을 더욱 심화시킨 것은 1998년도의 IMF외환 위기였다. 이러한 외환위기의 원인은 자본과 노동 사이의 직접적 대립에서 나타났다기보다는 자본 자체가 가지고 있던 다양한 모순들에 그 원인이 있는 것이다. 이른바 대기업들의 무제약적 팽창으로 지칭되는 선단식 경영에서 기인하는 과다한 부채들이 결정적으로 한국 경제를 부실로 몰아갔던 것이다. 이러한 기업의 문어발식 확장은 결과적으로 생산과 판매에서 문제를 야기시켰으며 그 문제는 곧 국내 부채와 외채에 과도하게 의존하게 만들었던 것이다. 특별히 그동안 국가와 대기업의 왜곡된 결탁관계는 악화된 기업의 부채들을 국가가 처리하지 않을 수 없게 만들었고 그것은 곧 대기업들의 부실은 국민들의 부담으로 돌아왔던 것이다.

이러한 상황에서 국가는 자본이 직면한 위기 해소를 위해서 국민들을 볼모로 잡음으로써 국제통화기금의 위기를 해결하려 했다. 그것이 곧 김대중 정부가 노사정 위원회를 만들고 그것의 합의를 통해서 만들어낸 노동법, 즉 노동시정의 유연성 보장을 위한 법제정이었다. 이 법제정으로 수많은 노동자들이 노동 현장으로부터 추방당했고 다수의 노동자들은 삶의 터전뿐만 아니라 가정까지도 상실한 채 노숙자로 전락하는 비극을 맛보게 되었다. 이러한 노동자들이 처참하게 몰락해 가고 있는 과정에서도 대기업들, 그 중에서도 5대 기업들은 환율

상승과 높은 이자로 인해서 엄청난 수익을 올렸다. 보도에 의하면 5대 재벌만이 IMF 이후 1년 동안에 약 37조의 순이익을 올렸다는 것이다.[5] 다시 말하자면 우리나라 1년 예산의 절반에 달하는 37조라는 돈이 5대 재벌의 주머니에 들어갔다는 것이다. 이것은 곧 가난한 자들과 약자들의 몫이 5대 재벌에게로 들어간 것을 의미한다. 5대 재벌이 이 정도로 치부를 했다면 30대 재벌이 IMF기간에 벌어들인 것을 다 합하면 100조가 넘을 것으로 추정할 수 있을 것이다. 수많은 가난한 약자들이 비싼 은행이자를 갚고 있을 때 재벌들은 높은 이자로 돈을 벌었다. 그리고 많은 외화를 가지고 있던 대기업들은 환치기로 또한 많은 돈을 벌었다. 그리고 그들은 다수의 노동자들을 감원했을 뿐만 아니라 그들의 임금을 10~30%정도까지 삭감했다.

이렇게 재벌들의 부실 경영에 의해서 초래된 외환위기를 자본이 노동을 억압함으로써 해결함으로써 이들 사이의 모순은 더욱 심화되었다. 이러한 심각한 계급모순이 오늘날 한국의 사회평화(Sozialfrieden)를 위협하는 것으로 나타난다.[6]

그 다음으로 제기되는 또 하나의 모순은 한국사회를 전반적으로 지배하고 있는 전통적 가부장적 권위주의 문화이다. 남북분단이라는 동서이데올로기 모순과 자본주의적 발전과정에서 제기된 계급모순과 더불어 전통적 가부장적 권위주의는 세대 간의 갈등, 남녀 간의 성차별, 기업 및 정당 사회단체 내에서의 위계적 갈등들을 초래함으로써 전반적 기본적 민주화를 장애하고 있다고 보인다.

---

5 한겨레신문 1999년 3월 6일자 참조.
6 남한의 토지소유관계는 1989년 현재 6.6%의 상위계층이 70% 이상을 점유하고 있으며 금융자산 면에서도 30%의 상위계층이 70% 이상을 소유하고 있는 것으로 나타나고 있다.

세대 간의 갈등은 교육계에서 특히 뚜렷이 나타나는데 충효 등 전통적 가치의 수호를 지향하는 지배계층의 교육이념과 민주적 가치실현을 목표로 하는 젊은 층 교사들의 교육관의 갈등이 전교조 운동을 통해서 강력하게 표출하고 있다. 이러한 세대 간의 갈등의 한 양상으로서 나타나고 있는 교육계에서의 문제는 전통적 학교제도와 교과내용을 고집하는 교육 관료와 낡은 사고를 가지고 있는 다수의 교육담당자들을 한편으로 그리고 새롭게 변화하고 있는 시대에서 자기가 원하는 교육제도와 교육내용을 배우기를 원하는 학생들 사이에서 심각한 대립양상을 띠고 나타난다. 이러한 갈등은 입시위주의 교육을 지향하고 있는 오늘날의 학교체제의 모순과 맞물리면서 "학교붕괴"라는 말이 나올 정도로 그 갈등이 심각하다. 대학을 갈 지적, 경제적 능력이 없는 아이들과 대학을 가지 않고 새로운 직업을 찾고 있는 아이들은 오늘날의 학교체제와 교육내용에 대해서 노골적인 반란을 일으키고 있다. 그들은 수업시간에 참석하거나 앉아 있는 것조차를 거부하고 있으며 따라서 이러한 상황에서 학교는 제 구실을 할 수가 없다. 교육개혁을 말하는 사람들이 있지만 진정한 의미에서의 교육현장에 대한 이해와 함께 철저하고도 근본적인 해결을 모색할 수 있는 이들은 적다.

성차별 문제는 가정 내에서 뿐만 아니라 직장이나 사회단체 내에서도 엄존하며 임금, 승진 등에서 구체적으로 나타나고 있을 뿐만 아니라 여성들에 대한 남성들의 의식적, 무의식적 행태에 뿌리 깊이 내재해 있다. 특정한 직업영역에서의 남성들의 독점적 구성과 지배는 민주화를 지향하고 있는 사회에서 심각한 형편이다. 예를 들면 정치계, 특히 국회의원들의 남녀 구성비에서 여성이 차지하고 있는 비율은 세계에서 가장 낮은 수준이다. 아프리카나 동남아시아에 있는 저개발 국가들의 경우에도 훨씬 미치지 못하고 있는 실정이다. 몇몇 여성의원들이 존재하기는 하지만 그들의 역할이라는 것은 매우 미미하거나 거의 없는 것이나 마찬가지이다. 이런 현상은 비단 정치계에서만 볼 수 있는 것은 아니다. 학계, 경제계, 노동계 등에서도 상위직에 있는 여성들의 숫자도 적을 뿐만 아니라 그들의 역할도 매우 미미했다.

이러한 성차별 문화는 유교전통 사회에서 오랫동안 지속되어 온 것이어서 용이하게 해결될 수 없는 것처럼 보인다. 이러한 여성차별 의식은 가정에서부터 시작하여 학교 그리고 직장 등 가릴 것 없이 지배하고 있기 때문에 이를 해소하는 데는 많은 시간과 노력이 필요할 것으로 보인다.

이러한 권위주의는 유교전통에 익숙한 정당들에서도 그대로 관철되고 있다. 이러한 권위주의는 카리스마적 지도자에 의해서 당내민주화가 철저히 차단되어 있다. 국회의원의 공천권뿐만 아니라 당의 운영자금 등이 완전히 당 총재에게 독점되다시피 되어 있어서 건전하고 주민들의 신임을 받는 사람이 공천을 받지 못하고 있다.

이러한 유교적 원리에 뿌리를 둔 전통적 가부장적 권위주의의 가장 심각한 폐해는 왜곡된 관료주의에서 가장 잘 나타나고 있다. 조선조 시대의 전근대적 관료체제가 일제의 통치를 거치면서 식민지적 관료체제로 나타났으며 1945년 해방 이후 오늘날까지도 악습과 폐해는 사라지지 않고 있다. 인가권과 허가권 그리고 감시감독권을 가지고 있는 관료들은 국민들 위에 군림하고 있을 뿐만 아니라 이 권리들을 이용하여 이권을 추구함으로써 대단히 부패해 있는 것이 오늘날의 현실이다. 관료사회의 부패는 그 정도가 매우 심각해서 관료들 자신들뿐만 아니라 국민들도 그것을 내면화함으로써 사회를 부정과 부패의 온상으로 만들었다. 또 이러한 관료제는 사회를 관료화하고 나아가서는 군사화 내지 병영화 함으로써 건전한 민주적 발전을 가로막고 있다. 필자는 이것을 문화평화의 장애요인으로 보고 싶다.7

마지막으로 자연과 인간 사이의 평화문제인 환경문제가 공업화와 더불어 심각한 불평화로 등장하고 있다. 무절제한 공장폐수의 방출로 인한 하천의 오염, 자동차 등의 매연으로 인한 공기오염, 무절제하게 과다한 비료와 농약사용으로 인한 식물의 오염, 약품의 남용으로 인한 인체의 피해 등 앞으로 우리의 생태계는 심각한 위험에 직면하게 될 전망이다. 이러한 자연과 평화의 파괴는 정의라는 사회평화와 함께 오늘날 우리에게는 삶의 계명이다.8 특히 한반도에 배치되어 있는 1천기 이상의 핵무기들과 앞으로 2031년까지 건설하겠다는 61개의 핵발전소는 우리의 생태계를 심각하게 위협하고 있다.9 핵폐기물들의 처리미비도 큰 문제이다. 그러나 더욱 심각한 문제는 핵발전소 주변 주민들의 건강이 이미 심각한 것으로 드러나고 있다.10 이러한 자연과의 평화가 심각하게 위협당하고 있는 것은 온갖 질병들의 새로운 발생에서 더욱 분명하게 드러나고 있다.

---

7 Ulrich Duchrow und andere, *Totaler Krieg gegen die Armen - Geheime Strategiepaiere der amerkinaischen Militärs*, Kaiser Taschenbücher, 1989, s.194; Santafe문서I권에 보면 "교육체제를 지배하는 자는 과거뿐만 아니라 미래도 결정한다. 미래는 오늘 교육받는 이들의 손과 머리에 놓여 있다"고 선언한다.

8 Carl Friedrich von Weiszäcker, *Die Zeit drängt*(이정배 역, 시간이 촉박하다), 기독교서회, 1987; Ulrich Duchrow und Gehalrd Liedke, Schalom(손규태 역, 샬롬), 한국신학연구소 1989년 참조.

9 이영희, "핵무기 신앙에서의 해방", 창작과 비평, 1988년 가을, 64-85면; 한겨레신문 1980년 8월 7일자 참조.

10 "공해연구", 한국반핵반공해 연구소, 1989년 여름, 24-30면 참조.

III. 해방신학, 민중신학, 평화신학

위에서 필자는 한반도를 둘러싼 평화를 위협하는 네 가지 요소들을 제시했는데 이것들을 다루어 가는데 있어서 제기되는 우선순위들을 해방신학, 민중신학, 평화신학의 틀에서 살펴보고자 한다. 1983년 캐나다 밴쿠버에서 열렸던 세계교회협의회(WCC) 총회에서 제기된 "정의, 평화, 창조질서의 보전"(Justice, Peace and Integrity of Creation)을 위한 세계공의회 개최와 관련해서 이들 주제 특히 정의와 평화 사이의 우선순위를 둘러싸고 제1세계와 제3세계 국가들의 대표들 사이에 시각의 차이가 드러났다. 개혁교세계연맹의 의장인 알란 보삭(Alan Boesak)은 정의에다 일차적 비중을 두고 그 다음으로 평화 및 자연의 보전 순서로 다루어야 한다는 것을 강조했다. 정의 문제는 특히 정치적 억압과 경제적 착취로 인한 제3세계 국가들의 배경을 강하게 반영하고 있다. 특히 아시아, 아프리카, 남미의 해방신학이 왜곡된 세계의 경제질서의 문제를 해명하는 틀로 삼고 있는 마르크스주의나 종속이론을 강력하게 시사하고 있기 때문에 보삭의 주장은 당연한 것으로 받아들여지고 있다. 따라서 동서 사이의 군축을 목표로 하고 있는 평화를 위한 투쟁은 제3세계 국가들에게서는 별로 심각하게 다루어지지 않고 있는 실정이다.

이에 비해서 제1세계나 제2세계의 국가들의 대표들은 비중을 정의 보다는 상대적으로 평화 쪽에 더 둠으로써 여전히 세계갈등의 문제를 남북갈등아래서 보다는 동서갈등, 즉 이데올로기적 갈등의 시각에서 보려고 했다. 이런 점에서 제1세계의 국가들의 평화신학은 현존하는 이념체제와 경제질서의 유지에 더 신경을 쓰고 있다는 비판이

제3세계 국가들의 대표들에 의해서 제기되었다. 한마디로 서구의 평화신학은 해방신학과는 달리 문제성의 이해와 그 해결의 우선순위를 오히려 동서간의 화해와 평화에 두고 있다.[11]

그런데 남북갈등은 동서갈등 상태에 있는 강대국들과 그 맹방들의 엄청난 군비증강으로 인해서 첨예화되며 이것은 결과적으로 제3세계 국가들의 빈곤, 불의 억압과 밀접하게 연관되어 있다는 것을 간과할 수 없다. 북반구에서의 군축과 평화 없이는 남반구에서의 정의 실현도 불가능하다는 말이다. 따라서 제3세계 국가들에서의 정의 실현은 곧 제1, 2세계에서의 평화 추구와 맞물려 있다. 이러한 정의와 평화가 갖는 상관관계를 평화신학과 해방신학은 모두 간과해서는 안 될 것이다. 평화신학 없는 해방신학을 생각할 수 없고 해방신학 없는 평화신학은 일방적이고 지역적이고 이기주의적이다.[12]

이러한 동서갈등과 남북갈등이 첨예하게 맞물려 있는 곳인 한반도에서 평화신학의 정립은 신식민지 반봉건 사회의 극복을 주로 문제삼고 있는 해방신학적 요소들과 국가독점 자본주의적 체제가 가져온 계급모순의 극복을 일차적으로 문제 삼고 있는 것으로 보여 지는 민중신학적 요소들을 상호 매개함으로써 성립될 수 있다고 보인다. 한반도의 평화신학이 해방신학적 요소들과 민중신학적 요소들을 매개한다고 할 때 제기되는 문제는 우선 한국 사회의 인식에 있어서 신식민지 반봉건적 사회론과 국가독점자본주의 사회론의 종합 내지는 상호침투라는 측면을 고려해야 할 것이다.

---

11 Jürgen Moltmann(Hrg.), *Friedenstheologie und Befreiungstheologie*, Kaiser 1988, s.8ff.

12 J. Moltmann, *Ibid.*, *s.* 10.

이러한 매개와 관련해서 분명히 밝혀져야 할 것은 민중신학에 있어서 "민족문제"와 "민중문제"의 상호관계를 해명하는 일이라고 보여진다. 신식민지 반봉건 사회론의 입장에 서서 민중신학의 지향성을 고려할 때 민중신학은 과도하게 민중문제, 즉 계급모순에 집중함으로써 민족해방이라는 차원 즉 한민족의 자주화란 측면을 과소평가하고 있다고 보여 진다. 서남동 교수는 "민중신학의 성서적 전거"를 밝히는 글에서 최근 고대 이스라엘 역사 연구 성과에 바탕을 두고 "이스라엘 사람들은 민족적 기원이 없다"고 보고 "따라서 히브리 사람들은 하나의 혈통을 가진 민족이나 종족이 아닌 것이다. 하나의 언어를 가진 문화공동체도 아니고 하나의 역사를 이어받은 역사공동체도 아니다"라고 함으로써 그는 주로 민족의 실체보다는 민중의 실체에 더 관심을 두고 있다. 이러한 민중의 실체는 이렇게 볼 때 민족이라는 실체의 범주를 넘어서는 매우 보편적 개념이 된다. 여기서 민중신학은 "민족적 계급적 대결"을 넘어서는 것으로서 "폭력에 대한 비폭력, 그리고 지배에 대한 봉사의 대립을 말한다"고 그는 결론짓고 있다.[13]

이러한 민중신학자들의 주장은 한국현실이 직면하고 있는 민족모순의 문제와 그것의 극복을 위한 지향성을 애매하게 만들어 버리는 것과 같은 인상을 준다. 이러한 입장은 안병무에게서도 좀 다른 형식으로 나타나 있다. 그는 민중을 말할 때 그것은 "한국적인 것"으로 제한하고 "우리가 민중적 민족이라고 할 때는 식민지 치하에서 설움받고 외세에 의해 수탈당하고 국내 지배층에 의해서 억눌리고 빼앗기는 우리 역사 속에서의 민중이자 민족인 그들을 말하는데 이렇게 보면

---

13 서남동, 『民衆神學의 探究』, 1983, 한길사, 236-243면 참조.

'민중'이란 말로 그 모두가 포괄됐다고 봅니다"[14] 이러한 출발점에서 그는 "실재하는 것은 민중이고 민족이란 대외관계에서 형성된 상대적 개념에 불과하다"고 보아 민족이란 실체가 민중개념에 해소되어야 할 것을 주장함으로써 민족을 단위로 하고 구성된 민족국가가 갖는 정치 경제적 실체를 과소평가하고 있다고 보여 진다. 여기서 주목하게 되는 것은 서남동 교수나 안병무 교수나 모두가 민족이해를 '문화적 객체적' 개념으로 파악함으로써 그것이 갖는 '과거지향적, 비이성적, 반개인주의적 성격'의 부정적 요소를 전제하고 있는 듯하다. 이러한 민족주의 이해는 공격적이고 쇼비니즘적 결과를 가져오는 것도 사실이다.[15]

이러한 민중신학자들의 민족이해에 대해서 이의를 제기하고 있는 이가 박순경 교수이다. 그는 "민중은 좁은 의미에서는 민족의 일부분을 지칭하나 넓은 의미에서는 민족이다. 민족, 민중을 연결해서 말하는 이유는 한민족사 전체가 민중의 현실의 시각에서부터 변혁되고 새롭게 창출되어야 하기 때문이다"라고 말함으로써 한국현실에서는 오히려 민족문제가 우선하고 있다는 것을 말하고 있다. 그러나 그는 이 두 개념들은 서로 분리되거나 해소되어 취급될 수 없음도 지적하고 있다.[16] 그리고 한국역사에서 이러한 민중개념의 기원은 1920년대 항일민족운동에서 민족주의 운동과 사회주의 운동이 결합되면서 구형화된 "민족해방과 플로레타리아 혁명의 과제를 내포한 말로서 등장했고" 이것이 1980년대에 민족, 민중운동에서 계승된 것으로 파악하

---

14 안병무, 『민중신학 이야기』, 한신연, 1987, 37-38면 참조.

15 Hans Kohn, *Die Idee des Nationalismus*, 1962, Frankfurt am Main s. 16ff.

16 "민족통일과 여성신학의 과제", 「기독교사상」, 1988년 8월 120면 참조.

고 있다.[17] 박교수는 민족개념을 피압박 경험에서 파악하고 따라서 민족을 '정치적 주체적' 개념으로 이해함으로써 그것이 갖는 현 단계에서의 중요성을 제시하려 하고 있다.[18] 이러한 박교수의 견해는 민중신학이 민족 모순의 문제를 과소평가한 것으로 보고 오히려 주변부 자본주의론 내지 '신식민지 반봉건 사회론'에 주목함으로써 그것들이 지향하고 있는 이념이 민족자주화와 민족통일에 더 기여할 수 있음을 지적하고 있다.

그런데 한반도 평화신학 정립을 목표로 주목하고자 하는 것은 "민족의 사회화"(Die Sozialisierung der Nation)이다. 19세기말 20세기를 기점으로 해서 유럽에서 민족주의 운동은 강력한 사회화 과정을 거친다.[19] Carr에 의하면 이러한 "민족의 사회화" 단계에서는 이러한 민족운동의 강조점이 정치적 민주화에서 경제적 평등으로 이전했다는 것이다. 말하자면 이 운동의 역점이 중산층의 운동에서 대중들의 운동으로, 자유민주주의에서 사회민주주의로 옮겨갔다는 것이다. 여기서 주목할 것은 제2차 세계대전 이후 그리고 1955년 반둥에서의 비동맹 국가들의 회의를 거치면서 제3세계의 민족문제의 지향점은 민족해방과 함께 민중해방이 동시에 추구되는 것으로 파악되어야 할 것이다. 즉 민족문제는 사회화 과정 속에서 민중해방문제와 병행해서 다루어

---

17 상게서, 122-123면 참조.

18 Hans Kohn, *Ibid.*.

19 E. H. Carr, 민족주의 그 이후(*Nationalism and After*, N.Y. 1945). E. Eh. Carr는 민족주의의 발전단계를 서술하는 데서 1789년 프랑스혁명 이전까지의 민족주의 운동을 전근대적 민족형성단계로 파악하고 프랑스혁명으로부터 1870년까지를 '민족의 민주화'(Demokratisierung der Nation)의 단계로 그리고 1870년부터 1939년 사이를 민족의 사회화 단계로 구분하고 있다.

질 수밖에 없게 되었다는 것이다.

따라서 분단 모순, 민족 간 모순, 계급모순 등 3중의 모순이 뒤얽혀 있는 한반도에서 평화신학 정립은 민족문제와 민중문제를 동시적이고 통전적으로 다룰 수밖에 없다고 보여 진다. 그러나 이를 다루어 가눈데 있어서 전술적 선후관계는 고려될 수 있을 것이다.

IV. 한반도에서 평화신학 정립을 위한 논거들

한반도에서 민족모순과 계급모순을 해방신학적 요소들과 민중신학적 요소들을 매개하는 평화신학이 극복해 나가려 할 때 이 모순들을 이데올로기적으로 지탱시켜주고 있는 왜곡된 평화 이데올로기 즉 강제와 질서평화로서의 로마의 평화(pax Romana)의 실체를 해명하는 것이 무엇보다도 중요하다. 이러한 정치적 평화모델은 반공과 국가안보라는 축을 중심으로 형성되며 군사주의를 뒷받침해 주고 있는 핵무장 등에 의해서 유지되고 있다. 이것은 동시에 기술시대의 삶의 조건을 보장해 주고 제3세계의 정치적 경제적 해방을 가로막는 기술지배적 평화모델(der technokratische Friedensmodel)의 뒷받침을 받고 있다.[20]

따라서 한반도에서 평화신학은 이러한 거짓 평화의 이데올로기적 근거인 반공주의와 국가안보 이데올로기에 대한 철저한 신학적 비판

---

20 H. E. Bahr, *Weltfrieden und Revolution; Frieden ohne Revolution*, Reinbeck, 1968, s. 19-41.

으로부터 출발할 수밖에 없다. 다시 말하자면 신구약성서에 나타난 "샬롬"의 의미와 그것을 구체적 실현을 목표로 한 평화신학이 정립되고 거기에 따른 그리스도인들의 평화운동이 전개되어야 한다는 말이다.

성서적 증언에 따르면 평화, 즉 샬롬은 무엇보다도 포로기 및 포로기 이후의 예언자들의 주된 관심사였다. 그들의 평화 이해는 메시아적 도래와 그것과 관련된 새로운 계약 그리고 새로운 세계의 희망과 밀접하게 결부되어 있었다. 여기서 평화란 인간의 모든 삶의 조건들에서 존재의 충만함을 의미한다. 포로기의 이스라엘 민족은 이러한 평화를 약속으로 받아들였고 새로운 계약으로 확증했었다. 그들은 이러한 종말론적 신앙 가운데 고통을 참아갔고 이러한 희망을 가지고 예루살렘으로 귀환해서 새로운 성전을 건축했었다. 다시 말하자면 이러한 평화의 꿈은 메시야의 출현이라는 종말론적 사건을 통해서 결정적으로 성취된다고 그들은 믿었던 것이다.

신약성서는 이러한 종말론적 희망을 예수의 출현에서 성취된 것으로 이해했다. 즉 구약성서에 나타나 있는 종말론적 약속이 예수의 삶과 말씀을 통해서 완성되었다고 본 것이다. 즉 종말론적 미래약속이 예수의 출현과 더불어 역사적 현실로서 달성되었다는 것이다. 신약성서에서 예수는 지상에서 "하나님 나라건설"이라는 설계를 통해서 종말론적으로 기대되었던 약속을 구체적으로 우리에게 보여준다. 우리가 "예수가 우리의 평화다"라고 말할 때 그것은 구약에서 예언된 평화가 그의 삶 가운데서 완성되어 가고 있다는 것을 지시한다(눅 13:20).

한걸음 더 나아가서 역사 안에서의 종말론적 평화에 대한 기대가 역사를 변혁시키고 역사를 열려진 과정으로 만들어 가는 것을 의미한다. 이렇게 평화를 하나의 과정으로 이해하는 것은 희망의 신학, 혁명

의 신학 그리고 출애굽적의 공동체로서 교회에서 그 구체적 장을 발견할 수 있어야 한다.[21]

정치 종교화된 반공 및 안보이데올로기에 대해 철저한 신학적 비판을 가하고 하나님 나라라는 종말론적 약속의 비전을 가지고 이 문제에 대답을 시도했던 이는 칼 바르트였다. 바르트에 의하면 그리스도인은 원칙적 사회주의자나 원칙적 자본주의자가 되는 것을 거부하고 따라서 교회도 그 어느 편에 가담해서는 안 된다는 것을 분명히 하여야 한다.[22] 그는 그리스도인의 자유에서 사회주의와 자본주의의 대결을 넘어서는 하나님 나라를 지향하고 있다. 그래서 그는 "원칙적 반공주의는 공산주의 그 자체 보다 더 큰 악이다"라고 선언했다. 바르트는 동서 이데올로기적 대립 즉 미·소의 대립을 다니엘서에 나오는 거대한 짐승들의 싸움 즉 단순한 권력투쟁으로 파악하고 그리스도인은 그 어느 편에서 가담해도 안 된다는 것을 단호히 주장했다. 그는 "우리 그리스도교적 태도설정이란 이런 것이다. 즉 우리는 이러한 대립 가운데서 투사가 되는 것을 거부하는 것이다. … 이러한 대립에 대한 결사적 거부, 오직 평화에로의 강력한 촉구가 있어야 할 것이다."[23] 바르트는 동서간의 갈등이 갖는 이데올로기적 허위성을 폭로하고 그 어느 하나에 대해서 동조를 강요하는 것을 뿌리치는 것이 바로 기독교의 평화에의 길임을 분명히 했다.

---

21 Heino Falcke, Theologie des Friedens in der eienen geteilten Welt, in: Moltmann(Hrgs.), *Ibid.*, s. 32ff.

22 이신건, "바르트와 공산주의", 「神學思想」 65, 1989년 여름, 437면 참조. Karl Barth, *Die Kirche zwischen Ost und West*, Ev. Verlag, Zollikon/Callenbach, 1949,

23 E.부에스/M.마트뮐러(손규태 역), 『예언자적 사회주의』, 한국신학연구소 1987, 255-256면 참조.

한국 개신교회는 하나님 나라가 주는 평화의 약속 위에 굳게 서서 갈등과 대립을 확대재생산 하는 분단 이데올로기가 동서 강대국들의 군력투쟁에 근거하고 있음을 밝히는 메시지를 선포할 때 평화신학이 구체적 실천의 장을 마련하게 될 것이다. 이제까지의 분단 이데올로기에 근거한 국가안보 논리와 위협체제(Abschrekungssystem)으로서의 핵무기 배치에 의한 평화가 아니라 적을 지배하고 조정하는 것을 포기한 "공동의 안보"(gemeinsame Sicherheit) 개념을 통해서만 상호이해와 상호신뢰를 구축할 수 있을 것이다. 공동안보란 적대자들이 군비증강을 하는 과정에서 이러한 경쟁적 무기증강이 상대방을 과도하게 위협함으로써 피차간의 위협이 증가된다고 하는 인식과 통찰력에 기초하고 있다. 예를 들자면 남한에서 보다 발달된 무기를 배치하면 북한에게 위협이 되고 따라서 북한도 거기에 상응하는 무기를 배치할 수밖에 없다. 그 반대도 마찬가지다. 이 경우 무기증강은 안보를 확보해 주는 것이 아니라 오히려 더 위태롭게 만든다. 이러한 증가하는 위협에 직면해서 이성적 사고는 공동안보를 요청하게 되는 것이다.[24]

다음으로 한반도에서 평화신학 정립을 위한 성서적 신학적 논거로서 하나님 나라가 갖고 있는 사회 평화적 지평이 고려되어야 한다. 그 내용은 마태복음 20장 1-16절에 나타나 있는 포도원과 일꾼들의 노임분배의 비유에 잘 나타나 있다. 여기에 보면 평화신학이 사회평

---

24 이러한 공동안보라는 개념을 서구에서 최초로 사용한 이는 계몽주의 철학자인 크리스천 볼프(Christian Wolff)로 알려져 있다. 그에 의하면 "대부분의 인간들이 서로 행복하게 살 수 있다"라는 전제에서 출발한다. 그리고 피히테(Johann Gottlieb Fichte)도 자연법의 기초에 관한 글에서 안보를 상호성의 관계로 기술하고 있다. 오늘날과 같은 핵시대에서는 이러한 공동안보 개념은 더욱 중요한 의미를 갖는다. Wolfgang Huber(김윤옥, 손규태 역), 『평화윤리』, 대한기독교서회. 1997. 493-94면 참조.

화를 지향한다고 할 때 필연적으로 제기되는 문제는 물질의 분배와 밀접히 연관되어 있다. 마태복음 20장에 보면 능력과 시간에 따라 일하고 필요에 따라서 분배한다고 하는 하나님 나라의 원리가 가장 선명하게 나타나 있다. 8시간 일한 사람이나 한 시간만 일한 사람이나 모두가 한 달란트를 필요로 하고 있기 때문에 포도원 주인은 모두에게 똑같이 분배했다.

이러한 사회평화의 실현은 남한 내에서의 갈등해소에 기여할 뿐만 아니라 남북 사이의 평화적 통일과 화해를 위한 길 예비로서 파악되어야 한다. 다시 말하자면 현재의 남한 사회에서의 경제적 불균형은 우리 자체 안에서 사회적 평화를 위협하고 있다. 그러나 이러한 사회적 불평화는 남·북한의 화해를 불가능하게 할 뿐만 아니라 동시에 통일의 길에서 가장 큰 장애가 되고 있다. 왜냐하면 남한에서 부를 독점하고 있는 극우적 세력들은 자신들의 현재적 기득권을 포기하려 하지 않고 있기 때문이다. 동시에 그들은 통일을 말하고 있지만 그들이 목표하고 있는 것은 자신들의 현재적 기득권의 확보는 물론 통일을 통해서 자신들의 기득권을 더욱더 확대하고자 하기 때문이다. 따라서 이러한 기득권의 북한에로의 확대는 모두를 위해서 바람직한 것이 아니다.

이런 차원에서 한국에서의 사회평화를 위한 다른 하나의 논제는 누가복음 4장 18-19절에 잘 나타나 있는 희년선포의 정신이라 할 수 있다. 한국기독교교회협의회는 1988년 2월 29일 37차 총회에서 채택한 "민족의 통일과 평화에 대한 한국기독교회 선언"에서 1995년을 "평화와 통일의 희년"으로 선포했다. 구약성서 레위기 25장에 보면 희년은 토지소유관계의 원상회복(재분배)과 종으로 팔린 자들의 해방을 말하고 있다. 누가복음에도 이러한 내용이 그대로 나타나 있다. 이것은 정의로운 소유관계가 깨어졌던 것을 완전히 회복하는 사회적 평화의 정착을 지향하고 있다. 이 문제는 예언자들을 거쳐서 예수의 하나님 나라사상을 통해서 계승되고 있다.[25]

평화는 곧 해방과 화해라는 희망의 빛에서 같이 사는 기술이라고 할 때[26] 사회평화야말로 이러한 기술의 극치라고 할 수 있다. 사회평화는 그러나 어떤 선언이나 자선적 호소에 의해서 달성되지 않고 구체적 실천 즉 법적 제도적 장치를 마련하는 것을 통해서 가능하다. 이런 관점에서 볼 때 사회평화를 위한 교회의 운동에서 지향해야 할 것은 그 평화의 기초를 확고히 할 수 있는 제도를 마련하는 것이다. 그것은 구약성서 레위기에도 잘 나타나 있다. 즉 희년은 운동이 아니라 법체계였다는 것이다.[27] 이런 의미에서 한국에서의 평화신학은 그리스

---

25 구약성서의 율법은 대별해서 제의법, 성결법, 사회법으로 구별할 수 있다. 8세기 예언자들 특히 아모스나 이사야와 예레미야 등은 이스라엘 백성들이 제의법과 성결법은 준수하면서도 사회법을 어기고 있다고 하는 것을 맹렬히 통박하고 있다. 그 대표적 예가 아모스이다. 따라서 예언자들의 주된 관심은 사회법의 준수에 있었다. 이러한 예언자들의 전통은 예수에 의해서 수용된다. 그는 제사를 드리기 전에 이웃과의 화해를 권했고(막 12:33) 정결법을 어겼다고 하는 바리새인들의 비난에 대해서 사람에게 들어가는 것이 더러운 것이 아니라 사람으로부터 나오는 것이 더럽다(마 15:11)고 말했다.

26 J. Moltmann, *Ibid.*, s. 38

27 한국교회에서 전개된 희년운동에서 레위기 25장에 나타난 희년사상의 실천가능성 여부와 함께 과거 이스라엘 공동체에서 이러한 정신이 참으로 실현된 일 있는가 하는 것을 문제 삼았다. 대부분의 신학자들은 이러한 희년사상이 과거 이스라엘에서 실현되었다고 하는 증거를 찾을 수 없다고 하여 회의적인 생각을 표시하였다. 동시에 오늘날의 실천가능성의 문제에 대해서도 비관적으로 생각했었다. 그러나 주목하고자 하는 것은 희년사상은 법제화되었다는 사실이다. 따라서 그것은 일정기간 일정지역에서 실시되었을 것이다. 다만 이러한 희년법은 이스라엘 왕조 특히 다윗왕조의 출현과 더불어 점차 약화되다가 솔로몬 시대를 지나면서 고정 화된 지배세력들의 등장과 더불어 더욱 약화되었을 것으로 본다. 그 후 8세기부터 출현한 예 언자들, 사회적 예언자들의 비판은 율법

도인들과 교회가 약자, 가난한 자, 권리를 박탈당한 자들을 위한 구체적 제도마련 즉 (희년)법 제정을 주도하고 거기에 동참할 것을 요구하고 있다. 좀 더 구체적으로 말하자면 현재의 왜곡된 토지소유관계를 토지개혁을 통해서 개선하고 또 왜곡된 금융자산의 소유관계를 화폐개혁을 단행함으로써 바로 잡는 일부터 시작해야 한다.

하나님 나라의 미래는 전적으로 하나님의 자유한 결단에 속하는 대강절(Adventus)이다. 그러나 동시에 하나님의 주권하에서 도래하는 이 하나님 나라를 마지하기 위해서 그 길을 예비하는 것 즉 미래를 장만하는 것(Futurum)은 우리 그리스도인들의 일이다. 창조자이시고 구원자이신 하나님은 오늘도 우리를 향해서 그의 창조와 구원사업에 동참할 것을 요구하고 있다. 구속사업을 위해서 이 세상에 오신 예수께서 회개를 외칠 때 그는 도래하는 하나님 나라를 향한 우리의 개방성과 참여를 요구하고 있다. 디트리히 본회퍼는 그의 윤리학에서 "궁극적인 것"(the Ultimate)은 "궁극이전의 것"(the Penultimate)을 요구한다고 선언했다.[28] 하나님 나라의 미래는 그 미래를 향한 그리스도인들의 회개와 참여를 요구하고 있다.

V. 결어

한반도에서 시급히 해결해야할 문제는 남·북한이 가진 가장 심각

의 사회법에 대한 회상에 근거하고 있다고 보인다.

28 디트리히 본회퍼, 『기독교 윤리』, 기독교서회, 102-160 참조.

한 민족 모순인 분단을 극복하고 통일을 달성하는 일이다.

1) 남북통일의 전제로서 시급한 과제는 이데올로기적 차이에 의한 이제까지의 적대적인 대립투쟁을 중지하고 남·북한 국민들 사이의 화해이다. 앞서도 살펴 본대로 1990년대 구소련의 붕괴와 동유럽 사회주의 국가들의 해체로 서구에서는 이미 30년 전에 냉전체제가 마감되고 더 이상 국가들 사이의 이데올로기적 대립은 사라졌다. 그러나 우리는 아직까지도 낡은 이데올로기적 대립을 계속하고 있으며 남북의 화해와 통일을 말하면 남한 내에서는 아직도 좌파니 빨갱이니 하며 공격하며 분단을 고착화하려는 반민족적이고 반통일적 세력들이 존재한다. 따라서 정부나 정당사회단체들은 제반활동에서 국민들로 하여금 이러한 민족 간의 대결의식을 고취시키는 일을 그만두어야 한다. 그런데 이러한 집단들 가운데 예수의 사랑과 화해의 복음을 전파하고 실천해야 할 종교집단들 가운데 개신교 집단이 속한다는 것은 지극히 유감스러운 일이다.

서독의 개신교가 1962년 '동방백서'를 발표하고 당시 대립 경쟁하던 동독과 사회주의권 국가들과 화해할 것을 천명하고 그리스도인들로 하여금 그것을 실천하도록 설교하고 가르쳤다. 동방백서는 바울이 고린도 교회에 권면한 말씀 "모든 것이 하나님께로 났나니 저가 그리스도로 말미암아 우리를 자기와 화목하게 하시고 또 우리에게 화목하게 하는 직책을 주셨으니 이는 하나님께서 그리스도 안에 계시사 세상을 자기와 화목하게 하시며 저희의 죄를 저희에게 돌리지 아니하시고 화목하게 하는 말씀을 우리에게 부탁하셨느니라"(고전 5:18-19)을 주된 텍스트로 삼아서 사회주의권 국가들과 국민들과의 화해의 실천을 다짐했었다. 여기에 자극을 받은 서독정부 수상 브란트는 1969년 '동방정책'을 추진하여 동독과는 물론 동유럽의 사회주의권 나라들과 화해하고 교류하는 정책을 만들어 실천했다. 그 정책이 열매를 맺어 결국 동일은 1990년 동독과 통일되고 동유럽 사회주의 나라들과도 화해하여 유럽의 분단을 극복하고 평화의 시대를 열었다.

한국에서 남북의 분단대립이 장장 60여년이 지났다. 우리의 한 세대를 30년으로 치면 벌써 두 세대가 지나갔다. 한국도 새로운 북방정책을 통해서 북한과 화해하고 교류협력사업 등을 통해서 평화롭게 살고 앞으로의 통일을 대비해야 한다.

2) 남·북한 사이의 화해가 이루어지면 우리는 바로 평화의 시대에 돌입하게 된다. 남·북한이 평화의 시기에 들어서면 우선 그동안 대립 투쟁하던 수단이 되던 모든 군사적 수단을 줄여나가야 한다. 과도하게 많은 군인들과 무기체제들을 줄여서 남한의 경우 매년 40조원 가까이 들어가던 국방비를 대폭 삭감할 수 있다. 만일 10조만 줄여도 모든 학생들에게 대학졸업까지 무상교육을 할 수 있고 20조만 줄여도 의료보험을 내지 않고도 무상으로 치료할 수 있다. 서로 싸우고 대립하는 비용이 평화롭게 살아가는 비용을 훨씬 능가한다.

그리고 평화시기가 되면 남북은 상대지역에 많은 경제적 투자를 할 수 있다. 남한의 발전된 산업을 값싸고 질 좋은 노동력을 가진 북한에 진출시킬 수 있고 또 북한의 많은 지하자원을 개발하여 남·북한이 공동의 이윤을 창출할 수 있을 것이다. 이러한 경제적 지원과 교류 활동을 통해서 많은 일자릴 층출할 수도 있을 것이다. 그리고 서로 자유롭게 왕래하게 되면 북한은 남한의 관광객을 통해서 많은 경제적 도움을 얻을 수도 있을 것이다. 이렇게 교류하고 협력하게 되면 그동안 떨어져 살던 국민들 사이에 동질성을 회복하게 되고 나아가서 남북통일의 길도 열리게 될 것이다.

3) 이렇게 남·북한이 화해에서 평화로 나아가서 서로 왕래하고 협력하고 지원하게 되면 그동안 가졌던 적대의식들도 사라지게 되고 남북의 삶의 질이나 수준도 비슷하게 되면 통일로 가는 길도 용이하게 열릴 것이다. 독일의 준비 없는 통일의 경우, 국토는 통일되었지만 사회적으로는 민족이 분열되는 아픔을 겪게 되고 막대한 통일비용도 들어갔다. 이를 반면교사 삼는다면 한반도는 점진적 통일과정을 통해서 사회적 분열도 겪지 않고 막대한 통일비용도 절약할 수 있을 것이다.

제 9 장

한반도의 그리스도교 평화윤리 시안

I. 오늘날 한반도의 현실

최근 한반도에서 미군과 한국군이 최첨단 무기들을 동원하여 공동으로 수행하는 합동군사훈련 즉 전쟁연습(키리졸브 훈련)으로 인해서 북한과 미국 그리고 북한과 한국 사이에 긴장과 갈등이 최고조에 달하고 있다. 그리고 그 훈련이 끝난 다음에도 한국군만으로 수행되는 군사훈련(을지 프리덤 가디언)도 계속되고 있다. 이렇게 매년 정기적으로 진행되고 있는 군사훈련들, 말하자면 전쟁연습들은 결과적으로는 낡은 재래식 무기로 무장하고 있고 경제적 난관에 직면하여 모든 면에서 열세에 처한 불안한 북한 정권으로 하여금 그들의 생존을 위한 핵무기 개발에 진력할 수밖에 없게 만든다. 그래서 북한은 경제적 어려움에도 불구하고 몇 십 년에 걸친 연구 끝에 핵무기와 그 운반수단인 장거리 미사일 개발에 성공했다. 결과적으로 북한이 핵무기와 미사일 생산에 전력을 투구하게 된 것은 사실상 미국의 군사적 위협에 그 원인이 있다고 봐야 할 것이다.

그동안 전 세계적 차원에서 핵무기 확산에 신경을 곤두세우고 있던 미국은 북한이 핵무기를 소유함으로써 더욱더 북한을 외교적으로나 경제적으로 압박하고 봉쇄했으며 동시에 군사적으로 더욱 위협해 오고 있다. 그동안 이런 불안정한 한반도의 사태에 대해 중국은 중재와 6자 회담 등을 통하여 한반도에서 비핵화에 성공하는 듯 했지만 미국과 북한은 피차 성실한 약속이행에 실패함으로써 쌍방 간의 이해충돌로 이러한 노력들은 수포로 돌아갔고 미국과 북한 사이의 적대적 관계는 점차 악화일로를 걷게 되었다. 한국전쟁이 끝나 휴정협정이 체결된 이후 이들 사이에는 몇 차례의 충돌과 갈등이 있었지만 오늘날처럼 심각하지는 않았었다.

한반도에서 이데올로기 국가의 출현으로 남·북한의 분단과 거기에 따른 동서냉전체제의 최초의 무력충돌이었던 한국전쟁과 그 후 정치적 및 군사적 갈등은 1990년 유럽에서 동서냉전체제가 붕괴된 이후에도 계속되었고 이 갈등은 지구상에서 가장 비정상적이고 비이성적 대결을 낳고 있다. 이러한 남·북한의 분단과 갈등의 일차적 원인은 남·북한을 분할 점령한 미국과 소련에 있지만 그 대결을 지속하게 만드는 것은 한국전쟁이 끝나고 50년이 지난 오늘날까지도 한반도에 막강한 군사력을 배치하고 있을 뿐만 아니라 한반도(남한)의 제반 문제에 대해 정치적으로나 군사적으로 관여하고 강력한 영향력을 행사하고 있는 미국의 패권주의정책에 있다고 할 것이다. 그동안 남한에 대해 적대관계에 있던 중국과 소련 그리고 동유럽 국가들은 냉전체제의 붕괴이후 외교관계를 수립하여 정상적 우호관계로 돌아왔다. 단지 냉전체제 해소 이후에도 미국만이 여전히 북한에 대해 적대관계를 지속하고 군사적으로도 위협하고 있다. 부시정권은 미국에 대해 냉전체제의 대결정책을 해소하고 평화체제를 통해서 체제보장을 갈망하는 북한을 "악의 축" 등 비상식적 낙인을 찍고 군사적으로 위협함으로써 오늘날과 같은 긴장을 초래하고 있는 것이다. 그동안 미국의 대북정책은 북한정권을 붕괴시키고 친미적 정권을 세우는 것이었지만 그것은 국제정치적 관계에서 중국의 존재 등을 고려할 때 사실상 현실적이지 못하다. 지금도 북한과 미국의 비이성적 대결로 인해서 한반도에서 야기되는 갈등은 전쟁 일보직전의 긴장상태가 계속되고 한미군사훈련이 진행될 때마다 북한은 거기에 상응하는 조치로서 핵실험을 하고 장거리 로켓훈련을 감행하고 있다. 그 결과로서 한국과 북한 사이의 대결과 갈등도 점차 첨예화되고 이런 상황 속에서 국민들은 불안과 공포의 나날을 보내야 한다.

그렇지만 이러한 남·북한 사이의 분단과 대결의 원인을 모두 강대국에게만 돌릴 수 없다. 그동안 남·북한의 정치지도자들은 그러한 분단과 대결의 현실을 용납할 뿐만 아니라 피차 정치적으로 이용해 왔다. 북한에서는 분단과 대결을 독특한 세습정권의 장기집권의 빌미로 삼았고 남에서는 군사독재나 친미적 보수정권들이 반민주적 통치의 구실로 이용함으로써 결과적으로 국민들을 정치적으로 억압하고 경제적으로 수탈하는 수단으로 삼았던 것이다. 그동안 남·북한의 분단과 대결로 인해서 치러야 했던 인명피해와 정치적, 경제적, 군사적 손실은 실로 너무나 엄청난 것이어서 일일이 계산조차 할 수 없다. 북한의 경우 이러한 남북대결은 정치적 민주주의의 발전이 가로막혀 인민들에게서 정치적 자유와 존엄성을 박탈하고 또 엄청난 군비지출로 인해 경제파탄을 가져오게 되어 국민들을 굶주림에 빠지게 만들었다.

남한의 경우도 크게 다를 바 없었다. 그동안 남한의 경우 김구와 같은 자주적 민족의 화해와 통일을 지향했던 지도자들은 반민족적이고 반통일적 세력에 의해서 암살당하거나 제거되었다. 그 후에도 이러한 민족 화해적이고 통일 지향적 인사들이나 단체들은 친미적이고 반통일적 세력에 의해서 탄압을 받거나 제거되었다. 이승만의 독재체제가 학생혁명으로 붕괴되고 등장한 군사독재의 장기화로 국민들은 정치적 탄압과 함께 경제적 착취에 시달려야만 했다. 1986년 이후 민간정부들이 들어섰지만 정치적으로 기본 민주주의는 완성되지 못했고 그동안 경제정의 없이 노동자들의 피와 땀으로 이룩한 경제적 성과는 몇몇 특정 재벌들의 손아귀에 장악됨으로써 사회적 평화는 깨어지고 빈익빈 부익부의 격차사회로 전락하고 말았다. 또 남한에서는 미국의 신자유주의 경제체제에 예속됨으로써 국민들은 정치, 경제, 사회, 교육 등 모든 분야에서 처절한 대결과 경쟁 가운데서 매일매일 전시상태에서 생존을 건 투쟁을 하고 있는 것이다.

따라서 남·북한은 이러한 분단과 대결로 인해서 지불해야 할 엄청난 군사적 비용들을 남·북한 국민들의 발전과 복지를 위한 비용으로 사용할 수 없었다. 만일 남·북한의 애국적 지도자들이 진정으로 민족 분단의 비극을 극복하고 남·북한 민족이 평화롭게 살아갈 길을 모색했다면 우리 민족은 벌써 통일을 이루고 번영의 길로 들어섰을 것이다. 그러한 민족적이고 애국적인 지도자들은 남·북한에서 모두 숙청되거나 암살당하고 반민족적이고 사리사욕에만 사로잡힌 지도자들이 통치함으로써 아직도 민족적 비극을 극복하지 못하고 있다.

그동안 만족할 수는 없지만 민족의 화해와 협력 그리고 통일을 위한 노력들이 전혀 없었던 것은 아니다. 박정희 시절인 1972년 "남북 7·4 공동성명서"에서 남북통일을 위한 3대 원칙을 발표했고 그리고 노태우대통령 시절인 1992년 2월 18~21일 평양에서 개최된 제6차 남북고위급회담에서 "남북 사이의 화해와 불가침 및 교류협력에 관한 합의서"를 채택했었다. 그리고 이러한 화해와 통일의 노력은 2000년 6월 13~15일 김대중 대통령과 김정일 국방위원장 사이에 평양에서 열렸던 남북정상회담에서 "남북관계발전과 평화 번영을 위한 선언"이 발표되게 하였다. 선언 내용에는 남·북한 사이의 화해와 통일, 긴장 완화와 평화, 교류협력의 활성화 그리고 이산가족의 상봉 문제 등이 담겨져 있었고 이러한 합의들은 부분적으로 실천에 옮겨지기도 했었다. 이어서 2007년 10월 2~4일 역시 평양에서 열렸던 노무현 대통령과 김정일 위원장 사이의 정상회담에서 "남북관계 발전과 평화와 번영을 위한 선언"이 연이어 발표되었는데 구체적인 경제협력에 관한 다양한 프로젝트 등이 거론되고 결정되기도 했었다.

이렇게 남과 북 사이에는 우여곡절과 힘들게 진행되었지만 서로 대화가 이어졌고 그동안의 대결국면이 완화되어가는 징조들이 나타났다. 그러나 이러한 남·북한 사이의 화해와 평화 그리고 통일을 향한 분위기가 점차 무르익는 것을 두려워하거나 못마땅하게 여기던 남한 내의 친미적 보수 기득권 세력들은 김대중과 노무현 정부의 남북화해 정책을 위험시하고 그동안 진행되던 북한에 대한 인도주의적 지원 등을 "일방적 퍼주기"라고 비판하면서 안보위기론을 들고 나와 이러한 변화에 찬물을 끼얹었다. 특히 2007년 이명박 대통령이 정권을 잡은 이후에 북한에 대한 이제까지의 화해정책을 대결정책으로 선회하면서 남북 사이의 화해무드는 급격하게 냉각되기 시작했다. 특히 북한 병사에 의한 금강산 관광객 피살사건을 계기로 해서 이명박 정부는 금강산 관광을 중단시키고 북한에 대한 정부와 민간의 인도주의적 지원을 상호주의를 내세워 철저하게 금지하게 되었다. 그 결과 남북 사이의 대결은 선전선동을 넘어 무력충돌에까지 이르게 되어 천안함 폭침 사건이 발생했고 나아가서 연평도에 대한 북한의 포격으로 인해서 극에 달하게 되었다.

북한에는 젊은 김정은이 새로운 지도자로 등장하고 남한에도 박근혜 정부가 새로 들어서서 "남북 간의 화해 프로세스"라는 대북정책을 제시하면서 국민들 사이에는 이명박 정부시절의 극단적 대결국면은 피해갈 수 있는 것으로 기대했지만 그 결과는 전혀 예상치 못한 국면으로 발전해 갔다. 박근혜 정부는 비록 한반도의 신뢰프로세스라는 새로운 대북정책을 제시하고 있지만 그는 이명박이 속해 있던 보수적이고 반북한적인 한나라당 출신이고 동시에 그가 취임하자마자 미국과 함께 최첨단무기들, B2 장거리 전폭기, 최첨단 스텔스 전폭기, 핵잠수함 등을 총동원하여 북한의 코앞에서 키리졸브라는 위협적인 군사훈련을 실시함으로써 북한에 대한 적대적 정책의 변화가 보이지 않자 북한은 다시 핵실험과 대륙 간 탄도미사일 발사로 응답하면서 매일같이 군사적 긴장의 수위를 높이고 있다. 급기야는 남·북한의 유일한 정치적 평화와 경제적 협력의 상징적 공간이고 사업장인 개성공업지구에서 노동자들을 철수시킴으로써 한반도의 긴장은 최고조에 달하고 있다.

이러한 남·북한 사이의 긴장과 대결국면은 남·북한 정부 당국은 물론이고 평화롭게 살기를 갈망하는 국민들의 생활에도 커다란 위협이고 동시에 정신적 스트레스로 작용하고 있다. 우리 한반도에 사는 국민들은 언제까지 이러한 분단으로 인한 대결과 거기에서 빚어지는 군사적 심리적 위협 아래서 불안하게 살아야만 하는 것인가? 특히 세계 어느 나라 국민들도 경험하지 못하는 핵무기의 위협 아래서 불안한 삶을 살아가야만 하는 것인가? 미국의 핵우산이 남한을 지켜준다고 하지만 만일 한반도에서 핵전쟁이 일어난다면 남·북한의 모든 국민들은 물론 인근의 일본이나 중국의 국민들도 그 피해에서 자유롭지 못할 것이다. 한반도에서 얼마간의 사람들이 살아남는다고 해도 그들은 피폭된 땅에서 피폭으로 인해서 고통을 당해야 할 것이며 그들의 후손은 어떻게 될 것인가? 부유한 사람들은 다른 나라로 피난을 준비하고 있다지만 돈 없고 가난한 사람들의 운명은 어떻게 되는 것일까? 그리고 미국의 이익에 따라서 수행되고 있는 이른바 남한의 안보정책을 통해서 왜 죄 없는 국민들만 전쟁의 불안에 시달려야 하는가? 보수적 기득권 세력들은 한국 국민들이 안보불감증에 걸렸다고 걱정하고 있지만 사실상 국민들은 고통스러운 생활전선에서 매일같이 전쟁을 경험하고 있는데 말이다.

II. 국가안보정책에서 국민평화정책으로

이제 우리는 이러한 비정상적이고 비이성적인 남·북한의 분단과 대결을 넘어서 화해와 평화 그리고 통일을 향해서 우리의 사고의 전환과 삶의 자세의 변화를 가져와야 할 때이다. 남·북한은 휴정상태에서 70여 년 동안 불신과 대결 나아가 전쟁의 위협 가운데 수많은 젊은 이들의 장기간의 군복무와 최신 무기체제의 증강을 위해 인적, 재정적 비용을 치렀다. 교육과 복지에 써야할 엄청난 돈을 전쟁과 대결 준비로 낭비하는 것을 중단하고 남북이 화해하고 평화롭게 살 수 있는 통일과 번영의 길들을 모색해야 할 때이다.

그러면 우리는 어떻게 이제까지의 분단에서 오는 남북 간의 적대적 사고에서 탈피할 수 있을까? 그것은 일차적으로 우리의 현실, 즉 한반도의 현실에 대한 정확한 인식으로부터 출발해야 할 것이다. 앞서도 이미 지적했지만 오늘날의 한반도의 분단과 대결은 우리들 스스로가 원하거나 자초한 것이 아니라, 냉전시대 외세들에 의해서 강요된 것임을 새삼 인식하고 성찰하는 일이다. 한반도의 운명이 외세들에 의해서 규정되던 숙명적 고리를 끊고 우리 민족이 스스로 우리의 운명을 결정하는 진정한 의미에서 독립된 자주민족으로 탄생하는 것이 급선무이다. 1919년 3·1 기도회 독립선언서에도 나타나 있듯이 "우리는 우리가 자주민족임을 해내외에 선언하고" 자주민족으로 살아가는 길을 모색하고 실천해 나가야 할 것이다. 역사적으로 우리 민족의 운명은 고려시대에는 몽고, 조선시대에는 중국 그리고 근세는 일본과 러시아 그리고 현재에는 미국에 의해서 규정되어왔다. 그리고 우리의 역사적 운명은 이러한 외세들을 추종하고 민족을 배반한 매국적 기득권 세력에 의해서 좌지우지 되었다. 따라서 역사가 신채호 선생의 말마따나 "역사는 자아와 피아와의 투쟁의 역사"라고 한다면 우리는 우리의 운명을 자아에 의해서 주체적으로 결정하지 못하고 피아에 의해서 객체적으로 규정당해 왔던 것이다. 따라서 이러한 한반도의 외세의 굴레를 벗어던지고 우리의 운명을 스스로 결정해야 한다는 사고로 전환하는 데서부터 출발해야 한다.

이러한 민족의 주체적 사고로의 전환에서부터 우리는 그동안의 외세 의존적이고 분단 긍정적 사고에 근거한 남·북한 사이의 증오와 대결적 자세를 청산할 수 있다. 왜 우리는 오랜 역사를 통해서 한 민족. 한 국토, 한 언어, 하나의 관습을 가지고 같이 살아온 한 민족이 동족들끼리 타의에 의해서 규정되는 것을 받아들이고 서로 적대시하고 증오해야 하는가?

이스라엘도 약소국가로서 한국과 같이 고대로부터 주변의 강대국들에 의해서 그 운명이 규정되었다. 그들이 12지파로 출애굽 하여 지파동맹의 형태로 지내다가 마침내 다윗과 솔로몬 시대에 와서 절대군주체제의 국가를 세웠으나 솔로몬 왕의 아들 르호보암 시대에 와서 나라는 10지파로 구성된 북왕국(사마리아)과 2개의 지파로 구성된 남왕국(예루살렘)으로 분단된다. 그런데 북왕국 이스라엘은 BC 721년 강대국 아시리아에 의해서 망하고 남왕국 유다는 587년 역시 강대국 바빌로니아에 의해서 망한다. 그 후 바빌로니아에 잡혀갔던 유대인들은 페르시아의 고레스 왕에 의해서 고국으로 돌아와 다시 국가를 세웠으나 페르시아제국을 멸망시킨 그리스와 그리스를 멸망시킨 로마 제국에 의해서 이스라엘 민족의 운명은 다시 타의적으로 규정되었었다.

따라서 이스라엘 민족에게서 가장 중요한 사상은 그들 가운데서 위대한 통치자인 정치적 메시아(구세주)가 나타나 그들을 자주적으로 독립시키고 평화와 정의 가운데 통치해 주는 것이었다. 그들은 실제로 과거의 위대한 왕이었던 다윗과 같은 정치적 메시아가 나타나기를 기대하기도 했었다. 이러한 메시아사상은 정치적 메시아의 출현이 현실적으로 불가능해보이자 종교적 메시아, 혹은 미래에 올 메시아사상으로 바뀌게 되었다. 그렇지만 그 메시아가 다윗가문에서 태어날 것이라는 꿈은 사라지지 않았다. 그래서 메시아로서 예수가 다윗가문이라는 것을 강조하고 있는 것이다(마 1:1; 12:23; 21:9; 22:42; 눅 1:32; 요 7:42).

그런데 다윗의 후손이고 메시아로 등장한 예수도 외세들 즉 적대자(혹은 이방인 혹은 이교도들)의 문제에 대해서 심각하게 고민했고 그 부당성을 지적한다. 신약성서 마태복음에 보면 예수는 이방인의 통치자들에 대해서 매우 부정적 생각을 가지고 있었다. "너희가 아는 대로, 이방 민족들의 통치자들은 백성을 마구 내리누르고, 고관들은 백성에게 세도를 부린다"(마 20:25). 소위 외세에 의한 지배의 제반 형식을 지칭하는 제국주의나 식민주의를 정당화하거나 승인하는 것은 있을 수 없는 일이다. 따라서 예수 당시나 오늘날이나 그 정도의 차이는 있으나 이방인들 즉 외세에 의한 직접적 혹은 간접적 지배는 여전하며 이로 인해서 이 세상에는 많은 지배와 착취가 지배하고 있다.

그런데 예수는 이러한 원수들과의 관계를 궁극적으로 해결하는 방식으로서 다음과 같이 말하고 있다. "'네 이웃을 사랑하고, 네 원수를 미워하라'하고 이른 것을, 너희가 들었다. 그러나 나는 너희에게 말한다. 너희의 원수를 사랑하고, 너희를 박해하는 사람을 위하여 기도하여라"(마 5:43-44). 그러면 예수는 이스라엘 민족을 강제로 지배하고 억압하고 착취하는 이방민족들, 즉 예수 당시 이스라엘을 지배하던 로마인들을 사랑하고 그들을 위해서 기도하라고 한 것인가? 아니면 개인적 차원에서 이웃과의 갈등을 대결과 증오가 아니라 사랑과 용서로 해결하라는 말인가? 구약성서에는 이방인 원수를 미워하라는 계명은 나오지 않는다. 그러나 예수 시대의 유대교 내부의 당파 싸움에서 비로소 그러한 계명이 나타난다. 쿰란 문서에 보면 "모든 빛의 아들들을 사랑하고… 모든 어둠의 자식들을 미워하라"는 요구가 나오기도 한다.

그런데 예수는 이러한 원수들에 의해서 생기는 갈등의 궁극적 해결을 추구하면서 그 방법은 원수를 증오하는 데서가 아니라 원수를 사랑하는데서만 가능하다는 것을 말해준다. 민족적으로나 개인적으로나 우리를 박해하는 원수를 사랑하는 것은 결코 용이한 일이 아닐 것이다. 그러나 이 원수를 사랑하라는 예수의 요구는 다음과 같은 말씀에서 해명되어야 할 것이다. "아버지께서는 악한 사람에게나 선한 사람에게나 똑같이 햇빛을 주시고 옳은 사람에게나 옳지 못한 사람에게나 똑같이 비를 내려주신다"(마 5:45). 원수를 사랑하라는 예수의 요구는 하나님의 본질과 행동에서 그리고 하나님의 통치권 취임의 임박성에서 나오는 것으로 해석할 수 있다. 따라서 하나님의 본성은 궁극적으로는 증오와 심판을 내포한 율법에서 찾을 것이 아니라 사랑과 용서를 담은 복음 즉 사랑에서 찾아야 할 것이다.

이러한 인간들 사이의 증오와 복수로 인한 전쟁과 대결로 멸망해 가는 세계에 하나님은 그의 아들 예수를 보내서 사랑과 용서로 구원받는 세계를 만들기 위해서 활동하신다. "하나님이 세상을 이처럼 사랑하셔서 독생자를 주셨으니, 누구든지 그를 믿으면 멸망하지 않고 영생을 얻을 것이다. 하나님이 아들을 세상에 보내신 것은, 세상을 심판하시려는 것이 아니라, 아들로 세상을 구원하시려는 것이다"(요 3: 16-17).

이러한 그리스도의 사건은 이제까지의 인간의 역사 내에서 하나의 거대한 전환의 사건, 즉 회개(metanoia)의 사건이었다. 회개란 성서에 의하면 하나의 전환, 즉 죄로부터 의로, 증오로부터 사랑으로, 갈등과 대결로부터 용서와 화해로의 전환을 의미한다. 그것은 또한 인간들이 전쟁으로부터 평화에로, 분단으로부터 통일로 나아가는 것을 말한다. 그것은 단절로부터 하나가 되는 것, 하나님으로부터, 인간들로부터, 그리고 자연으로부터 소외되었던 인간이 하나님과 하나가 되는 것, 인간들이 서로 통합을 이루는 것 그리고 자연과 조화를 이루는 것을 말한다.

신약성서 산상설교(마태복음 5-7장)에서 예수는 인간들 사이에 불가능하던 것처럼 보이던 것이 가능하게 된 사례들을 보여준다. "'눈은 눈으로, 이는 이로 갚으라' 하고 이른 것을, 너희가 들었다. 그러나 나는 너희에게 말한다. 악한 사람에게 맞서지 말라. 누가 네 오른쪽 뺨을 치거든, 왼쪽 뺨마저 돌려 대어라. 너를 걸어 고소하여 네 속옷을 가지려는 사람에게는, 겉옷까지도 내주어라. 누가 너더러 억지로 오 리를 가자고 하거든, 십 리를 같이 가주라. 네게 달라는 사람에게는 주고, 네게 꾸려고 하는 사람을 물리치지 말라." "'네 이웃을 사랑하고, 네 원수를 미워하라' 하고 이른 것을, 너희가 들었다. 그러나 나는 너희에게 말한다. 너희의 원수를 사랑하고, 너희를 박해하는 사람을 위하여 기도하여라"(마 5:38-44). 이러한 산상설교의 말씀들은 가톨릭신학에서는 보통 평신도들은 실천할 수 없고 성직자들이나 수도자들과 같이 특수한 직책을 가진 사람들이나 실천할 수 있는 것이라고 해서 이중적 잣대를 가지고 해석하고 있다. 그러나 산상설교의 말씀은 특수한 사람들이나 실천할 수 있는 말씀이 아니라 우리 모두가 실천할 수 있고 또 실천해야 할 말씀이다. 그래서 미국의 저명한 신학자인 라인홀드 니버(Reinhold Niebuhr)는 산상설교의 말씀을 "불가능한 가능성"(Impossible Possibility)이란 말로 해석하고 있다. 인간은 타락하고 사악해져서 그렇지 그 본성에 있어서는 이러한 성서의 말씀들을 능히 실천할 수 있다는 것이다.

그리고 사도 바울도 예수 사건을 설명하면서 그가 한 가장 위대한 사건은 사람들 사이 혹은 민족들 사이를 갈라놓는 경계선 즉 담을 허물어버린 것이라고 했다. "그리스도는 우리의 평화이십니다. 그리스도께서는 유대 사람과 이방 사람이 양쪽으로 갈려 있는 것을 하나로 만드신 분이십니다. 그는 유대 사람과 이방 사람 사이를 가르는 담을 자기 몸으로 허무셔서, 원수된 것을 없애시고, 여러 가지 조문으로 된 계명의 율법을 폐하셨습니다. 그것은 이 둘을 자기 안에서 하나의 새 사람으로 만드셔서, 평화를 이루시고, 원수된 것을 십자가로 소멸하시고, 십자가로 이 둘을 한 몸으로 만드셔서, 하나님과 화해시키시려는 것입니다. 그분께서는 오셔서, 하나님에게서 멀리 떠나 있는 이방인 여러분에게 평화를 전하시고, 하나님께 가까이 있는 사람들에게도 평화를 전하셨습니다"(엡 2:14-17). 바울 사도는 우선 그리스도를 우리 인간들 사이의 평화라고 정의한다. 특히 그의 십자가의 희생은 이스라엘 사람들과 이방인들을 갈라놓은 담을 헐고 서로 화해하여 사람들 사이에 평화를 가져온 것에서 본다. 그는 이러한 자기희생을 통해서 여러 가지 법조문, 사람들 사이에서 원수가 되게 하는 법조문, 예를 들면 한국의 국가보안법과 같은 것을 친히 몸으로 폐지하고 사람들 사이에 평화를 가져온 분이라는 것이다. 사실상 북한의 동포들과 우리 사이를 갈라놓고 원수로 만드는 것이 바로 국가보안법이었다. 그래서 많은 뜻있는 사람들이 오랫동안 이 국가보안법 폐지운동을 하고 있는 것이다. 그러나 한국의 보수적 개신교회는 수구적인 정치세력과 더불어 이 국가보안법, 즉 남과 북을 갈라놓고 국민들을 서로 원수 되게 하는 국가보안법의 폐지를 반대하고 있는데 이것은 예수의 정신은 물론 바울의 그리스도 이해에도 반하는 반 기독교적 행태라고 할 것이다. 평화와 화해의 주님이신 예수 그리스도를 믿는다는 그리스도인들이 어떻게 서로 원수 되게 하는 국가보안법을 지지하고 수호하려고 하는 것일까?

이러한 원수 사랑의 실천은 용이한 것이 아니다. 그래서 요한문서들과 바울은 그 구체적 실례들을 들어서 원수 사랑의 실천을 다음과 같이 피력하고 있다.

첫째, 요한서신에 보면 사랑은 철저한 자기희생에 근거하고 있기 때문에 희생과 헌신 없이는 실천할 수 없다는 것이다. "하나님의 사랑이 우리에게 이렇게 드러났으니, 곧 하나님께서 당신의 독생자를 세상에 보내 주셔서, 우리로 하여금 그로 말미암아 살게 해주신 것입니다. 사랑은 여기에 있으니, 곧 우리가 하나님을 사랑한 것이 아니라, 하나님께서 우리를 사랑하셔서, 당신의 아들을 보내 주시고, 우리의 죄를 속하여 주시려고, 속죄제물이 되게 해주신 것입니다"(요일 4: 9-10). 말하자면 하나님께서 자비와 희생의 마음을 갖고 죄로 원수 된 인간들을 멸망시키지 않고 오히려 자기의 독생자 예수 그리스도를 보내서 그를 희생하게 함으로써 사람들을 구원하고 그들과 화해를 이룸으로써 그의 사랑을 실천해 보여주었다는 것이 요한서신의 증언이다.

둘째 사도 바울은 그의 사랑에 대한 서신인 고린도 전서 13장에서 이렇게 말하고 있다. "사랑은 오래 참고, 친절합니다. 사랑은 시기하지 않으며, 뽐내지 않으며, 교만하지 않습니다. 사랑은 무례하지 않으며, 자기의 이익을 구하지 않으며, 성을 내지 않으며, 원한을 품지 않습니다. 사랑은 불의를 기뻐하지 않으며, 진리와 함께 기뻐합니다. 사랑은 모든 것을 덮어 주며, 모든 것을 믿으며, 모든 것을 바라며, 모든 것을 견딥니다"(고전 13:4-7). 여기서 주목하게 되는 것은 사랑을 실천하기 위해서는 무엇보다도 참고, 견디며 불의를 행하지 않는다고 했다. 말하자면 사랑을 실천하기 위해서는 상대방이 어떤 잘못을 하거나 요구를 하더라도 참고 견뎌야 하며 진심을 가지고 대하고 불의한 일을 해서는 안 된다는 것이다. 따라서 예수가 원수를 사랑하는 것이 모든 문제의 궁극적 해결책이라고 말했을 때 여기서는 그 구체적 실천을 위해서는 자기희생의 정신과 끝까지 참고 견대는 인내력이 절대적으로 필요하다.

예를 들어서 남·북한이 서로 원수가 되어 대결하고 증오하는 현실에서 서로가 화해하고 용서하고 나아가서 통일된 나라를 이루기 위해서는 서로 사랑하는 길 외에 다른 길은 존재하지 않으며 그 사랑의 실천을 위해서는 자기희생과 함께 끝까지 인내하고 상대방을 존중하는 태도를 가지고 임할 때만 분단된 우리 민족의 문제는 해결될 수 있다는 것이다. 예를 들어 북한이 아무리 어처구니없는 요구를 하고 도발을 해도 우리가 진정 평화를 위한다면 그들을 끌어안고 자기희생과 인내를 가지고 선의로 대할 때 거기에는 해결의 실마리가 만들어질 수 있다는 말이다. 박정희 정권 시절 대북정책 즉 눈에는 눈으로, 이에는 이로 대하겠다는 생각(마 5:38)이나, 이명박 정권의 대북정책인 "상호주의"를 가지고는 문제해결은 되지 않고 오히려 대결과 적대감만 키워왔다. 오히려 김대중 대통령시절의 "햇빛정책", 새누리당이나 보수적 논객들이 비판하던 "퍼주기 정책"이 더 합리적이고 이성적인 정책이 아니었는가? 한국과 미국은 북한의 주민들과 어린이들이 굶주려서 죽어가는 것을 비난만 하고 인도주의적 지원을 외면하고 있다.

최근 한국정부는 북한군의 탱크부대와 맞서기 위해서 미국으로부터 1조 8천억 원을 주고 36대의 최신 아파치 헬기를 사오기로 했다. 그러나 '아파치 헬기'라는 이름이 내포하는 전쟁의 위협보다 만일 1조 8천억 원어치의 식량을 지원하는 인도적인 정책을 실행한다면 북한 주민들로 하여금 굶주림에서 벗어나게 하고 남한에 대한 신뢰를 쌓게 하는 통일의 밑거름이 되지 않을까? 남한 정부의 '눈에는 눈'이라는 대결적 자세와 수단들의 강화는 결국 남·북한 사이의 긴장만을 고조시키고 그렇지 않아도 어려운 경제사정을 더욱 어렵게 만들 것이다. 그리고 그동안 미국이 합동군사훈련을 통해서 남·북한의 긴장을 고조시킨 것은 자기들의 최신 무기를 한국에 팔아먹으려는 수단이 아닌가?

III. 결론

스위스의 저명한 신학자 칼 바르트는 그의 말년 1946년에 출판한 책 『그리스도인들의 공동체와 시민들의 공동체』에서 교회와 국가의 상관관계를 유비들을 통해서 해명하면서 국가라는 세속적 집단도 산상설교에 나타난 그리스도교의 가르침, "불가능의 가능성"에 상응하는 방향에서 통치할 때 이 세상에서 평화와 정의를 실현할 수 있다고 했다. 그는 이렇게 말하고 있다. "정치적 존재인 국가는 교회를 따라하거나 하나님 나라를 선취할 수 없다. 정치적 존재는 교회와의 관계에서 독자적 존재며, 하나님 나라와의 관계에서 인간적 존재로서 자체 안에 일종의 유한한 세계를 감당하는 존재이다. 그러나 그리스도교의 정치적 구별, 판단, 선택, 의지, 참여의 방향과 노선은 정치적 존재(국가)와의 유비의 능력과 유비의 필요성과 관계된다." 칼 바르트에 의하면 정치적 존재인 국가와 교회는 서로 독자적 존재들이지만 하나님의 세계 통치라는 차원에서 보면 상호간에는 유비(analogia)의 관계가 성립된다는 것이다. 그러나 그 유비는 중세신학자 아퀴나스의 토마스(Thomas von Aquin)가 주창했던 존재의 유비(analogia entis)로서가 아니라 신앙의 유비(analogia fidei)로서 성립된다는 것이다. 예를 들면 교회에서의 삼위일체론은 정치에서의 삼권분립(삼두정치)과 상응한다는 것이다. 성부, 성자, 성령 삼위는 서로 독립적이지만 상호의존적인 것처럼, 삼권분립에서 입법, 행정, 사법도 독립적이면서 상호적이다. 이들 중 어떤 하나가 다른 하나를 지배하거나 거기에 굴복된다면 거기에서는 진정한 민주주의가 성립될 수 없다. 삼권분립의 잘못 적용된 예가 박정희 독재정권 시절에 국회가 행정부의 거수기가 되거나 사법부가 행정부의 시녀가 된 것에서 잘 드러나 있다. 정도의 차이는 있었지만 이명박 정부시절에도 삼권분립 정신의 파괴 예들이 국회와 사법부와의 관계에서 적지 않았다. 그래서 오늘날 입법부의 독립이니 사법부의 개혁이니 하는 말이 나오고 있고 또한 행정부의 수반인 대통령에게 과도하게 집중된 권한을 통제하기 위한 헌법의 개정을 통한 권력구조의 개혁의 논의가 진행 중인 것이다.

칼 바르트는 이러한 유비를 통해서 그의 평화정책을 다음과 같이 논하고 있다. 그리스도교 공동체의 차원에서 볼 때 하나님의 진노와 심판은 잠시 동안이지만 그의 은총과 자비는 영원하다. 말하자면 하나님은 인간들의 죄악에 대해서 진노하고 심판하시지만 그는 본성적으로 은총과 자비의 하나님이기 때문에 인간들 사이의 대결과 갈등의 궁극적 해결책은 하나님의 본성에 따른 "원수사랑"에서만 가능하다는 것이다. 그런데 시민공동체는 무력적 갈등해결을 단지 최후의 수단 (ultima ratio)로서, 즉 다른 어떤 평화적 해결의 가능성들도 존재하지 않을 때만 사용할 수 있다는 것이다. 말하자면 합법적 국가의 전복이나 파괴가 이루어져 실제로는 하나님의 질서가 부정되는 한에서만 최후의 수단으로서 무력사용이 허락될 수 있다는 것이다. 그리고 어떤 대가를 치른다 해도 평화유지를 위해서 어떤 무력사용도 허용하지 말고 희생하자는 절대 평화주의의 입장을 바르트는 반대한다. 따라서 바르트는 하나님의 은총이 하나님의 진노를 감싸 안고 있다는 유비를 통해서 국가 공동체 안에 존재하는 교회공동체는 최후의 수단으로서 무력적 갈등해결(전쟁)을 수반하는 평화정책을 지지하며 무력을 배제하면서 어떤 대가를 치르고 평화를 유지하는 데는 반대한다.

우리는 이제까지 길고도 지루하게 무수한 인명과 재산의 피해를 감수하면서 진행되어온 남·북한 사이의 대결과 갈등을 진노와 심판이라는 도식 즉 로마식 평화인 "안보"(securitas)로서는 해결될 수 없고 오직 성서 산상설교에 나타난 화해와 사랑(은총과 자비)라는 히브리적 도식인 화해와 "평화"(eirene)로서만 해결될 수 있다는 것을 토론해 왔다. 남한 내에서는 지난 70여 년 동안 북한에 대한 적대정책으로 일관하려는 대결세력과 북한에 대한 대화와 화해협력을 지향하는 평화세력으로 갈라져서 대립투쟁하고 있다. 전자는 미국과 일본과의 삼각군사동맹을 강화하고 최신의 무기로 무장함으로써 물샐틈없는 준비태세를 유자함으로써만 나라의 안보가 보장된다고 주장하고 있고 후자는 한국이 독자적으로 상호간 군축을 단행하고 남·북한이 서로 화해하고 협력함으로써 평화체제를 유지하고 궁극적으로는 통일을 달성해야 한다고 주장하고 있다. 전자는 반통일 안보세력으로 주로 친미적이고 친일적인 보수 정치세력이고 후자는 통일평화세력으로 주로 민족의 독자적 입장을 주장하는 진보적 정치세력이다.

이들 중 한국정치는 이승만 정권이 들어선 이후 주로 보수적 세력, 즉 안보세력에 의해서 주도되어 왔으며 김대중, 노무현 등 진보세력이 정권을 잡았을 때는 남·북한 사이의 대결과 갈등은 감소했고 화해와 협력의 장들이 마련되기도 했다. 따라서 남한 대에서는 이러한 안보세력과 평화세력이 지역적으로, 세대적으로 그리고 계층적으로 갈라져서 대립하고 갈등하는 가운데 정치적 경제적 사회적 발전에도 막대한 지장을 초래하고 있다. 예를 들어서 그동안 안보세력에 의해서 정치적 보도처럼 사용되어 온 국가보안법을 둘러싼 갈등으로 수많은 사람들이 처형을 당하고 옥고를 치렀으며 지금도 정치적 억압 가운데 살아가고 있다. 그리고 이들 두 세력 간의 견해 차이로 경제적 발전을 이루었으나 대기업 위주의 성장정책에만 몰두하고 노동정책은 실종되어서 결국은 노사갈등은 항상 극을 달리고 결과적으로는 빈부격차가 심해지고 건전한 복지사회로 나아가는 길을 가로 막고 있다.

따라서 이러한 남북 갈등과 남남갈등이라는 중첩된 우리나라의 갈등이 정치, 경제, 사회, 문화 등의 견실한 발전을 가로막고 나아가서 국민들의 삶을 도탄에 몰아넣고 있는 것이다. 이제 우리에게 이렇게 서로 뒤얽힌 남북관계, 남남관계를 해결하는 길은 앞서도 언급한 바 있는 우리 모두들의 사고의 전환이 요청된다. 그것은 남한 내에서나 남·북한 사이에서 서로 원수 된 적대관계들을 청산하고 화해관계로 나아가는 길뿐이다. 따라서 원수 사랑이라는 계명은 우리의 평화를 위한 삶의 계명이 되었다.

제 1 0 장

7 · 4 공동성명에 나타난 민족대단결 원칙에
대한 신학적 평가

I. 들어가는 말

1974년 남·북한 정부에 의해서 합의된 7·4 공동성명서는 분단된 국토와 민족의 통일을 염원하던 남·북한의 국민들을 열광케 했다. "통일은 외세에 의존하거나 외세의 간섭을 받음 없이 자주적으로 해결해야 한다"는 자주의 원칙이나 "통일은 서로 상대방을 반대하는 무력행사에 의거하지 않고 평화적 방법으로 실현해야 한다"라는 평화적 원칙은 남·북한 국민들 모두가 자명적인 것으로 받아들였다. 한반도가 비록 외세의 간섭에 의해서 분단되었지만 분단의 지속이나 심지어 통일을 달성하는 일에 다시 외세의 지배나 간섭을 받는 일이 있어서는 안 되기 때문이다. 또 군사력을 비롯해서 어떠한 형태의 무력을 통해서 통일이 달성될 수 없으며 그래서도 안 되기 때문이다.

그런데 지금까지 이러한 남·북한의 통일을 위한 자주와 평화의 원칙들이 자명적인 것으로 받아들여지고 있지 못했다. 역대 남·북한 정부들이 부인하고는 있지만 "북진통일론"에 남한의 자본주의적 흡수통일론과 "적화통일론"에 기초한 북한식 사회주의적 통일론이 존재했었다. 한편으로는 새로운 국제질서의 재편이라는 새로운 상황변화와 더불어 민족의 화해와 통일을 위한 여건이 성숙되고 있는 것도 사실이지만 다른 한편으로는 군사적 모험주의도 경계하지 않을 수 없는 것이 우리의 현실인식이다. 왜냐하면 이러한 무력에 의한 통일의지는 현재의 매우 불안정한 군사적 정치적 균형이 깨어질 경우에 또는 이러한 새로운 신질서의 재편과정에서 생길 수 있는 힘의 공백에서 무력행사로서 나타날 수 있기 때문이다.

적화통일이나 흡수통일은 일방이 자기의 사상과 체제를 상대방에게 무력으로 강요하는 것을 의미한다. 적화통일이나 흡수통일은 사실상 남·북한 정부들이 그동안 추구해온 것으로 알려진 통일방안들로써 바로 이러한 방법들로 인해 아직까지도 통일이 달성되지 못하고 있다. 물론 이런 방식들을 통해서 통일을 달성한 예들이 없지는 않다. 월남은 이른바 적화통일에 성공한 예요 독일은 흡수통일에 성공한 예라 할 것이다. 그래서 남한은 월남의 적화통일을 두려워하고 있고 북한은 독일식 흡수통일을 두려워하고 있다. 우리는 월남의 통일, 전쟁을 통한 통일과 이것이 가져다 준 엄청난 대가들을 잘 보아왔다. 그리고 독일식 통일이 가져다 준 경제적 부담과 함께 동독이 달성했던 사회적 성과들의 희생을 보아왔다. 이런 관점에서 우리는 이들 두 나라의 통일방식들을 우리의 모델로 삼을 수 없는 것이다.

이러한 현실은 우리로 하여금 우리의 통일은 민주적이고 자주적 대단결의 정신에 기초한 정치적 해결방식을 통해서 달성되어야 한다고 확신한다. 민족대단결을 통한 정치적 해결방식은 일련의 전제들을 내포한다. 이는 곧 민족적 이성에 근거해서 사고하고 민족적 목표를 향해서 행동하는 정치적 해결을 의미한다. 말하자면 민족이라는 남·북한 국민 모두가 포기할 수 없는 하나의 숙명적 실체를 중심으로 사고하고 행동해야 한다는 것이다. 왜냐하면 민족이란 "오랜 역사과정에서 형성되고 발전되어 온 사람들의 공고한 사회적 집단이며 사회생활의 기본단위"로서 "사회제도의 변화와 관계없이 사람들의 생활이 영위되는 기본방식으로서… 사회생활과 역사창조의 가장 주되며 기본적인 단위"라고 이해할 수 있기 때문이다.

이렇게 볼 때 민족의 분단은 그 민족의 사회생활과 역사창조에 심각한 타격을 가하게 되는 것은 두말할 나위도 없다. 식민지적 과거를 가진 아프리카의 민족들이 지금까지 가장 심각하게 내분과 함께 후진성을 면치 못하는 것은 현재의 국가형성이 종족이나 민족단위에 의한 것이 아니라 식민지 지배자들에 의한 분단선을 중심으로 하고 있기 때문이다. 따라서 그들은 식민지적 지배로부터 독립은 되었지만 민족은 분열되어 이리저리 찢어져 있다. 이것은 그들에게 자주적이고 창조적이며 발전적인 삶을 장애하고 있다. 소련 연방의 해체와 더불어 등장한 단위민족들의 독립국가 형성의 의지의 분출 역시 민족이라는 사회적 집단의 단위가 자신들의 사회생활과 역사창조의 기초가 되기 때문이다. 따라서 민족분단의 국가형성 나아가서 민족의 대단결이야말로 그 나라의 생존과 자주 그리고 번영의 필수적 조건이라는 것을 역사가 증명해 준다.

사회적 정치적 제도 또는 이념은 역사발전과정에 따라서 달라질 수 있다. 그래서 어느 나라는 자본주의 제도를 택하기도 하고 또 사회주의 제도를 택하기도 한다. 어떤 나라들은 이들 제도의 중간 정도라고 할 수 있는 사회민주주의도 선택하고 있다. 그리고 정치제도로서 아직도 군주제도를 택하고 있는 후진적인 나라들도 있다. 그러나 민족은 선택할 수 없다. 다른 나라에 가서 그 나라의 시민권을 얻고 사는 사람들도 존재 하지만 그러나 자기가 태어나서 살았던 나라의 언어나 풍속 그리고 핏줄은 바꿀 수가 없다.

우리가 중요시 하고 있는 계급도 한 사회 안에서 소유관계의 변동으로 인해서 달라질 수 있다. 오늘날과 같이 자본주의적 시장경제 원리를 택하고 있는 나라들에서는 일용노동자가 부지런히 노력하여 많아 축적하면 계급상승을 할 수가 있다. 그 반대의 경우도 마찬가지 이다. 그러나 계급은 바뀔지 모르지만 민족은 바뀔 수가 없다. 따라서 민족이야말로 가장 공고하고 가장 항속적인 인간의 삶과 역사창조의 기초단위가 되는 것이다. 그런 의미에서 민족의 분열은 그 민족의 삶과 창조적 발전에 있어서 정치체제나 계층적 분열보다 훨씬 더 해롭다.

그래서 사람들은 민족적 단결을 추구하고 또 민족적 목표들의 달성을 위해서 노력한다. 그런데 분단된 한반도에서는 민족적 목표가 왜곡되어 왔다. 이제까지 남한에서는 민족적 목표를 자본주의적 발전에 두어 남한만 잘살고 사회주의적 북한은 망하는 것을 목표로 했다. 북한도 그 반대로 자본주의적 남한은 잘못 되고 자기들만 번영하는 것을 민족적 목표로 삼았다. 이것은 그동안 남·북한이 서로 원수시하고 적대시하며 온갖 비방으로 상대방을 매도한 데서도 입증되는 것이다. 그러나 민족적 목표는 이렇게 분단되고 적대시하던 남·북한이 하나가 되고 서로 협력하는 것이다. 한편만 유익한 것은 민족적인 것은 아니다. 그것은 반민족적(半民族的)이며 이것은 상대방에게는 불리한 것이기 때문에 반민족적(反民族的)이다.

안보에 있어서도 그렇다. 이제까지 남한에 안보가 되는 것은 북한에는 위협이 되는 것이고 북한에 안보가 되는 것은 남한에는 위협이 되는 것이었다. 그래서 북한에 이롭게 하는 것은 남한에서 처벌을 받았고 남한에 이롭게 하는 행위는 북한에서도 처벌의 대상이 되었다. 사실상 남한에 안보가 되고 북한에 위협이 되는 것은 진정한 의미에서 민족적 안보는 아니다. 그리고 북한에 안보가 되고 남한에 위협이 되는 것은 반민족적인 것이다. 미군의 핵무기를 남한에 배치하고 핵우산의 보호 아래 안보를 말하던 어리석은 시대가 있었다. 지금은 북한이 핵무기를 만든다고 세계는 핵사찰을 요구하고 있다. 남한에 미군의 핵을 놓고 안심하는 것도 북한이 핵을 만들려고 시도하는 것도 모두에게 안보도 아니고 민족적인 것도 아니다. 이것 모두가 반민족적이다. 왜냐하면 민족이라는 우리의 통전적 삶의 단위인 우리의 생명을 위협하는 것을 안보라고 생각하는 것은 민족적 차원에서 용납될 수 없기 때문이다.

따라서 우리는 민족적 통일의 목표에서 공동의 안보와 공동의 복리를 지향해서 행동해야 할 때다. 여기에 7·4공동성명에 나타난 민족대단결의 의의가 있다. 민족국가 형성 이래 민족이라는 단위만큼 공고하고 항속적인 삶의 집단이 존재한 적이 없다. 동시에 이러한 공고하고 항속적인 집단의 파괴처럼 범죄적 행위도 존재하지 않는다. 이것은 과거 식민주의와 제국주의의 야만적 행태들에서 경험했다. 오늘날에도 남아있는 새로운 형태의 식민주의와 제국주의를 극복하고 민족이 자주하고 창조적으로 번영하기 위해서는 민족의 통일과 대단결은 절실히 요구된다.

II. 민족대단결의 목표로서의 자주화와 평화

7·4남북공동성명서에 나타난 "자주의 원칙"과 "평화의 원칙"이 단순히 통일을 달성하기 위한 '방법론'의 범주에서만 사용되어서는 안된다. 통일 자체가 목표가 아니라 통일은 민족의 자주화와 평화를 달성하기 위한 하나의 방편으로 이해될 수 있다는 것이다. 이것은 통일 자체를 이루어가는 과정에서나 또는 통일 이후에 민족의 자주화와 평화를 상실하는 일이 있어서는 안 되기 때문이다. 통일은 국가의 주권은 물론 국민들의 주권이 신장되는 평화로운 사회를 만들어 갈 때에 의미가 있다. 따라서 통일은 대외적으로 국가의 자주권이 확보되고 대내적으로는 국민의 주권이 보장되고 신장되는 것을 전제로 한다. 따라서 민족대단결이 자주화와 평화의 실현을 목표로 한다고 할 때 7·4공동성명서에 나타난 자주와 평화의 원칙은 수단이 아니라 목표로 파악되어야 하는 것은 자명하다.

자주와의 원칙은 통일된 월남의 예에서 볼 수 있다. 월남의 통일은 분단이후 남부의 탈식민지화와 민족자주화를 달성한 대표적인 예라고 할 수 있다. 월남은 통일을 통해서 프랑스와 미국에 의한 식민지적 지배를 청산하고 민족의 자주성을 획득하는데 성공했다. 월남 통일의 의의는 무엇보다 외세에 의한 지배를 청산하고 자주권을 확립했다는 것이다. 남은 문제는 자주한 그들이 정치적으로 기본적 민주주의 질서를 누리고 경제적으로 인간다운 삶을 사는 것이다. 그러나 민족은 자주하게 되면 그들은 곧 창의성을 발휘하여 보다 나은 사회를 건설한다는 것이 역사의 교훈이다. 따라서 민족의 대단결은 민족의 자주화와 역사창조를 위해서는 필수적인 조건이라 할 것이다.

그리고 성명서에 나오는 '평화의 원칙'은 통일방법론서 뿐만 아니라 통일의 목표가 되어야 한다는 것은 앞서 언급한바 있다. 만일 통일 과정에서나 통일 이후에 민족이 평화를 상실하고 민족 내부에서 극심한 갈등이나 내전에 휩싸인다면 분단 상태 그대로 있는 것보다 못할 수 있다. 분단국가였던 예멘은 통일 되었지만 극심한 종족갈등과 내전에 휘말리면서 오늘날까지도 심각한 위기에 처해있다. 통일된 독일도 "국토는 통일되었지만 사회는 분단되었다"라는 구호에서 준비되지 못한 채 성급한 흡수통일의 후유증이 나타나고 있다. 따라서 정치적 안정과 사회적 평화를 달성할 수 있는 통일이야말로 우리가 염원하는 통일일 것이다.

우리도 1945년 해방 이후 민족적 목표를 세우고 민족의 자주와 평화를 위해서 노력하기보다는 냉전체제에 휘말려 이념적 대결을 앞세우고 민족이 분열되어 통일된 자주적 국가를 세우는데 실패했다. 민족통일 보다는 이념에 더 충성했고 민족적 목표보다는 당파적 목표에 더 열심이었고 민족의 미래보다는 정파의 이익에 더 관심했다. 이것은 한국전쟁의 참상을 낳았고 그 결과로 아직까지도 한반도에는 외국 군대가 주둔하고 있다. 이러한 모든 것들이 민족의 대단결을 불가능하게 만들고 국민들을 반민족적으로 사고하게 하는 이데올로기의 재생산과 선전의 강화로 나타난 것이다. 이 모든 것들은 반이성적이고 반민족적인 것들이다. 왜냐하면 결과적으로 이 모든 것들은 우리 민족을 비자주적으로 그리고 반평화적으로 이끌어 갔고 민족통일과 대단결을 방해했기 때문이다.

필자는 위에서 언급한 목표로서의 '자주의 원칙'과 '평화의 원칙'을 가능하게 하는 것이 "사상과 제도, 이념의 차이를 초월하여 우선 하나의 민족으로서 민족적 대단결을 도모하여야 한다"고 하는 "민족대단결의 원칙"이라고 생각한다. 말하자면 민족대단결의 원칙은 궁극적으로 민족의 자주화와 평화를 달성하기 위했다. 지금까지 사상과 제도와 이념의 문제는 국내정치적 문제였을 뿐만 아니라 동서간의 냉전체제 하에서의 외세와 관련된 문제였다. 따라서 민족대단결의 문제는 곧 민족의 자주화와 평화를 달성하는 핵심적인 문제가 되는 것이다. 자주화의 실패는 민족의 단결을 깨뜨리고 나아가서 평화를 위협하는 것이었다. 이렇게 볼 때 공동성명에 나타난 3대 원칙들은 각기 독자적으로 성립되거나 실천될 수 있는 것이 아니라 서로 연관성을 가지고 있다. 신학적으로 말하면 이 세쌍둥이의 개념들은 삼위일체성의 연관성의 틀에서 사고되고 실천되어야 한다는 말이다.

III. 민족대단결을 위한 성서적 · 신학적 근거들

논제 1: 그리스도인들은 다양한 형태의 갈등으로 가득 찬 현실에서 화해를 위해서 부름 받고 있다.

그런즉 누구든지 그리스도 안에 있으면 새로운 피조물이다. 이전 것은 지나갔으니 보라 새것이 되었도다. 그리스도로 말미암아 하나님이 우리를 자기와 화목하게 하시고 또 우리에게 화목하게 하는 직책을 주시고… 화목하게 하는 말씀을 우리에게 부탁하셨다(고후 5,17-19).

이 성경말씀은 1969년 서독의 교회가 동·서독의 분단고착화로 인해 양 독일 교회가 기구적으로 분립될 수밖에 없었던 상황에서 발표한 "동방백서"(Ostdenkschrift)에서 표제어로 사용한 것이었다. 국토가 분단되고 두개의 각기 다른 정치체제를 가진 정부들이 세워졌지만 독일 민족은 하나고 교회도 하나라는 것을 그들은 이 백서에서 확인했다.

이 문서에서 서독의 교회는 이념적 대립에 의한 독일 민족 내부의 분열과 적대감의 극복은 말할 것도 없고 동유럽에 있는 사회주의권 국민들과 교회들과의 화해사업도 하나님이 주신 가장 시급한 위탁이라는 것을 확인했었다. 왜냐하면 동·서독의 분단은 전범국으로서의 죄책을 걸머지는 성격을 가진 것이기도 했지만 다른 한편으로는 동서의 이념적 갈등의 희생물이라는 인식이 점차 국민들 사이에 확산되어 갔던 것이다. 특히 60년대 이후부터 강화된 동서간의 냉전체제는 이데올로기의 절대화에 기초한 군비경쟁과 이로 인한 민족적 삶의 황폐화를 더 이상 간과할 수 없는 것이었다. 따라서 이러한 비정상적인 동서간의 갈등을 극복하고 화해를 이루는 일이야 말로 그리스도인들의 가장 시급한 선교적 과제로 인식되었다. 이러한 화해를 위한 노력에는 특히 이반트(Joachim Iwand)와 골비처 같은 선구적인 신학자들의 공헌이 있었다.

이러한 과제를 달성하기 위해서 그리스도인들은 일차적으로 하나님과 화해해야 했다. 이것은 개혁교신학적으로 말하자면 "그리스도의 왕권통치"(Königsherrschaft Christi)의 확립을 달성하는 것을 의미한다. 이 세상과 우주의 진정한 주님과 통치자는 그리스도를 통해서 통치하시는 하나님 한 분이시라는 것이다. 이 그리스도 외에 다른 어떤 인물이나 제도 그리고 체제도 상대화해야 한다는 것이다. 찬양과 존귀와 영광을 받으실 분은 오직 그리스도 한 분이라는 말이다. 나 외에 다른 신을 두지 말라고 하신 하나님의 제1계명이 실천될 때 하나님과의 화해가 이루어진다. 이러한 하나님과의 화해가 모든 지상에서의 인간들 사이의 화해의 전제가 된다. 이것은 실천적으로 말하면 주어진 역사적 현실 가운데서 "하나님의 나라와 그의 정의"가 실천되는 일을 통해서 사람과 사람 사이의 화해가 이루어지는 것을 의미하기도 한다.

한국의 교회사를 회고해 보면 우리 기독교인들은 깊은 반성과 성찰을 필요로 한다고 생각한다.

해방 후 한반도에서 정치적으로 민족분열의 조짐이 나타나고 있을 때 남한의 장로교회는 거기에 대해서 초기에는 반대하는 입장을 취했다. 1945년 12월 평양 장대현 교회에서 열린 이북 5도 연합노회에서는 "총회의 헌법은 개정 이전의 헌법을 사용하되 남북통일 총회가 열릴 때까지 그대로 둔다"고 했고, 1946년 6월 12일 서울 승동교회에서 모인 남부총회도 "헌법은 남북이 통일될 때까지 개정하지 않고 그대로 사용한다"고 함으로써 분단을 극복하고 통일을 달성하려는 교회의 의지를 분명하게 천명하고 있다. 그러나 1947년 대구에서 열린 제2회 남부총회는 일제하에서 해체되었던 장로교회 총회를 단독으로 계승한다고 선언함으로써 북한의 교회의 존재를 무시한 채 독립을 단행했다. 1948년 남·북한이 각기 분열된 정부를 세우기도 전에 교회가 먼저 분단을 고정화 하는 일을 감행했다. 이것은 "통일된 조국과 하나의 교회"라는 본래의 기독교 정신을 망각한 것이었다.

또 남한의 교회는 역대정권 하에서 반공 및 반북한 이데올로기를 맹목적으로 대변했을 뿐만 아니라 여기에 기초해서 반소련 및 반중국 선동선전에 앞장섬으로써 그리스도의 왕권통치라는 개혁교회의 정치 신학적 전통으로부터 이탈했고 복음의 자유를 정치적 이념의 노예로 전락시켰다. 교회는 친미반공주의를 복음의 본질인양 왜곡함으로써 진정한 하나님과의 화해는 물론 남·북한의 극단적 대립투쟁을 앞장서서 해결하는 일을 막아왔던 것을 반성하지 않을 수 없다. 역사의 변천과정에서 우리는 옛 공산주의의 종주국이라고 할 수 있는 소련과 국교를 맺고 상당량의 경제 원조를 제공하고 있으며 최근에는 여전히 사회주의 이념에 충실하고 있는 중국과 국교를 위해서 반공의 보루로 알려진 대만과의 국교를 단절하기까지 했다. 이러한 모든 사태발전은 그동안의 동서 이념대립도식이 순전히 두 강대국의 권력투쟁 외에 아무것도 아니었음을 입증하고 있다(칼 바르트). 이렇게 볼 때 오랜 역사를 지닌 한 민족인 남·북한이 화해하지 못하는 이유를 받아들일 수 없는 것이다.

따라서 교회는 현재의 남·북한의 대립반목은 전혀 민족적이거나 이성적이 아니라는 것을 인식할 필요가 있다. 여기에 교회가 감당해야할 역사적 과제 즉 민족화해의 과제가 등장한다. 남·북한의 교회들은 더 이상 이념적 왜곡에 사로잡혀 있지 말고 민족의 장래를 책임적으로 사고하고 행동함으로써 민족의 통일과 화해를 달성하는 일에 앞장서야 할 것이다.

논제 2: 그리스도인들은 생각을 달리하는 사람들과 같이 살도록 부름받고 있다.

네 이웃을 사랑하고 네 원수를 미워하라 하였다는 것을 너희가 들었으나 나는 너희에게 이르노니 너희는 원수를 사랑하며 너희를 핍박하는 자를 위하여 기도하라(마태 5,43-44).

산상설교의 이 명제는 우리 기독교인들이 생각을 달리하는 사람들과 화해하며 살 것을 요청하고 있다. 유대인들은 종교적 선민의식을 가지고 다른 종교를 가진 사람들을 이교도와 이단으로 멀리했다. 그리스인들은 문화적 선민의식을 가지고 다른 민족들은 야만인들로 생각하고 멸시했다. 로마인들은 정치적 선민의식을 가지고 다른 민족을 지배와 통치의 대상으로 삼았다. 이러한 역사적 현실 가운데서 그리스도는 원수사랑을 제창하고 있다. 그래서 예수는 제물을 드리기 전에 우선 원수된 것이 있으면 화해할 것을 권하고 있다. 예수에게서는 종교나 제사보다 인간 사이의 화해가 선행한다.

바울도 "그리스도가 오셔서 유대인과 이방인이 서로 원수가 되어 갈리게 했던 담을 헐어버리고 그들을 화해시켜 하나로 만드셨다"(엡 2:14)고 했다. 원수사랑의 가르침을 바울은 좀 더 부연해서 "악을 악으로 갚지 말고 모든 사람으로 더불어 평화하라. … 원수가 주리거든 먹이고 목마르거든 마시게 하라. 원수를 친히 갚지 말고 하나님의 진노에 맡기라"(롬 12:17-20)고 했다. 이것은 종교가 다르다거나 사상이 다르다거나 아니면 종족이나 민족이 다른 것으로 인해서 서로 원수가 되어서 살아가서는 안 된다는 것을 말해주는 것이다.

여기서 우리는 민족통일을 향한 새로운 전망을 제시하게 된다. 이것은 현재 사상과 체제와 이념을 달리하고 있는 남·북한 정부 및 민족 구성원들이 어떻게 통일을 할 수 있겠는가 하는 문제이다. 여기서 필자는 통일이란 하나의 사상, 하나의 체제를 절대적으로 하나의 것으로 만드는 것은 아니라는 것이다. 왜냐하면 현재 남·북한에는 각기 상이한 이념과 체제가 존재하고 또 이것들을 지지하는 사람들이 존재하고 있을 뿐만 아니라 앞으로도 그럴 전망이다. 따라서 한 제도는 완전히 포기되거나 없어지는 통일은 불가능하며 또 비현실적이다. 두개 혹은 그 이상의 사상과 체제들이 공존하는 길을 모색해 보는 것은 보다 건설적인 통일을 위해서 필요하다.

단도직입적으로 말해서 사회주의적 사상과 자본주의적 사상 혹은 그것의 중간 형태를 가진 사상들이 서로 공존할 수 있어야 한다. 이러한 이념적 공존은 서구 선진 국가들에서는 이미 경험적으로 실현되고 있다. 따라서 좀 더 구체적으로 말하자면 남한에 사회주의적 정당이 허용되고 북한에는 자본주의적 정당이 용인되어 이들 정당들이 민주적 큰 틀 안에서 경쟁하여 국민의 지지를 얻는 정당이 집권하는 방식이다. 남한에서나 북한에서나 모든 국민들이 사상의 자유에 따라서 정치적 체제를 선택할 수 있는 기회가 주어져야 한다는 것이 민주주의의 기본정신이다.

이러한 사고의 출발점은 앞서 인용한 성서들에도 근거하고 있지만 개신교 종교개혁의 전통과 민주주의 정신에 기초하고 있다. 말하자면 개신교 전통에 따르면 다양한 형태와 방향을 가진 교파들이 존재하며 이것은 그리스도교적 전통을 더욱 풍요롭게 하는 것이다. 개신교인이 되기 위해서 꼭 루터 교인이 되거나 장로 교인이 될 필요는 없다. 종교적 다원주의와 함께 정치적 다원주의도 오늘날의 일반적 추세이다. 하나의 사상, 하나의 정치체제만을 지지하고 따른다는 것은 현실적으로 불가능하다. 하나의 사상이나 하나의 체제만을 강요하는 것은 곧 다른 생각을 가지는 것을 부정하는 것이요 이는 곧 독재다.

따라서 우리의 통일은 과거에 원수 되었던 사람들 그리고 현재에 생각을 달리하는 사람들과 더불어 같이 살아가는 기술이라 할 것이다. 통일을 같은 사상 같은 체제로 모든 것을 획일화하겠다는 사고는 비성서적일 뿐만 아니라 비민주적이고 개신교 전통에도 부합되지 않는다. 따라서 통일은 이념을 달리하고 생각을 달리하는 사람들이 같이 살아갈 수 있는 고도의 정치적 기술이며 삶의 과정이라고 파악해야 할 것이다.

논제 3: 통일은 새로운 인간의 출현을 그 목표로 해야 한다.

그리스도야말로 우리의 평화이십니다. 그분은 자신의 몸을 바쳐서 유대사람과 이방사람이 서로 원수가 되어 갈라지게 했던 담을 헐어버리시고 그들을 화해시켜 하나로 만드시고 율법조문과 규정을 모두 폐지하셨습니다. 그리스도께서는 자신을 희생하여 유대사람과 이방사람을 하나의 새 민족으로 만들어 평화를 이룩하시고 또 십자가에서 죽으심으로써 둘을 한 몸으로 만드셔서 하느님과 화해시키시고 원수 되었던 모든 요소를 없이 하셨습니다(에베소서 2:14-16: 1990년 4월 20일판 조선기독교련맹편 성경전서에서 인용).

평화의 왕으로서 예수 그리스도께서 하신 사업은 갈라져서 원수가 되어 살아가는 사람들과 민족들 사이에 화해를 이루시는 일이다. 이 일은 바로 우리 그리스도인들의 과제이기도 한다. 이 일을 감당하는데 있어서 예수는 서로 원수가 되게 하는 율법조문들과 규정들을 모두 폐지했다고 했다. 이 세상에는 사상과 제도 그리고 이데올로기를 구성하는 수많은 법들과 규정들이 있어서 이것들이 인간을 갈라놓고 원수가 되게 하고 있다. 동서냉전시대에는 서로 상대방을 원수 되게 하는 수많은 율법들과 규정들이 장벽을 만들게 했는데 그 대표적인 것이 동·서독을 가르는 베를린 장벽이었다. 이 장벽을 넘거나 극복하려고 하는 사람들은 목숨을 잃는 일까지 있었다. 그러나 이 장벽은 무너지고 말았다.

우리에게는 아직도 남·북한에 서로를 원수가 되게 하는 수많은 율법조문들과 규정들이 있어서 우리를 가로 막고 화해할 수 없게 하고 있다. 남한의 국가보안법이나 북한의 사회안전법 등이 이런 법들이라고 할 수 있다. 이러한 법들은 국가안보라는 명분들을 가지고 제정되었지만 그동안 여러 가지 모양으로 오용되어 온 것을 우리는 잘 알고 있다. 국민들을 억압하는 수단으로 사용되었다는 것이다. 이러한 일련의 법들이 폐지되고 서로 신뢰하고 평화롭게 살 수 있는 길을 모색하는 것이 그리스도인들의 사명일 것이다.

인간을 원수 되게 하는 법적 제도적 장벽들을 없이하는 일과 더불어 그리스도인의 통일운동의 사명은 그동안의 갈라졌던 민족이 하나가 되어 "새로운 인간"으로 탄생하게 하는 선교적 사명이라고 필자는 믿고 있다. 현재 남한 사회에 살고 있는 대부분의 인간들, 자본주의적 시장경제적 가치에만 몰두함으로써 본래 하나님이 주신 인간성을 상실한 인간은 새로 태어나야 한다고 생각한다. 사회성과 연대성을 상실한 남한의 인간들을 통한 남북의 통일은 어떤 결과를 가져올 것인가는 통일된 독일에서 동독지역을 서독인들의 투기장으로 만든 것만 보아도 잘 예측할 수가 있다. 북한에 살고 있는 동포들에게서는 인간개조가 이루어졌다고 하는데 그 곳 실정을 잘 알지 못하는 나로서는 거기에도 보다 높은 수준의 자유와 창의력을 가진 인간들이 요청될 것이라고 생각한다.

따라서 우리가 지향하고 있는 통일은 단순히 경제적 통합이나 정치적 통일을 넘어서는 새로운 민족의 대단결 즉 "새로운 민족의 출현"을 달성하는 보다 높은 수준의 통일이다. 필자는 이것을 도덕적 차원의 통일 아니 우리 민족 전체가 구원을 받고 세계민족에게 희망을 줄 수 있는 종교적 차원의 통일이라고 부르고 싶다. 성서에 보면 유대인과 이방인이 하나가 되어 "새로운 인간"이 된다고 했다. 이것은 바울의 세계선교의 궁극적 목표였다. 유대인과 이방인이 하나가 되면 새로운 인간이 되는데 어찌 갈라진 한 민족이 하나가 되는데 새로운 인간의 출현이 불가능 하겠는가! 여기에서 우리는 새로운 인간의 출현이 가능한 조건을 모색하지 않을 수 없다. 성서는 둘이 하나 된 새로운 인간의 출현을 다음과 같이 전망하고 있다.

1) 일차적으로 인간들 사이의 화해와 평화 그리고 복지를 가져올 수 있는 인간들이 주인이 되는 사회를 만들어야 한다. 이제까지 온갖 외세 의존적이거나 자기이익 추구에 몰두했거나 군사력에 호소한 옛 인간들과 그들의 사고행태는 지양되어야 한다. 사실상 이러한 "옛 인간들"이 통일을 가로막고 있으며 또 통일을 오용하고 있다. 또 통일을 특정집단들의 정치적 경제적 이권의 수단으로 삼으려고 하는 사람들

이 주체가 되어서는 안 되는 것이다. 그래서 1988년 한국기독교교회협의회는 7 · 4공동성명서에 나타난 세 가지 원칙을 수용하고 "민중우선의 원칙"을 첨가한바가 있다. 민족의 대동단결을 달성하기 위해서는 민족의 대다수를 구성하고 있는 민중의 우선적 참여와 그들의 참여가 보장되는 통일이 가능해야 한다. 이것이 "새로운 인간의 출현"의 구체적 징표가 되는 것이다. 즉 민중이 역사의 주인이 되어야 진정한 민족의 대단결이 가능하기 때문이다.

2) "새로운 인간의 출현"은 하나님과 화해한 인간이라는 것은 이미 말씀드린바가 있다. 모든 이념적이고 인간 숭배적이고 물질숭배적인 요소들이 극복되고 하나님께서 홀로 우리의 주님이시고 우리는 모두 그의 자녀들로서 자매와 형제가 되는 종말론적 전망이 통일된 나라의 살림살이의 모습이어야 한다. "하나님과의 화해"(엡 2:16)는 종교적으로는 그에 대한 예배와 찬양을 의미하며 정치적으로는 모든 이념과 체제 그리고 이데올로기의 상대화를 의미한다. 이러한 이념과 체제 그리고 이데올로기는 인간들을 원수로 만드는 율법들이요 규례들이다. 이것은 오직 하나님과의 화해에서만 극복될 수 있다. 하나님과의 진정한 화해를 통해서만 온갖 정치종교와 이념의 우상화를 극복할 수 있다. 새로운 인간이란 이러한 모든 인간들의 우상에 대해 비판적인 인간, 민중과 더불어 새로운 공동체를 모색해 가는 인간들을 의미한다. 이 새로운 인간들이 바로 우리 그리스도인들이다. 이 새로운 인간들은 바로 십자가의 길을 걸어가는 인간들이다. 왜냐하면 그리스도는 십자가에 죽으심으로 이 일을 완수했기 때문이다.

IV. 결어

남·북한 정부는 1991년 12월 제5차 고위급회담을 통해서 "남북 사이의 화해와 불가침 및 교류. 협력에 관한 합의서"(이하 기본합의서라 한다)를 채택한바 있다. 이 합의서의 전문이 지적하고 있듯이 이러한 합의는 "분단된 조국의 평화적 통일을 염원하는 온 겨레의 뜻"에 기초를 둔 것이라고 평가할 수 있다. 이 문서 제1장은 남북화해를 위한 기본조건들을 제시하고 있는바 "상대방의 체제인정과 존중으로부터 시작해서 상대방을 파괴 전복하려는 일체의 행위 중지는 물론 국제무대에서의 대결과 경쟁을 중지하고 서로 협력하며 민족의 존엄과 이익을 위해서 공동노력할 것"을 확인하고 있다. 이것은 그동안의 온 겨레의 통일운동의 빛나는 성과라고 평가해야 할 것이다. 이제 우리는 민족의 대단결을 달성할 기본적인 틀을 마련한 셈이다. 필자는 남한의 정부가 주장하고 있듯이 금년은 이러한 민족대단결이 본격적으로 시작되는 '원년'이라고 생각한다.

이제부터 우리가 할 일은 구체적으로 이러한 화해운동을 가로 막고 있는 법적 제도적 장치들을 제거하는 일이다. 남한이나 북한에 현존하고 있는 반북한 그리고 반남한적인 안보 법들을 폐기해야 한다. 그리고 화해를 달성하기 위해서는 이런 법제도로 인해서 수난을 당하고 있는 사람들은 자기 일을 할 수 있는 자리로 돌아가야 한다. 그 뿐만 아니라 상대방을 전복하거나 파괴하려는 일체의 행위들을 중지해야 한다. 그리고 군사연습이나 군비증강과 같은 상대방을 두렵게 하는 행동을 해서는 안 된다. 군비를 축소해서 대다수의 국민들을 위한 복지에 사용해야 한다. 그리고 통일을 논의하고 이를 위한 운동을 전개하는 일들이 방해받지 않고 지원되어야 한다.

불가침과 같은 군사적 문제나 교류와 협력 같은 경제문제 등은 별도의 전문분야를 맡아서 일하는 분들이 더욱 열심히 일할 것으로 생각된다. 그러나 가장 중요하고 진정한 민족통일의 핵심이 되는 "화해"의 분야는 우리 종교인들이 앞장서서 이루어 나가야 할 것이다. 이 점은 남·북한 정부 모두가 바로 인식하고 지원을 아끼지 말아야 할 것이다. 차제에 동·서독이 비교적 갈등이 없이 통일을 달성할 수 있었던 것은 양 독일 교회들의 역할이 중차대했다는 것을 기억할 필요가 있다. 이것은 분단 이래 지속적으로 민족의 화해와 통일을 위해서 온갖 수난과 고통을 무릅쓰고 용기 있는 그리스도인들의 노력의 결실이었습니다. "하느님께서는 그리스도를 내세워 우리를 당신과 화해하게 해 주셨고 또 사람들을 당신과 화해시키는 임무를 우리에게 주셨습니다"(고후 5:16). 이 말씀은 오늘날 우리 남·북한 그리스도인들에게 주시는 하나님의 말씀이다.

〈재일대한기독교회 주최 통일 세미나, 1992년 10월 20일 동경 일본〉

제 11 장

정전협정(안보체제)에서
평화협정(평화체제)으로

I. 오늘날 남북의 현실

남·북한은 1953년 정전협정을 체결한지 금년으로 벌써 60년이
됐다. 남·북한은 한국전쟁을 제각기 자기들이 이긴 전쟁이라고 주장
한다. 북한에서는 정전협정 일을 전승기념일이란 이름으로 대대적인
군중대회를 열고 군인들과 중화기들을 총동원해서 퍼레이드를 벌림
으로써 거창한 승전축하행사를 벌인다. 남한과 미국도 각기 기념행사
를 했다. 예외적으로 금년에는 미국 대통령 버럭 오바마까지 워싱턴
에서 거행된 한국전쟁 기념식에 나와 이 전쟁에서 이긴 쪽은 남한이
라고 주장해서 눈길을 끌었다. 필자가 보기에는 제2차 세계대전 이후
가장 큰 규모로 한반도에서 3년여에 걸쳐 진행된 한국전쟁은 하나의

내전으로서 승자도 패자도 없고 단지 엄청난 희생자들만 남겨놓았던 무의미한 전쟁이었다. 그것도 당시 강대국 미국과 소련이라는 이념국가들에 의해서 분단된 한반도에서 필연적으로 벌어진 대리전쟁이었고 그 후 새롭게 등장한 냉전체제의 신호탄이었다.

제2차 세계대전의 종식과 일본식민주의자들의 패퇴로 당시 한반도는 강대국들에 의한 분단체제가 강요되었고 국내에서 새로운 독립국가의 정체성을 둘러싸고 이데올로기적 대립이 점차 고조되던 시기의 전쟁이다. 당시 대세는 반외세적 자주민주 세력들이 독립된 나라에서 통일된 민주주의 정부를 수립하는 것을 대의로 삼고 있었다. 그러나 이데올로기에 경도되고 동시에 외세 의존적 세력들은 남한에서는 친미적 자본주의 체제의 국가를 세우려 했고 북한의 친소적 세력들은 사회주의적 국가를 세우려고 했었다. 이들 외세 의존적 세력들은 남에서는 앞서 언급한 반외세적 자주세력들을 그들의 목적달성에 장애가 되는 세력으로 간주하여 제거하고 외세의 힘을 빌려 그들의 정권을 세우려고 시도했었다. 북에서는 김일성을 중심으로 한 친소세력들이 국내파 사회주의자들을 숙청하고 저들의 정권을 세웠었다. 유엔의 신탁통치 안을 유리하게 보는 세력들은 그것을 받아들이려고 했고 불리하다고 생각하는 세력들은 거절함으로써 자주적 통일국가 형성은 물 건너가고 마침내 전쟁으로 내닫게 된다.

이 전쟁을 시작한 북한은 한국전쟁을 통일을 위한 전쟁으로 규정했고 남한은 공산주의자들의 침략전쟁으로부터 (자유)민주주의 수호를 그 명분으로 삼고 싸웠다. 유엔 결의에 따라 남한을 위해서는 16개국이 참전을 했고 북한은 중국과 러시아의 지원을 받았으나 어느 편도 승리하지 못했다. 3년에 걸친 한국전쟁이 교착상태에 빠지자 휴전

회담이 시작되었고 마침내 38선을 기점으로 하여 휴전이 성립되었다. 휴전 이후 북한에 진주했던 중국 등 외국 군대들은 다 철수했고 남한에 와 있던 외국 군대들도 대부분 철수했으나 오직 미국만은 아직까지도 유엔군의 이름으로 철수하지 않고 있다. 그들은 남한의 수호자를 자처하며 주한미군주둔협정(SOFA)에 따라서 군사적 영역에서뿐만 아니라 정치, 경제, 사회 등 여러 분야에서 남한에 영향력을 행사하고 있다.

그동안 1990년에 들어와서 이데올로기에 기초한 동서간의 냉전체제가 사회주의 연방국가인 구소련의 몰락과 동럽 국가들의 해체로 해소되기 시작함으로써 그동안 유럽의 분단국가였던 독일은 통일되었다. 이러한 냉전체제의 해소와 독일의 통일로 이데올로기로써 동서로 분열되었던 세계에는 새로운 질서, 즉 미국을 일극체제로 한 자본주의적 세계질서가 등장했다. 우리는 이 새로운 질서를 지구화 혹은 세계화로 부른다. 이러한 미국을 정점으로 하는 자본주의적 세계질서의 등장으로 그동안의 동서간의 이념적(정치적) 양극체제의 갈등과 대결은 사라졌지만 이 미국의 자본주의적 일극체제로 인한 남북(가난한 남반구와 부유한 북반구) 간의 경제적 대립현상으로 나타났다. 말하자면 가진 자(나라)들과 가지지 못한 자(나라)들 사이의 대립이 시작된 것이다. 그것을 가리켜 20/80의 세계 혹은 1/99의 세계라고도 부른다. 그래서 학자들은 과거의 동서간의 정치적 냉전체제(冷戰體制)가 종식을 고하자 이제 남북 간의 경제적 열전체제(熱戰體制)가 시작되었다고 말하기도 했다.

오늘날 동서 냉전체제는 해소되었으나 아직도 한반도에서는 남·북한 사이의 정치적 냉전체제는 해결되지 않은 채 남한은 세계 자본주의 세계체제라는 열전에서 그 중심을 이루고 있다. 즉 한반도는 여전히 낡은 분단체제에서 이데올로기적으로 대립하고 있을 뿐만 아니라 세계 어느 곳에서도 볼 수 없는 많은 군인들과 최신예(핵)무기들로 무장하고 있는 것이다. 다른 한편 북한은 사회주의적 이데올로기와 유교적 전통에 기초한 세습적 통치원리에 근거해서 전대미문의 선군정치(先軍政治)라는 군사적 통치형태로 남쪽의 체제를 위협하고 남한은 낡은 제국주의적 발상에 기초한 미국군대의 장기주둔과 간섭 그리고 자본주의의 비정상적 형태인 재벌이라는 강력한 경제주체에 기초한 의사 자유민주주의 통치형태로 북쪽의 체제를 위협하고 있다. 쌍방은 이데올로기 대결에서 체제대결을 거쳐서 지금은 정치적·경제적 대결을 넘어서 군사적 대결로까지 나아가려고 하고 있다. 남한은 매년 몇 차례씩 막강한 미군과 함께 최신예 무기로 군사훈련을 통해서 상대방을 위협함으로써 기기에 맞서는 북한과 몇 차례나 전쟁 일보직전까지 가는 위태롭고 불안한 상태에서 대치하고 있다. 특히 북한은 그동안 경제적 난관에도 불구하고 강력한 미국의 위협에 대처한다는 구실로 몇 차례에 걸친 핵실험에 성공함으로써 핵과 장거리 로켓으로 무장하여 남한과 일본은 물론 미국본토까지도 위협하고 있다. 이렇게 남·북한은 국민들의 삶이나 복지는 외면한 채 천문학적 액수를 들여 최신예 무기들을 대량 구입 배치함으로써 서로 상대방을 위협하고 있는 것이다.

II. 남·북한의 화해와 협력을 위한 노력들

회고해 보면 그동안 이런 심각한 대결상태에서도 남·북한은 대화와 협력, 화해와 통일을 위한 협력을 전혀 외면한 것은 아니다. 1972년도 박정희대통령 시절인 1972년 "남북 7·4 공동성명서"에서 남북통일의 3대원칙에 합의했고, 노태우대통령 시절인 1992년 2월 18~21일 평양에서 개최된 제6차 남북고위급회담에서 "남북 사이의 화해와 불가침 및 교류협력에 관한 합의서"를 채택했다. 그리고 이러한 노력은 2000년 6월 13~15일 남한의 김대중 대통령과 북한의 김정일 국방위원장 사이에 평양에서 열렸던 남북정상회담에서 "남북관계발전과 평화 번영을 위한 선언"이 발표되었다. 거기에는 남·북한 사이의 화해와 통일, 긴장완화와 평화, 교류협력의 활성화 그리고 이산가족의 상봉 문제 등이 담겨져 있었고 이러한 합의들은 부분적으로 실천에 옮겨지기도 했었다. 이어서 2007년 10월 2~4일 역시 평양에서 열렸던 노무현 대통령과 김정일 위원장 사이의 정상회담에서 "남북관계 발전과 평화와 번영을 위한 선언"이 연이어 발표되었다.

이렇게 남·북한 정권들은 남과 북은 대화와 협력, 화해와 통일을 위한 노력들의 구체적 결실은 현대의 정주영회장의 애국적 노력으로 10여 년 전에 시작된 금강산 관광 사업과 개성공단 사업이었다. 금강산 관광 사업은 처음에는 속초에서 유람선을 타고 가서 배에서 자면서 하는 관광이었으나 그 후에는 북쪽에 관광호텔들이 들어서면서 육로를 통해서 가능하게 되었다. 처음에는 북한에 고향을 두고 온 다수의 실향민들이 이 관광에 참여했으나 점차 많은 일반 국민들이 이 사업에 동참하게 되었다. 그러나 보수적이고 남북교류 협력을 반대하던 이명박 정권이 들어서서 "비핵 개방 3000"이란 대북정책을 내세우며 북한과 대결적 자세로 나갔는데 마침 금강산 관광객 피살사건으로 금강산 관광 사업은 중단되었다. 그리고 그동안 첨예하게 대립하던 양측은 천안함 폭침사건, 연평도 포격사건 등으로 그동안 쌓아놓았던 신뢰와 협력 사업들이 완전히 중단되고 말았다. 물론 민간인들 사이의 남·북한 교류협력 사업들도 완전히 중단되고 말았다.

그렇지만 참여정부 시절에 시작된 개성공단 사업은 중단되지 않고 계속되었다. 그 사업만이 유일한 남·북한의 통로역할을 해 왔다고 할 수 있다. 박근혜 정부 들어와서 국민들은 남·북한 사이의 새로운 돌파구를 기대했다. 그러나 한미 키리졸브 훈련 등 군사적 위협에 대항하여 북한도 남한에 대한 정치적 군사적 위협을 가하는 사태가 계속되었고 마침내 북한이 일방적으로 개성공단 노동자들을 철수시키고 남·북한 사이의 통행을 금지시킴으로써 개성공단은 폐쇄위기에 처하게 되었다. 이러한 개성공단 사태로 인해 박근혜 정부의 대북한 신뢰정책에 대한 국민들의 기대는 끝장나고 그의 남·북한 화해프로세스라는 대선공약의 실천은 매우 불투명해졌다.

개성공단이 문 닫은 지 3개월이 지난 2013년 7월에야 북한의 요청으로 개성에서 실무회담이 시작되었다. 적극적인 정상화 움직임을 보이는 북한에 비해서 남한 정부는 사과와 배상 그리고 재발방지를 앞세우며 회담을 파탄으로 몰아가려는 속내를 드러내고 있었다. 개성공단 입주업체들까지도 북한의 양보안은 받아 들일만 하다고 회담타결을 촉구했음에도 불구하고 사실상 한국의 통일부는 이러한 양보안을 뿌리치고 "중대결단" 운운하면서 2013년 8월 6일자로 보험금지급을 준비하면서 개성공단 폐쇄수순에 들어간 것으로 보인다. 그러나 통일부 장관과의 최후통첩이 전달된 이후 2013년 8월 14일에 열린 개성공단정상화를 위한 7차 회담에서 북한 측의 양보로 극적으로 합의를 도출해 냄으로써 개성공단은 조만간 정상화 될 것으로 보인다. 그리고 그동안 5년여 동안 중단된 금강산 관광사업도 재개될 희망이 보이기 시작했다.

만일 그동안 남북의 대화와 협력, 화해와 통일을 향한 가장 구체적 실천사업인 개성공단 사업이 박근혜 정부에 들어와서 파탄이 나게 된다면 남·북한의 적대적 관계는 더욱 악화될 것이다. 이러한 남북관계의 악화는 남·북한으로 하여금 더욱더 무기증강에 열중하게 될 것이며 따라서 남북관계는 더욱더 긴장상태로 들어갈 것이다. 이렇게 남·북한의 정부가 서로 강경 일변도로 나간다면 북한은 지금도 어려운 경제가 더욱 어려워지고 남한에도 해외투자유치 등 경제문제 역시 더욱 어렵게 될 것이다. 결국 이러한 양 정부의 극단적 대립으로 안보에 대한 불안감은 더욱 깊어지고 따라서 경제적 활동도 크게 위축되어 민생은 더욱더 어렵게 될 것이다.

남한정부는 지금 2014~2018년까지 214조 5천억 원을 들여 새로운 국방계획을 수립하고 있고 지금 당장 60여 대의 최신예 전투기 구입비로 8조 3천억 원을 쏟아 부을 예정이다. 그리고 독도경비를 구실로 약 1조 원을 들여 공중급유기를 사와야 한다고 국방부는 주장하고 있다. 남한정부가 남북 사이의 화해와 협력, 그리고 통일과 평화로 나아가는 사업들은 전혀 하지 않고 갈등과 대결만을 부추기는 최신예 장비들을 사오려고 하는 것은 우리나라의 미래를 염려하게 하는 것이다. 그렇지 않아도 지금 서민들의 가계 빚이 1,000조에 달하고 그들이 갚아야 할 이자만 매년 80조 원으로 서민들의 가계가 파탄나기 직전인데 박근혜 정부는 어쩌자고 5년 동안에 230조가 넘는 돈을 국방비와 신무기 사는데 투입하려는가?

III. 한반도 평화체제의 방해요인들

그러면 아직까지도 동서 갈등의 낡은 유산을 처리하지 못하고 대립과 갈등 가운데 신음하는 한반도의 현재의 상황을 개선할 묘책은 없는 것인가? 우선 남과 북 사이의 정전협정으로 무력사용에 의한 전쟁상태는 중지시켰으나 상대방에 대한 부정과 멸절의 의지는 그대로 남아 있어서 한반도는 여전히 전쟁의 유예상태라고 할 수 있다. 따라서 여기서 이러한 불안정한 상태인 정전상태를 극복하고 평화의 상태로 나가기 위해서는 남·북한은 어떻게 해야 할까? 남·북한은 우선적으로 상대의 존재와 체제를 인정함으로써 상호 신뢰관계를 수립할 수 있는 조치들을 취해야 할 것이다. 말하자면 남·북한은 모두 그동안 동등한 자격으로 유엔의 일원이 되었듯이 남한은 북한을 국가로 인정하고 그 체제를 존중함으로써 여타의 다른 국가들과 갖는 국제법적 관계들 예를 들어 외교관계, 무역관계, 그리고 나아가서 인적 물질적 교류를 갖도록 해야 할 것이다. 그것은 이미 1992년 노태우 시절에 "남북 사이의 화해와 불가침 및 교류협력에 관한 합의서"에서 약속하지 않았던가? 왜 남·북한은 다른 나라들과의 조약들은 성실히 지키고 이행하면서 같은 민족끼리 한 약속은 헌신짝처럼 저버리는가? 참으로 한심스럽고 못난 민족의 작태가 아닌가?

그러면 이러한 그동안의 노력에도 불구하고 한반도에서 정전협정

(안보체제)이 이러한 평화체제로 나아가지 못하게 된 이유들은 어디에 있는가? 한반도에서 낡은 이데올로기적 적대관계를 해소하고 남북이 화해하고 통일을 향해 전진할 수 있는 길들을 차단하는 요인들은 무엇인가?

첫째, 그동안 남한의 경우 1990년대 이후 동서 냉전체제가 해소되면서 남한과 적대관계에 있던 사회주의적 국가들인 러시아와 동유럽 국가들, 중국, 베트남 등과도 외교관계를 맺고 상호우호와 친선관계를 유지할 뿐만 아니라 오늘날 중국은 한국의 최대의 무역 국가로까지 등장했다. 이들 사회주의 국가들은 대체로 과거의 엄격한 공산주의적 정치체제나 경제 원리를 포기하고 민주주의적 정치체제와 자본주의적 경제체제를 도입함으로써 한국과 외교관계를 맺는데 별로 꺼릴 것이 없었던 것 같다. 당시 러시아와 중국이 한국을 승인하고 외교관계를 수립할 때 미국과 일본도 북한을 승인하고 외교관계를 수립하는 방법, 즉 상호 교차승인의 원칙을 따르는 것으로 고려되었었다. 그러나 미국과 일본 등은 여전히 북한에 대한 낡은 적대적 관계를 청산하지 않고 계속해서 정치적, 군사적으로 압박하고 경제적으로 봉쇄정책을 씀으로써 북한의 존재(안전보장)를 부인하고 궁극적으로는 북한 정권의 몰락을 시도하고 있다. 만일 미국과 일본이 러시아나 중국처럼 북한을 승인하고 외교관계를 수립했다면 한반도는 지금보다 훨씬 더 평화스럽고 발전된 상태에 있었을 것이다. 따라서 이러한 북한에 대한 미국과 일본의 불인정과 적대정책이 오늘날까지 한반도의 긴장과 갈등 그리고 불평화의 기본원인이 되고 있는 것이다.

미국은 1975년 베트남전쟁에서 패전하고도 20년만인 1995년에 다시 수교하였음에도 불구하고, 북한과는 휴전한지 60년이 되었어도 북한을 승인하거나 수교하지 않고 있다. 이러한 미국의 수교거부와 적대정책의 이유를 남·북한의 지속되는 분단에서 찾기도 한다. 하지만 미국은 과거 분단되었던 동독과는 종전 29년만인 1974년에 수교했었다. 그러면 북한 측은 그동안 미국과의 양자회담을 통해서 국가와 체제안정을 보장받고 선린외교관계를 체결하기를 원하는데 왜 미국은 이렇게 북한에 대해서만 유독 적대정책을 견지해 나가는 것일까?

군사전문가가 아니지만 필자가 보기에는 여기에는 다음과 같은 두 가지 요인들이 작용하고 있는 듯하다. 먼저, 미국의 극동 아시아에 대한 지속적 패권정책의 유지다. 한국전쟁이 정전협정으로 끝나고 북한에 주둔했던 소련과 중국 그리고 남한에 주둔했던 15개국 군대가 모두 철수했다. 그러나 미국은 유엔군의 이름으로 한국에 미군을 장기적으로 주둔시킴으로써 동북아시아에서 군사적으로 정치적으로 경제적으로 그 헤게모니를 지속적으로 행사해 나가기를 원했었다. 특히 미국은 패전국이지만 경제적으로 대국이 된 일본을 장악하고 또 최근 강대국으로 등장하는 중국을 포위 견제하여 자신들의 군사적 영향력을 강화하고 궁극적으로는 이 지역에서 자신들의 정치적, 경제적 이익을 극대화하려는 것이다.

그런 점에서 북한이라는 적대적 국가의 존재는 한국에서 미국의 군사적 장기주둔을 정당화해주고 무력을 강화하여 그 영향력을 극대화하는 좋은 구실을 제공한다. 특히 오늘날 북한의 존재와 (핵)위협과 중국의 군사대국으로 급부상은 일본과 한국 등 주변 국가들로 하여금 군사력 증강의 압력을 행사하여 그들에게 최신예무기들을 수출함으로써 미국은 막대한 경제적 효과까지 얻게 된다. 특히 일본을 부추겨 군사대국화로 나가게 하고 그들에게 막대한 무기들을 판매할 수 있게 되었다. 사실상 한국은 현재 3만 5천 명의 주한 미군 주둔비용을 매년 거의 1조씩을 지불하고 있으며, 앞서 말한 대로 한국은 약 5년 동안 약 250조 원의 최신 무기를 미국으로부터 사들일 예정이다. 동북아시아에서 이러한 군사적으로 독점적 지위와 정치적, 경제적 이해관계를 가진 미국이 한국에서 군대를 철수할 이유가 없는 것이다. 지난 60년 동안 한반도의 군사적 갈등으로 군사무기 수출로 얻은 미국의 경제적 이익은 실로 수천 조에 달할 것이다.

둘째, 남·북한의 경직된 정권들의 안보논리가 한반도의 군사적 갈등과 정치적 불평화의 중요 요인이다. 우선 남한은 1948년 자유민주주의 국가로 탄생했지만 한국전쟁 이후 친미적, 친일적 보수정권들이 들어서서 반공을 국시로 하고 반북한적 적대정책을 계속해왔다. 이승만은 북진통일론을 내세워 북한을 항시 위협했고, 그 후 박정희로부터 시작되는 군사독재 정권들 역시 반공 국시를 내세워 철권통치를 정당화하고 장기집권을 획책했었다. 1990년대 중반 군사정부를 마감하고 민간정부들이 들어섰으나 김영삼 정부 역시 보수와 반공을 앞세우며 북한과는 이렇다 할 관계개선을 이루지 못했다. 그 후 들어선 김대중 정부는 북한에 대해서 햇빛정책을 구사했고 그것을 계승한 노무현정부도 이전 정부들과는 달리 적극적으로 대북관계개선을 통해서 화해와 통일로 나가는 정책을 추진했으나 반공수구적인 한나라당의 발목잡기로 큰 성과를 거두지 못했다. 그래도 남북화해와 경제협력을 위한 결실로서 금강산관광사업과 개성공단 사업 그리고 적십자사를 통한 이상가족 상봉사업을 구체적으로 실천에 옮김으로써 이전의 적대관계는 점차 사라지고 휴전선을 기점으로 한 군사적 충돌도 크게 줄어들었다. 그러나 이어서 집권한 수구적 이명박 정부는 북한에 대한 상호주의를 전제로 한 비핵개방3000이라는 대북 적대적 정책을 다시 내세웠고 금강산관광객 피살사건으로 금강산관광사업을 중단시켰으며 서해 천안함 피습과 연평도 포격사건을 계기로 남북관계를 전면적으로 단절시켰다. 이렇게 볼 때 남한 보수적 정권들의 대북한 정책은 화해와 협력 그리고 통일과 평화를 지향하기 보다는 반공과 반북한 적대정책으로 일관함으로써 한반도에서 남·북한의 화해와 평화를 가로막고 있다.

셋째, 이제까지 필자는 미국과 일본 그리고 남한의 북한에 대한 적대적 정책과 역할로 인한 한반도의 갈등과 대립의 요인을 살펴보았다. 그러면 한반도의 문제는 미국과 남한의 북한에 대한 적대정책에만 기인하는 것일까? 아니다. 필자가 보기에는 북한의 특수한 장기통치체제와 선군정치라는 군사국가화 또한 한반도 갈등과 불평화의 원인 가운데 하나라고 본다. 사회주의적 혁명을 통한 이념국가들의 출현 초기에는 소련의 스탈린이나 중국의 모택동, 베트남의 호지명, 유고의 티토, 루마니아의 차오세스쿠, 동독의 호네크 등 지도자들이 장기집권을 했던 것처럼 북한의 김일성도 죽을 때까지 장기집권을 했었다. 그러나 사회주의 국가들이 그 기틀을 잡아간 후부터, 말하자면 초기지도자들을 이은 후계자들은 북한과는 달리 세습을 통해서가 아니라 공산당대회 등에서 지도자들을 선출했었다. 예를 들면 중국의 등소평이나 소련의 흐루시초프 등이 그 대표적 예다. 그런데 북한에서는 김일성 사망 후 그 아들 김정일이 후계자로 세습한 것은 사회주의 국가들에서도 전대미문의 사건이다. 그리고 다시 김일성의 손자인 김정은이 권력을 세습한 것은 더욱더 이해하기 힘든 특수한 사건이다.

그것은 북한이 처한 국내외적 상황, 특히 강대국 미국이나 남한정권에 의해서 정치군사적으로나 경제적으로 봉쇄된 어려운 상황을 타개해 나가기 위한 불가피한 선택이라고 주장할지 모르지만 이러한 북한의 지도자 세습과 유훈통치 그리고 선군정치(군부통치)는 오늘날 세계의 국가체제에서는 이해하기 힘든 기괴한 현상이다.

동시에 북한은 1984년 큰 장마로 입은 농업분야의 큰 타격으로 인해서 경제적 상태가 말이 아닌 것으로 알려져 있는데 거대한 군사프로젝트 핵무기 개발과 장거리 로켓 개발은 주민생활에 막대한 지장을 초래했을 것으로 보인다. 물론 북한은 그것을 60여 년에 걸친 미국의 집요한 위협과 적대정책에 대처하고 자기들의 생존권을 확보하기 위한 조처들이라고 주장한다. 물론 미국의 북한에 대한 불관용과 적대정책을 고려한다면 북한만을 탓할 수도 없다. 왜냐하면 북한은 오랫동안 미국과의 협상을 통해서 자신들의 존재를 인정받고 체제를 보장받으려 해 왔기 때문이다. 그러나 만일 북한이 오늘날의 체제를 벗어나서 개방국가로서 중국과 같이 정치적 선진화와 함께 경제적 발전을 이루어 왔다면 사태는 좀 달라질 수도 있지 않았을까? 따라서 북한의 이러한 독특한 통치체제와 함께 핵무장화도 한반도의 불평화와 긴장의 중요한 원인이라 할 것이다.

따라서 지금까지 60여 년 동안 지속되어오는 한반도의 비정상적 대립관계는 더 이상 지속되어서는 안 되며 어떤 수단과 방법을 통해서든지 시급히 해결해야 할 남·북한 민족의 "삶의 계명"(Gebot des Lebens)이다.

IV. 냉전시대에 평화를 향한 서독교회의 동방백서와
독일정부의 동방정책

1980년대 전두환 군부독재시절 한국의 민주화운동 진영에서 선민주화냐 선통일이냐 하는 전략적 문제를 놓고 잠시 논쟁을 벌인 적이 있다. 한편에서는 이제까지 했던 것처럼 독재정권을 극복하고 민주주의를 회복하는 일이 민주화 세력진영에서 해야 할 가장 중요하고도 화급한 일이라는 주장을 폈었다. 그리고 다른 한편에서는 이제까지의 민주화운동이 계속해서 억압을 당하는 것은 남북분단으로 인한 북한의 위협을 내세운 안보논리 때문으로 보고 우선적으로 남북통일을 달성함으로써만 궁극적으로 인권도 달성되고 민주주의도 실현될 수 있다고 주장했었다. 여기서 민주화 진영은 전략적으로 선민주론과 선통일론으로 갈라져 있었다.

당시 필자는 광주에서 있었던 전국 YMCA 정책협의회에서 선민주론이나 선통일론이 아니라 선평화론(先平和論)을 주창한바 있다. 이러한 주장은 독일 개신교회의 동방백서와 독일정부의 동방정책에서 시사 받은 바 크다. 주지하다시피 독일은 한국과 같이 제2차 세계대전이 끝나고 전승국가인 미국과 소련 그리고 영국 등에 의해서 강제로 동서 독일로 분단 점령되었다. 우리와 형편이 좀 다른 것은 그들은 분단 이후에 한국처럼 형제간의 전쟁을 치르지 않았다는 점이다. 따라서 독일분단에서는 처음부터 상호 적대감이 약했고 또 일정하게 동·서독 사이에는 통행의 자유나 서신교환 그리고 나중에는 상대 지역의 방송 청취나 TV 시청도 가능했었다.

특히 독일 개신교회는 국토와 국가는 분단되었지만 그리스도 안에서 한 몸을 이루는 교회는 분열될 수 없다는 기독교적 신념에 기초해서 25개의 지방교회들(5개의 지방교회는 동독에 속했고, 20개의 지장교회는 서독에 있었다.)의 연합체였던 독일개신교회협의회(Evangelische Kirche in Deutschland)는 국토(가) 분단 이후에도 법적으로나 기구적으로 하나의 교회로 남아서 서로 왕래하고 지원했으며 총회를 열고 업무를 추진했으며 공동의 신앙생활을 영위했었다. 1961년 8월 13일 동독정부에 의해 베를린 장벽이 만들어져 양 독일 주민들의 통행이 완전히 차단됨으로써 동·서독 사이의 분단은 고착화되기 시작했다

그래도 동·서독 개신교회는 서로 일치의 끈을 놓지 않았었다. 이렇게 동·서독 사이의 장벽설치와 함께 냉전체제가 점차 강화되기 시작하자 서독의 개신교회는 1965년 10월 1일 총회에서 이른바 "동방백서"(Ostdenkschrift)를 발표한다. 그 동방백서의 제목은 "추방당한 사람들의 상황과 독일민족과 동쪽의 이웃나라들과의 관계"[1]로 되어 있다. 이 동방백서는 당시 동서 냉전체제로 서로 대립하던 동독과 서독은 물론 서독과 동유럽 국가들 사이의 대결과 적대감을 극복하고 서로 화해와 협력의 길로 나아갈 것을 촉구한 역사적 문서이다. 독일 개신교회는 최초로 이 동방백서를 통해서 동독과는 물론 폴란드, 체코 등 사회주의 국가들과의 화해와 협조 그리고 재정적 지원을 천명했다.

이 동방백서는 다음과 같은 성서의 말씀으로 시작한다. "누구든지 그리스도 안에 있으면, 그는 새로운 피조물입니다. 옛 것은 지나갔습

---

1 Lage der Vertriebenen und da Verhältnis des deutschen Volkes zu seinen östlichen Nachbaren

니다. 보십시오. 새 것이 되었습니다. 모든 것은 하나님께로부터 옵니다. 하나님께서는 그리스도를 내세우셔서 우리를 자기와 화해하게 하시고 또 우리에게 화해의 직분을 맡겨 주셨습니다"(고후 5:17-18). 새로운 피조물로 태어났다고 자부하는 그리스도인들은 인간들의 타락과 욕심으로 인해서 생긴 갈등과 대립투쟁의 세계에서 화해자로 부름받았고 화해자의 지분을 감당해야 한다는 것이다. 당시 저명한 신학자 칼 바르트 등 당시의 서구의 저명한 신학자들과 교회지도자들은 미국의 자본주의와 소련의 공산주의 사이의 이데올로기적 대립은 아무리 그 정당성을 앞세운다고 해도 거대국가들의 헤게모니 투쟁, 즉 권력투쟁에 불과한 것으로 판단했었다.[2] 그는 이들 거대한 악마 레바이아단(Leviathan)들의 권력투쟁으로 희생되는 것은 약소국가들과 거기에 사는 가난한 민중들이라고 판단했었다. 따라서 새로운 피조물이 된 (깨어있는 의식 있는) 그리스도인들은 이러한 악마들의 속임수와 세력투쟁에 앞잡이가 되지 말고 예수 그리스도가 명령한 인류의 화해와 평화의 길로 나갈 것을 호소했다.

독일 개신교회의 동방백서는 그 후 서독의 새로운 수상이 된 빌리 브란트로 하여금 1969년 이른바 "동방정책"(Ostpolitik)을 추진하는데 영감을 주었었다. 이 정책은 동서간의 이해와 소통의 정책으로서 동·서독간의 제반 협력관계(동·서독 간의 기본관계에 관한 조약),[3] 폴란드와의 무력사용중지조약 체결, 동유럽 제국들과의 화해와 외교 수립 등을 지향했었다. 브란트 내각에서 이 동방정책을 실무적으로 강력하

---

2 Karl Barth, *Kirche in Ost und West.*

3 Vertrag über die Grundlagen der Beziehungen zwischen der Bundesrepublik Deutschland und der Deutschen Demokratischen Republik.

게 추진했던 에곤 바(Egon Bahr)는 후에 이 정책을 가리켜 "접촉을 통한 변화"(Wandel durch Annährung)의 정책이라고 했다. 이러한 브란트의 동방정책의 단초가 된 것은 1962년 8월 17일 동독정부에 의해서 새로 만들어진 베를린 장벽을 넘어 서독으로 탈출하다가 총살당한 18세의 젊은이 페터 페히터(Peter Fechter)의 죽음이었다. 당시 서 베를린의 시장이었던 빌리 브란트는—그는 1969년 10월에 수상이 된다—이러한 분단과 적대관계가 가져다주는 비극을 극복하기로 결심하게 되었다는 것이다.

이러한 서독개신교의 동방백서에 대해서 보수적 루터파 교인들이 반대했듯이 독일의 보수당인 기독교(가톨릭)민주당(christliche de-mokratische Union)은 물론 보수적이고 반공적인 시민들도 이 동방정책에 반대했었다. 그러나 빌리 브란트의 이러한 화해정책은 동독에 대해서 뿐만 아니라 제2차 세계대전 당시 엄청난 피해를 입었던 동유럽국가들에 대해서도 화해와 협력의 손길을 내밀었다. 서독은 전쟁 당시 히틀러 정권에 의해서 강제로 끌려와 군수공장 등에서 강제노역에 처해졌던 동유럽 여러 나라의 피해자들과 그 가족들에게 충분한 보상 책임을 짐으로써 그동안의 적대감을 씻어내고 그들과 화해할 수 있게 되었다. 이렇게 브란트의 동방정책이 성공을 거두어 그 후 동서 독일은 순조롭게 화해와 통일의 길을 갈 수 있었다. 또한 통일 이후에도 전쟁 당시 엄청난 피해를 입었던 동유럽 여러 나라들과 함께 협력의 길로 나가게 되었다. 따라서 서독개신교의 화해협력의 동방백서의 정신 그리고 서독 브란트 정부의 접근을 통한 변화의 동방정책이야 말로 1990년 독일 통일 이후에 유럽에서 평화와 번영의 토대를 마련해 주었던 것이다.

V. 한반도의 평화체제 형성을 위한 시안들

1. 화해와 평화로의 발상의 전환(분별력)

앞서도 언급했지만 한반도에서 남·북한은 정전협정 체결 이후 지난 60여 년 동안 비정상적 관계에 있다. 한국전쟁 이후 이미 두 세대가 지났고 거기에 참여했던 대부분의 사람들은 이 세상을 떠나거나 살아 있어도 80이 넘은 노인들이다. 1990년도를 기점으로 세계에서는 이데올로기적 대결의 냉전체제는 사라졌다. 따라서 한국에서 모든 분야에서 주도적으로 활동하는 세대는 더 이상 냉전 이데올로기를 추종하거나 그 사고에 얽매일 필요가 없는 세대이다. 따라서 이 새로운 피조물(세대들)은 더 이상 낡은 사고방식인 반공이나 반북한 이데올로기에 사로잡혀서 낡은 세대들처럼 사회주의 국가나 북한에 대해서 증오하거나 적대시할 필요가 없다. 아직도 낡은 냉전 체제와 이데올로기에 사로잡힌 세대들은 이러한 발상과 대토의 전환을 친북이니 종북이니 좌파니 하고 비판하지만 그들은 잘못된 친일이나 친미사상에 사로잡혀서 현재의 우리 민족의 고통을 외면하고 미래 세대들을 위한 책임적 자세를 망각하고 있는 것이다. 그래서 지난 5월초 한국을 방문한 마르틴 노웍(Martin Nowak) 하버드 대학교수는 『초협력자』(*SuperCooperators: Why We Need Each Other to Succeed*)란 책에서 인류는 상호 협력을 통해서만 생존할 수 있음을 역설한다. 그는 그 책에서 "네 이웃을 네 몸같이 사랑하라"(기독교), "네가 원치 않는 것을 남에게 하지 말라"(유태교) 등을 인용하면서 "지금 남·북한에 가장 필요한 것은 용서"라고 말했었다(경향신문 2013년 5월 3일자).

우리들의 발상의 전환에서 가장 중요한 것은 오늘날 세계를 지배하는 미국의 실체와 미국의 역할에 대한 냉철한 판단을 할 수 있는 분별력을 갖는 것이다. 미국은 이 세상에서 가장 강한 나라지만 선한 나라만은 아니며 그들이 한반도에 주둔하는 것은 순전히 우리를 돕기위한 것만도 아니다. 일본의 무교회주의 신학자 우치므라 간조(內村鑑三)는 오래 전에 미국을 방문하고 나서 "미국에는 천사와 악마들이 같이 살고 있는 나라다"라고 했다. 그들은 역사적으로 자유와 민주주의를 위해서 공헌했지만 동시에 다른 나라들을 군사력으로 침략하고 자원들을 약탈했다. 미국은 아시아와 남미에서 독재자들을 지원했고(아시아에서 한국, 베트남 등, 남미에서 니카라과의 소모사와 월남의 고딘디엠등) 적대적인 나라의 지도자들을 암살을 시도했다(쿠바의 카스트로 등). 오늘날도 전 세계를 지미 카터라는 심해잠수함을 모함으로 해서 사찰하고 감시하고 있다(모스크바에 망명중인 Snowden의 증언). 따라서 미국이나 일본의 실체를 깨닫는 데서부터 비로소 한국인은 "새로운 인간" (피조물)으로 태어난다. 그래서 사도 바울은 이렇게 말하고 있다. "여러분은 이 시대의 풍조를 본받지 말고, 마음을 새롭게 함으로 변화를받아서, 하나님의 선하시고 기뻐하시고 완전하신 뜻이 무엇인지를 분별하도록 하십시오"(롬 12:2). 지식인 아니 그리스도인은 이 시대의풍조(흐름)를 제대로 파악하여 거대한 악의 세력이 어떻게 준동하고사람들을 괴롭히는지를 분별할 수 있는 사람이 되어야 한다.

분별력 없는 낡은 이데올로기와 사고에 사로잡힌 어리석은 사람들은 스페인의 투우처럼 어리석어서 악의 실체를 파악하지 못하고 흔들어대는 빨간 깃발을 실체로 알고 달려들지만 마지막에는 그 실체인투우사의 감춘 칼에 맞아 쓰러진다(디트리히 본회퍼). 이렇게 어리석은 대한민국의 다수의 국민들과 그리스도인들은 악마의 속임수에 놀아나고 사탄의 거짓말에 속아 넘어간다. 그리고 사탄은 기만자여서 하나님의 뜻은 생각하지 않고 인간의 개인들의 이익만 챙기게 만든다. 오늘날 사탄들은 빛의 천사로 가장하여 사람들을 속이고 이리저리 미혹하여 끌고 다닌다. 그러나 분별력이 있는 새로운 피조물은 이러한 사탄들에 의해서 조작되는 세상의 풍조에 놀아나거나 이리저리 흔들리지 않는다. 그리고 이러한 사탄의 세력하에 있는 사람들은 자기이익만을 추구하기 때문에 다른 사람들, 달리 생각하는 사람들을 적대시하고 따라서 관용적인 생각이 없는 고집쟁이가 된다. 말하자면 분별력 없는 낡은 인간상은 오늘날 세계에서 삶의 미덕인 타자에 대한 이해와 관용을 거부하고 교조적이고 이기적 인간이 된다. 오늘날 한국에서 가장 타자를 인정하지 않는 불관용의 인간들은 개신교 특히 장로교회들에 가장 많이 포진하고 있다.

2. 평화와 통일을 향한 구체적 실천

서독 교회의 동방백서와 서독 정부의 동방정책을 통해서 과거의 적대적이었던 동독과 동유럽 사회주의 국가들과의 화해와 협력을 추진하기로 한 독일(그리스도)인들은 그러면 구체적으로 그 정책을 어떻게 실천해 나갔는가? 앞서도 말했지만 그들은 사고의 전환(적대관계에서 이웃관계로)이라는 어려운 과정들을 거쳐 동독과의 기본관계조약을 체결함으로써 두 나라는 우선 유엔의 헌장에 따라서 상대방의 국가적 주권과 독립성과 자결권을 인정하고, 대립과 갈등하던 문제들을 평화적인 방법으로 해결하며, 무력 위협이나 무력 사용을 금지와 현재의 경계선을 존중하기로 하였다(동·서독 기본조약 1-3조). 양 독일은 이 조약에 근거해서 경제, 과학, 기술, 교통, 통신, 우편, 방송, 보건, 문화, 스포츠, 환경보호 등 제반 분야에서 상호간 협력한다(7조). 양 독일은 상대방 지역에 대표부를 두고 긴밀히 협조한다(8조). 이렇게 서독의 에곤 바(Egon Bahr)와 동독의 미카엘 콜(Michael Kohl)이 서명한 이 기본관계 조약에 따라서 동·서독 간에는 민간인들 사이에 상호방문, 전화연락, 우편교환, 방송청취 및 시청, 스포츠 등 여러 분야에서 교류가 이루어져 양 독일인들 사이에는 상호 "접촉을 통한 변화"가 실질적으로 이루어졌다. 예를 들면 서독인들은 자유롭게 동독을 방문할 수 있었고 동독인들도 65세가 지나면 자유롭게 서독을 방문할 수 있었다.

그런데 한국의 오늘날의 형편은 어떤가? 분단 70년, 정전협정 60년이 지나도록 몇 차례의 남북회담과 협정들이 이루어졌지만(1974년 7·4공동성명, 1992년 "남북 사이의 화해와 불가침 및 교류협력에 관한 합의서", 2000년 "남북관계발전과 평화 번영을 위한 선언", 2007년도 "남북관계 발전과 평화와 번영을 위한 선언" 등) 그것을 실천에 옮긴 것은 지극히 보잘 것 없었다. 필자가 보기에는 1992년 노태우 시절에 체결된 "남북 사이의 화해와 불가침 및 교류협력에 관한 합의서"는 과거 동·서독 사이의 기본합의서보다 더 훌륭한 내용들을 담고 있으나 실제적 실천을 위한 아무런 후속조지도 취해지지 않았다. 이 합의서는 우선 남북 사이의 "화해와 불가침"이라는 정치적 군사적 내용을 다루고 그 다음으로 "교류협력"에서는 경제적 교류와 협력들을 명시하고 있다. 이 합의서는 남·북한 정부가 공히 실천할 의지가 없어서 그랬는지는 모르지만 처음부터 국회를 통한 승인절차도 밟지 않았다.

오히려 2000년 김대중 대통령 시절, 북한의 김정일 위원장 사이에

서명된 "남북관계발전과 평화 번영을 위한 선언"은 우리가 잘 아는 대로 그 후속 실천 프로그램으로써 금강산 관광사업, 개성공단 및 관광사업이 열매를 맺었다. 이것은 정전 이후 남·북한 사이에서 체결된 공동선언을 가장 구체적으로 실천한 역사적 실례라고 할 수 있다. 또한 여러 차례에 걸친 서울과 평양, 혹은 금강산에서 이산가족들의 상봉도 구체적 실천내용으로 예시할 수도 있을 것이다. 그리고 국제 스포츠사업의 테두리 안에서 남·북한은 단일팀을 만들어 국제대회에 참가하기도 했고 또 서울과 평양을 오가며 친선경기를 갖기도 했다. 특히 부산에서 열렸던 스포츠행사에는 북한이 호텔을 겸한 함정으로 선수와 응원단을 보내서 민간인들 사이에 좋은 교류와 친선을 과시하기도 했었다.

이러한 화해와 불가침 및 교류협력에 관한 노력들에 대해서 남한의 반공적이고 수구적인 세력들은 남북의 접촉과 그로 인한 남한 민심이 화해와 협력으로 나아가는 것 즉 독일식의 "변화"(Wandel durch Annährung)들을 두려워하며 방해함으로써 따라서 더 이상의 화해와 통일을 향한 발걸음을 내딛지 못했다.

3. 남·북한의 평화와 통일을 위한 준비

남·북한 주민들은 60년이라는 길고도 긴 세월을 세계 어느 곳에서도 볼 수 없는 가장 비인간적이고 비정상적인 상태에서 살아오면서 헤어진 가족들도 만나거나 편지교환조차 하지 못하고 살아오고 있다. 그리고 국민들은 분단 상태에서 정전협정이라는 군사적 비상체제에서 시민으로서 누려야할 기본권들, 언론, 출판, 집회, 결사, 교류 등의 자유를 마음대로 누리지 못하고 살아오고 있다. 젊은이들은 안보를 위해서 장기간에 걸친 군복무의 의무를 다해야 하며 모든 선진국의 젊은 세대가 누리는 무상교육의 권리, 복지의 권리를 누리지 못하고 있다. 많은 젊은이들이 대학을 졸업하기 위해 엄청난 빚을 지고 있으며 결국 신용불량자가 되어 취직도 제대로 할 수 없는 좌절과 절망에서 헤매고 있다. 노동자들은 이 분단 상태로 인한 안보를 구실로 그동안 그리고 지금까지도 모든 세계인들이 누리고 있는 노동3권을 누리지 못하고 있다. 과거 군사독재정권시절부터 노동운동을 하거나 노동자들을 위해서 일하는 지식인들, 심지어는 성직자들 중심의 산업선교 활동가들은 친북인사들로 매도되고 불온시 당하여 탄압의 대상이 되었었다. 현재 노동자들의 절반 이상이 비정규직으로서 열악한 노동현장에서 임금을 제대로 받지 못하고 고통당하고 있다. 이러한 비정규직의 일자리도 얻지 못한 다수의 젊은이들은 아르바이트라는 날품팔이로 전락하여 로마시대나 중세기에서보다도 더 처참한 대우를 받고 있다.

남한 사회는 이러한 안보를 구실로 한 제반 통제와 제약 가운데서도 군사정권의 지원을 받았고 그 후에는 정치권으로부터 온갖 법적, 제도적, 재정적 지원을 받고 성장한 대기업들, 소위 재벌들은 세계적 차원의 기업들로 성장했다. 그들은 앞서 말한 정부의 법적, 제도적, 재정적 지원과 함께 정부에 의해서 통제당한 값싼 노동력으로 막대한 부를 축적할 수 있었던 것이다. 그들은 심지어 외국에는 값싸게 수출하면서도 그 손실분을 내수시장에서 벌충해주는 정부의 가격정책에 힘입어 땅 짚고 헤엄치기로 돈을 벌게 되었다. 따라서 초기에는 정부의 필요성에 의한 정경유착도식이 현재에는 기업의 필요에 따른 정경

유착으로 국가가 시장을 통제하는 것이 아니라 시장이 국가를 통제하는 지경에까지 이른 것이다. 이러한 국가와 시장의 불의한 유착의 고리를 끊고 정의로운 국가와 공정한 시장질서가 회복되어 대한민국이 정상국가가 될 때 비로소 남·북한 사이의 화해와 통일 그리고 평화의 길이 열릴 수 있을 것이다.

현재와 같이 친미적이고 친일적인 이른바 안보세력이 집권하고 그들에게 기생하는 대기업 등 시장 세력이 대한민국을 지배하는 한 북한에 대한 적대적 정책은 계속될 것이며 따라서 한반도에는 평화와 통일의 시대는 요원하다. 왜냐하면 이들 안보세력들은 자칭 "애국세력"이라고 주장하지만 그들은 사실상 평화세력이 아니라 "매국세력"이다.

우리는 흔히 평화를 말할 때 로마의 평화(pax Romana)와 예수의 평화(pax Christi)로 나누어 말하게 된다. 잘 알다시피 로마의 평화는 로마의 첫 번째 황제인 아우구스투스(Augustus) 시절에 달성된 성과에 기초해서 말해지고 있다. 이때 로마제국에서는 어느 변방에서도 봉기나 소요가 없는 평온한 시간이 주어졌었다. 왜냐하면 로마인들은 평화를 원하거든 전쟁을 준비하라고 했기 때문이다. 그런데 사실상 로마의 평화란 "공동묘지의 조용함" 즉 모든 억압받던 적대세력들이 굴복당하거나 멸절당해서 주어지는 침묵의 평화를 말한다. 그래서 역사가 로마의 타키투스는 "영국인들이 로마의 평화를 두려워했다"고 말한다. 즉 로마의 평화는 강력한 군사력에 의해서 억압된 상태에서 주어지는 안보(securitas), 공동묘지의 평화인 것이다.

그런데 아이러니하게도 이 로마황제 아우구스투스 즉 안보, 로마식 평화의 황제시절에 로마의 식민지 땅 이스라엘에 또 한 명의 평화의 왕 예수가 탄생했다. 성서 누가복음은 그에 대해서 다음과 같이 증언한다. "가장 높은 곳에서는 하나님께 영광이요, 땅에서는 주께서 기뻐하시는 사람들에게 평화로다"(눅 2:4). "복되시다, 주의 이름으로 오시는 임금님! 하늘에는 평화, 가장 높은 곳에는 영광!"(19:38). 그는 무력으로 억눌러서 적들을 침묵하게 만드는 안보의 왕(securitis), 로마 황제 아우구스티누스와는 달리 원수들까지도 사랑함으로써(마 5:44) 대립과 갈등하는 세상에서 화해와 조화를 가져오는 진정한 의미에서 평화의 왕(eirene)이시다.

대한민국 국방부에서 발간하는 "국방백서"를 보면 "대한민국의 주된 적(主敵)은 북한이다"고 되어 있다고 한다. 그동안 화해와 협력, 통일과 화를 주구했던 김대중, 노무현 정부에서는 이 북한에 대한 주적 개념이 사라졌지만 다시 이명박 정부에 들어와서 북한을 주적으로 명기한 것이다. 참으로 한심스럽고 놀라운 일이 아닐 수 없다. 아무리 국방부에서라지만 어떻게 같은 동포형제를 주적이라고 규정할 수 있을까? 필자는 분단된 독일에서 10여 년을 살았지만 서독일인들이 동독 사람들을 주적은커녕 적이라고도 생각하거나 말하는 것을 들어본 적이 없었다. 그런데 대한민국의 국방부는 그 백서에 북한과 그 주민들을 주적이라고 쓰고 있다. 그래서 필자는 은퇴하기 전 성공회대학교 신학과에서 강의할 때 학생들과 함께 예수의 "원수사랑"에 대한 구절을 읽을 때 그들에게 질문하곤 했었다. "예수는 우리 믿는 사람들에게 원수를 사랑하라고 했는데 너희들은 주적인 북한을 어떻게 생각하는가?"

그러자 일부 학생들은 이 산상설교의 말씀은 가톨릭교회가 해석하듯이 특별히 선택받은 성직자들이나 수도자들에게만 전한 것이기 때문에 보통사람들은 실천할 수 없다고 대답하기도 했고, 다른 학생들은 모든 사람이 말씀대로 따라야 한다고 답하기도 했다. 종교개혁자 마르틴 루터는 가톨릭신학과는 달리 산상설교의 말씀은 특별한 계층에게만 해당되는 것이 아니라 모든 신도들이 지켜야 할 통전적 말씀이라고 해석했었다. 필자는 루터의 해석을 따라서 그리스도인들은 원수를 만들지 말아야 할 뿐만 아니라 원수가 되었을 때는 그들을 사랑함으로써 그 적대관계를 극복해야 한다고 생각한다. 우리는 그 대표적 예를 독일 개신교회의 "동방백서"나 독일 수상 브란트의 "동방정책"에서 이미 살펴보았었다.

왜 한국개신교회들은 독일교회처럼 "북방백서"를 만들 수 없단 말인가? 통일이 되면 북한에 가서 선교하고 큰 교회 짓겠다고 야단하지 말고 북한주민들과 화해할 수 있는 성서의 위탁을 먼저 실천해야 하지 않겠는가?(고후 5:18). 왜 대한민국의 정치가들은 독일의 브란트 수상처럼 "북방정책"을 입안하고 에곤 바(Egon Bahr)처럼 그것을 실천할 수 없단 말인가? 김대중 대통령의 햇빛정책은 바로 브란트의 동방정책에서 힌트를 얻은 귀중한 우리의 유산이고 한국식 동방정책이다. 우리는 이 정신을 이어받아서 북한과의 화해와 통일을 이루고 마침내는 아시아의 평화를 이루는 평화정책의 길로 나아가야 할 때이다.

우리는 더 이상 비정상적인 휴전상태를 지속해서는 안 된다. 우리는 더 이상 북한에 대해서 적대정책을 계속해서는 안 된다. 박근혜 대통령은 대북정책으로서 "신뢰 프로세스"를 주창하고 있다. 이 신뢰(혹은 신앙)는 일차적으로 상대방에 대해서 스스로 적대감을 갖지 말아야한다. 그래야만 상대방도 적대감을 갖지 않게 되고 여기서 비로소 신뢰가 싹이 트고 점차 성장하게 된다. 신뢰라는 개념은 원래 종교적 개넘이지만 오늘날에는 정치나 경제에서도 널리 사용되고 있다. 정치에서도 상대방이나 상대정당을 신뢰하지 않으면 진정한 의미에서 정치는 불가능하고 정쟁만 남게 되어 그 피해는 고스란히 국민들에게 돌아간다. 오늘날의 한국정치가 그 모양이다. 그리고 경제 특히 상업에서도 물건을 판매하는 상인을 믿을 수 없는 경우 구매자들은 그의 물건을 살 수 없다. 얼마 전 남양유업파동이 그런 것이다. 어떤 장사든지 믿음을 주지 못하면 그 상인은 망하게 되어 있다. 남·북한 사에도 마찬가지다. 그동안 상호 불신가운데 적대적 정책으로 대결만 해온 결과 독일 같은 나라는 분단을 극복하고 유럽에서 우뚝 섰지만 남한이나 북한은 아직도 정치적으로 적대시하고 경제적으로 교류하지 않으며 군사적으로 막강한 신예무기와 핵무기로 대결하고 있는 것이다. 그 결과는 어떤가? 북한은 경제적 파탄에 이르고 남한도 현재 심각한 경제난에 봉착하면서도 여전히 무기사재기에만 열중하는 어리석은 짓을 계속하고 있는 것이다.

신뢰라는 말과 유사한 사랑이란 말도 있는데 그 내용도 마찬가지다. 성서에 보면 "하나님께서 (먼저) 이렇게까지 우리를 사랑하셨으니, 우리도 서로 사랑해야 합니다"(요일 4:11)라고 기록되어 있다. 사랑이나 신뢰는 성서에 보면 우선 하나님이 일차적으로 이니시어티브를 취해서 인간들을 사랑했고 거기에 따라서 인간들도 서로 사랑하게 된다는 것이다. 따라서 북한에 대한 박근혜 정부의 신뢰 프로세스는 북한의 형편이나 조건을 따지지 말고 남한 정부가 주체가 되어 시작해야 한다. 이명박 정부처럼 "상호주의"를 내세워서 네가 하나주면 나도 하나 준다는 식으로 하면 이미 경험한 바이지만 절대 신뢰가 만들어지지 않는다. 그런데 북한을 적대시하기 위해서 새로운 국방정책에서 향후 5년간 박근혜 정부는 미국에서 약 240조원의 신무기를 사오려고 한다. 미국에 대한 이러한 퍼주기를 중단하고 남·북한이 그 돈으로 경제협력 사업을 한다면 남·북한 사이에는 얼마나 많은 화해와 평화의 기초를 만들 수 있을까? 한국의 반공 보수 세력들은 김대중 정부의 햇빛 정책을 "퍼주기 정책"이라고 비판한다. 사실상 북한과의 신뢰를 쌓기 위해서는 이 정책 외에 어떤 다른 대안이 있을까? 만일 박근혜 정부의 대북정책인 신뢰 프로세스가 이명박의 상호주의를 염두에 둔 것이라면 그것을 결코 성공할 수 없다. "이에는 이로, 눈에는 눈으로"라는 낡은 이명박의 상호주의는 이미 폐기된 모세의 율법이며, 낡은 삶의 방식이다.

〈전국YMCA연맹 수련회의 주제 강연, 1997년〉

제 1 2 장

분단의 기독교에서 통일의 기독교로

I. 들어가는 말: 역사적 회상

2015년은 한반도는 일본제국주의 지배에서 해방된 해지만 동시에 강대국 미국과 소련에 의하여 분할 점령됨으로써 독립된 통일국가 형성에 실패했다. 분단의 결과는 처참한 내전을 가져왔고 많은 사상자와 재산피해를 내고 3년 만에 전쟁은 끝났다 그 후 남북은 38선을 경계로 70년 동안 서로 대치하고 적대시하고 있다. 제2차 대전 후 분단되었던 베트남, 독일, 예멘 등 모든 분단국들은 통일되었으나 한반도의 통일은 아직 요원하다. 이러한 분단으로 남·북한 국민들의 고통은 지금도 계속된다.

첫째, 정치적으로 분단은 남·북한에 비정상적 정권들이 들어서는 것을 용납하게 하였다. 그동안 남한에는 연이어 독재정권들이 등장하여 정치적 탄압과 경제적 수탈 그리고 인권침해를 자행했었다. 북한에는 비민주적이고 비정상적 세습정권이 계속되고, 전대미문의 군사독재가 지배하고 있다.

둘째, 경제적으로 남·북한은 막대한 군비지출과 무기증강으로 국민들의 생활향상은 어려워지고 있다. 북한은 사회주의 경제체제를 택하여 분쟁에 역점을 두고 과도한 군사비 지출로 국민들의 기본적 삶의 조건도 충족시키지 못하고 있다. 남한은 경제발전에 성공했다고 하나 신자유주의 경제정책으로 빈부의 격차가 심해지고 서민들의 삶은 파탄에 이르고 있다.

셋째, 분단으로 가장 고통당하는 이산가족들은 상호 방문과 통신교환의 기회조차 얻지 못하는 비인간적 고통에 시달리고 있다. 노령의 이산가족들은 고통 속에서 죽어가고 있다.

이러한 분단 상항에서 남·북한 국민들은 화해와 통일을 간절히 바라고 있다. 그러나 외적으로는 강대국들의 정치적, 군사적 이해와 간섭으로 그리고 내적으로는 남·북한의 수구적 반통일 기득권세력들로 인해 통일의 전망은 어둡다. 남한의 경우 이러한 반통일 세력들 가운데 가장 큰 집단은 바로 보수적이고 친미적 기독교 세력이다. 그들의 대부분은 한국전쟁 당시 북한 공산주의자들에 의해 박해받고 남하한 기독교인들과 그 후손들이다. 또 하나의 반통일적 집단은 남한에서 일제하에 특권을 누리던 친일 집단과 미군정 이후 그들의 지원을 받아 오늘날 정치적, 경제적 권력을 장악한 보수적 기득권 집단이다.

그러나 기독교 교회들은 남북의 통일을 완전히 외면한 것은 아니었다. 그들은 다음과 같은 두 개의 서로 다른 방향에서 통일을 지향했었다.

첫째, 보수적 기독교인 집단이 그동안 추구해 온 것은 북한의 복음화를 지향한 통일이다. 이러한 북한복음화 통일론의 근저에는 악마적 북한정권의 붕괴론이 자리 잡고 있다. 북한정권은 무신론적이고 전체주의적이어서 인민들에게 신앙과 정치의 자유를 허락하지 않고 있기 때문에 붕괴되어야 하고 그들의 손아귀에서 구출해야 한다는 것이다. 이러한 북한복음화 통일론은 이승만 정권의 북진통일론에서 씨앗이 뿌려졌고, 박정희 정권의 승공통일론에서 싹이 나고 이후 연이은 보수정권들의 흡수통일론으로 성장되었다.

이러한 북한복음화 통일론은 특정 조직이나 프로그램을 통해서 실천되기보다는 주일예배니 북한 동포들을 위한 기도회 등을 통해서 일상화되었다. 보수적 개신교 중 10여개 보수교단이나 단체들이 오늘날도 기도모임 형식의 통일운동을 전개하고 있다. 둘째 남·북한 화해를 지향하는 통일운동은 한국기독교교회협의회 회원교회들을 중심으로 전개되어 왔다. 1970년대부터 이들은 당시 세계교회협의회의 새로운 선교 신학적 방향에서 영감을 받았다 1952년 독일 빌링겐에서 열린 세계선교대회의 "하나님의 선교개념"(Missio Dei), 1972~73년 태국 방콕에서 열린 세계선교대회의 "오늘날의 선교개념"(Salvation Today)을 통하여 전통적 개인구원이나 교회성장을 선교를 넘어, 전체 사회의 구원을 위한 새로운 선교방향이 제시되었다.

이러한 사회구원의 통전적 선교방향에 따라서 한국기독교교회협의 회원 교회들은 역동적 선교활동 즉 박정희 독재정권 하에서 민주화 투쟁과 노동자들의 인권을 위한 투쟁을 전개하게 된다. 그 프로그램으로써 선업선교, 도시선교, 농촌선교 활동들이 추진되었다. 그들은 이러한 새로운 선교활동 중에 직면한 가장 큰 난관은 남북분단이라는 것을 발견하고 화해를 통한 분단극복이야 말로 교회의 가장 큰 과제라는 것을 발견했다. 그래서 그들은 1980년 전두환 정권이 들어선 이후부터 남북의 화해와 통일운동을 시작했다. 그 때부터 세계교회협의회와 해외교회들의 지원으로 남·북한 그리스도인들이 직접 만나서 남·북한의 화해와 통일을 위한 운동들을 본격화하였다. 그리고 분단 50년이 되는 1995년을 통일 희년의 해로 선포하고 그 해에 통일이 달성되도록 노력하기로 했었다.

II. 한국정부의 통일정책에 대한 비판적 고찰

이제부터는 그동안 남·북한 정부들의 통일을 위한 노력들을 신학적 관점에서 비판적으로 고찰해 보자.

1986년 제정된 민주헌법에 의하면 대한민국은 "평화적 통일의 사명에 입각하여 정의, 인도주의와 동포애로서 민족의 단결을 공고히 하고"(헌법전문) "통일을 지향하며, 자유민주적 기본질서에 입각한 평화적 통일정책을 수립하고 이를 추진한다"(헌법 제4조)라고 되어 있다. 여기에 보면 분단된 남·북한의 통일과 함께 민족적 단결이 대한민국의 국시로 되어 있다. 그런데 앞서도 말한 대로 이승만 정권은 북진통일, 박정희 정권은 승공통일, 그 후 정권들은 "자유민주주의적 기본질서에 입각한 통일정책"을 말함으로써 명시적으로 흡수통일을 추진하고 있다.

1990년대 소련과 동구사회주의 국가들의 붕괴로 사회주의체제 국가들은 거의 사라졌거나 중국, 베트남처럼 변용된 사회주의체제를 택한 나라들은 남아 있다, 그런데 북한은 여전히 사회주의체제인 인민민주주의 체제를 고수하고 있어서 정치체제나 경제제도에서 남한과는 대립될 수밖에 없다. 따라서 남·북한 사이의 화해와 통일은 이러한 현격한 이데올로기적 대립을 극복하지 못하면 안 된다.

그동안 남북정부는 통일을 위한 대화들을 여러 차례 가졌었다. 1974년 박정희 정부의 "남북공동성명", 1992년 노태우 정부의 "남북의 화해와 협력 그리고 불가침 협정"이 체결되었었다. 그리고 1986년 민주화 이후 2000년 김대중과 김정일 정상회담에서는 "6·15 남북공동성명", 2007년 노무현과 김정일의 정상회담에서 "공동성명"이 발표되었다. 그러나 이것들은 국가 간 구속력 있는 조약체결의 성격을 갖지 못했고 또 남한의 경우 국회의 비준을 받지 못함으로써 남·북한의 화해와 통일에는 아무런 효력도 갖지 못하는 휴지조각이 되고 말았다. 그래서 남북 정부 간의 대화나 공동성명은 정권들의 위기 타개의 수단으로 정치적으로 이용된다는 비판이 나왔다.

그동안 남한 정부는 남북화해와 통일을 위한 프로그램으로서 북한 지원 활동, 식량과 의약품, 비료지원 등을 했으나 이러한 인도주의적 지원도 남·북한 화해에 도움이 되지 못했다. 특히 경제적으로 월등한 남한 정부는 지원 사업에서 늘 상호주의 원칙을 내세움으로써 경제적으로 열등한 북한의 자존심에 상처를 주었다. 그리고 남한 정부는 그동안 창구독점화 정책을 내세워 종교단체들이나 민간단체들의 자발적 대북접촉이나 지원에 대해서 적극적으로 통제하거나 매우 소극적이어서 민간단체들을 통한 화해협력 사업들도 큰 성과를 거두지 못했다.

남한 정부가 가장 역점을 두고 실천한 프로그램은 아마도 이산가족 상봉사업이라 할 수 있다. 그런데 이 사업에 대해서는 북한 정부가 매우 소극적이어서 소수의 이산가족들만이 서로 상봉했다. 아직도 많은 이산가족들이 상봉날짜를 기다리다가 죽어가고 있다.

따라서 그동안의 남한 정부의 대북자세를 고려해 볼 때 남북화해와 통일을 위한 화고한 의지가 보이지 않는다. 이명박 정권도 그랬었지만 박근혜 정권의 남·북한 신뢰프로세스라는 대북정책도 임기가 거의 반이 지나가고 있지만 독일 드레스덴 선언 등 단지 구호만 화려했지 실속 있는 과정은 없다. 남한 정부는 남북의 화해와 통일을 위한 정책이나 실천에서 앞으로 다음과 같은 몇 가지 점을 고려해야 할 것이다.

첫째, 남북 정부는 이미 체결한 약속들(공동성명들)을 철저히 준수하겠다는 자세를 가져야 할 것이다. 남한 정부는 앞으로 보다 적극적으로 남북 간의 화해와 통일을 위한 프로그램들을 개발하고 실천해야 할 것이다. 그리고 남한 정부는 민간단체들이 추진하는 화해와 협력 사업들을 적극적으로 지원해서 남·북한의 통일을 앞당겨야 할 것이다.

둘째, 그동안 남한 정부는 대북관계에서 항상 "상호주의" 원칙을 내세웠다. 상호주의란 서로 동등한 조건에서 동일한 대가를 상대에게 요구하는 원칙이다. 그러나 현재 남·북한 사이에는 인구에서나 경제력에서 많은 격차가 있고 또 군사적으로도 비대칭적 관계에 있다. 따라서 남북 사이의 이러한 비대칭적 조건에서 상호주의를 내세우는 것은 대화나 협력을 불가능하게 만든다. 비대칭적 관계에서는 상위자가 하위자에게 선의를 갖고 보다 많은 것을 양보하는데서 화해가 가능하다. 따라서 남한 정부는 북한에 대해 상호주의를 포기해야 할 것이다.

셋째, 7·4 공동 성명서에 나타난 3대 원칙, 평화적 방식에 의한 통일, 외세가 아니라 자주적 방식에 의한 통일, 그리고 민족 대단결에 의한 통일원칙을 철저히 준수해야 한다. 주목할 것은 통일방식이 평화적일 뿐만 아니라 통일목표도 평화 지향적이어야 한다는 점이다. 예멘은 통일되었으나 부족 간의 분쟁이 심하고, 베트남은 통일되었으나 아직도 정의로운 사회질서는 마련되지 못하고 있다. 독일도 통일되었으나 동·서독 사이의 사회적 통합은 이루지 못했다. 따라서 한국의 통일운동은 민족의 통일뿐만 아니라 사회적 통일을 통해서 차별없는 정의롭고 평화로운 나라를 이룩해야 한다.

III. 한국기독교의 통일운동의 지향성과 목표점

한국의 그리스도인들이 확실히 인식해 두어야 할 것은 무엇보다도 한반도의 분단은 제2차 세계대전의 승전국인 미국과 소련의 국제정치적 이해에 의해서 인위적으로 강제되었다는 점이다. 그리고 지난 70년 동안 남북 정권들의 적대적 대립은 본질적으로 외세의 의존한 남·북한 지배세력들의 기득권 유지를 위한 투쟁이었다는 점도 분명하게 인식해야 한다. 따라서 강대국가들과 이에 의존하는 국내의 지배세력들이 곧 분단고착화세력이고 반 통일세력인 것이다. 스위스의 신학자 칼 바르트는 놀라운 성서적, 신학적 통찰력을 가지고 당시 강대국 미국과 소련의 대결의 본질을 분석했다. 그들의 대립투쟁은 정치적, 경제적 세계지배를 위한 순수한 권력투쟁이라는 것이다. 바르트는 강대국 미·소간의 대결을 구약성서 다니엘서에 나오는 악한 짐승들의 싸움에 비교하고 그리스도인들은 그들의 사악한 싸움에 가담하거나 어느 편에 서지 말아야 한다고 했다(Karl Barth, Der Götze wackelt, Hrg., von Karl Kupisch, Köthe Verlag, 1961, S. 124-142).

미국편도 소련편도 아닌 중립국 스위스에서 자본주의도 사회주의도 아닌 사회민주당 당원이었던 칼 바르트는 종교개혁자 칼빈의 "그리스도의 황권통치"의 입장에 서서 미·소간의 권력투쟁에 숨겨진 악마적 본질을 분석하고 있다. 국가를 바다의 괴물 레비어단(욥기 3:8; 아모스 9:2; 시편 74;13-24;104:26; 이사야 27:1)으로 명명했던 영국의 정치학자 토머스 홉스(Tjomas Hobbes)처럼 바르트도 국가 특히 강대국가들의 본질을 타락한 바다짐승의 악마적 이미지에서 보고 이들의 싸움은 순전히 세계지배의 기득권 확보에서 파악했다. 이러한 바르트의 통찰은 오늘날 신 자유주적 금융자본을 통해서 전 세계를 지배하려는 미국 등 강대국들에서도 적용된다. 오늘날 유럽의 그리스 등 세계 각국에서 나타나는 금융위기와 가난한 국민들에게 전가되는 고통은 바로 강대국들의 무자비한 약자지배의 현실을 반영한다.

이런 관점에서 사도바울은 로마국의 악마적 지배체제에서 살던 그리스도인들에게 다음과 같이 충고한다. "여러분은 이 세대의 풍조(이데올로기)를 본받지 말고 마음을 새롭게 함으로써 변화를 받아 하나님의 뜻이 무엇인지 분별하도록 하시오"(롬 12:2) 오늘날 한국의 그리스도인들도 그동안 맹목적으로 강대국의 이데올로기(허위의식)인 자본주의를 기독교와 동일시했고 한반도 분단의 주역인 미국을 무작정 숭배하면서 반통일적 분단 사고에 사로잡혀 왔다. 이제 그리스도인들은 하나님의 선하신 뜻을 분별하고 마음을 새롭게 하여 잘못된 분단과 반통일적 사고에서 벗어나 화해와 통일운동에 매진해야 한다. 이것이 바로 한국의 그리스도인들이 해야 회개(metanoia)행위고 나아가서 남북의 화해와 통일운동에 선행해야 할 자세이다.

우리 한국의 그리스도인들은 이제부터라도 구체적으로 남·북한의 화해와 통일을 위해서 실천할 수 있는 방안들을 성서적 증언들에 따라서 몇 가지로 고려해 보자.

1. 적대관계에서 화해관계로

사도 바울이 고린도 교인들에게 한 증언에 따르면 하나님이 그 아들 예수 그리스도를 세상에 보낸 것은 하나님이 인간들과 화해하고 또 인간들을 서로 화해하고 평화를 이루기 위한 것이라고 정의했다. "하나님께서는 그리스도를 내세우셔서 너희를 자기와 화해하게 하시고 또 너희에게 화해의 직분을 주셨습니다"(고후 5:18-19). 분단국가였던 서독의 교회는 사도 바울의 이 말씀에서 영감을 얻어 동독과 동유럽 국가들과의 적대관계를 청산하기 위해 1965년 "동방백서"(Ostdenkschrift)를 발표하면서 서독정부로 하여금 이 일에 나서 줄 것을 요청했다. 이러한 교회의 화해노력은 당시 사회민주당 빌리 브란트 총리로 하여금 1969년 "동방정책"(Ostpolitik)을 추진하는 계기가 되었다. 동방정책은 동독과 동유럽 국가들과의 "접근을 통한 변화"(Wandels durch Annäherung)를 통해서 화해를 시도한 화해정책이다. 이러한 독일교회의 동방백서와 독일정부의 동방정책을 통한 동서간의 화해노력으로 상호간 교류협력이 활발해지고 동독과 폴란드 등 동유럽 국가들과도 적대관계가 점차 해소되기 시작했다. 이러한 화해정책과 노력은 결실을 거두어 1990년 독일은 마침내 통일되었다. 현재 통일된 독일의 대통령 요아킴 가우크(Gauck)는 동독출신으로 로스토크에서 민주화와 통일운동을 전개했던 목사며 현 독일의 여성총리 앙겔라 메르켈(Angela

Merkel)은 분단시대에 사회주의국가인 동독에서 목회하기로 결심하고 그곳으로 이주했던 서독 함부르크 출신 목사의 딸로서 그도 학생 시절부터 양 독일의 화해와 통일을 위해서 헌신했었다.

예수님은 인간들 사이의 화해의 중요성을 매우 강조했다. "제물들 드리려다가 너희에게 원한을 품고 있는 형제가 생각나거든 그 제물을 제단 앞에 두고 먼저 그에게 가서 화해하고 나서 제물들 드리라"(마 5:23-24). 예수님은 어떤 종교행사보다도 인간들 사이의 적대관계가 해소되고 화해하는 것이 더 급하고 중요하다고 생각했다. 구약성서의 율법의 의식법이나 그리스도교 전통에서 하나님 예배는 신자 됨의 가장 기본적 조건이다. 그런데 율법의 사회법 전통을 따랐던 예수님은 하나님께 제물 드리는 제의행사보다 인간들 사이의 화해를 더 중시하고 있다. 그러므로 우리 한국의 그리스도인들은 종교(예배) 행사에만 열심이었으나 앞으로는 남·북한의 화해와 통일을 위해서 더 노력해야 할 것이다.

2. 안보적 사고에서 평화적 사고로

남·북한은 70여 년 동안 분단된 채 상호 적대관계를 지속하고 있다. 그것은 한국전쟁 후 1953년 체결된 휴전협정 상태에 있기 때문이다. 오늘날 이러한 비정상적 휴전상태가 이렇게 오랫동안 지속되고 있는 곳은 세상 어디에도 없다. 또 100만이 넘는 군대가 중무장하고 대치하고 있는 나라도 없다. 전쟁이 종식되지 못하고 중단된 채 남아 있는 휴전체제는 안보를 강제하는 대결체제다. 따라서 안보를 강제하는 휴전체제는 국민생활 전반에 걸쳐 많은 대가를 요구한다. 남한에서도 정치적 탄압, 경제적 불의, 사회적 갈등, 문화적 차별은 물론 막대한 세금(년 40조원 이상)을 쓰는 군대의 부패는 극에 달했다.

이러한 안보 이데올로기는 원래 세계 제국이었던 "로마의 평화" (Pax Romana) 개념에서 유래했다. 로마제국은 무력으로 점령한 민족들의 소요나 반란을 억제하기 위하여 무력을 사용했다. 그것이 곧 로마의 평화, 곧 안보체제다. 이러한 로마의 평화, 곧 안보란 공동묘지의 평화 말하자면 굴복당한 민족들에 대한 억압적 지배를 의미한다. 역사가 타키투스에 의하면 영국인들은 이러한 로마의 평화를 두려워했다고 한다.

그동안 한반도에서 이러한 억압적 상태, 즉 국민들에게 안보를 강요하고 군비증강을 부추기는 "휴전협정"을 "평화협정"으로 대치하자는 요구가 제기되었고 다행히 북한도 여기에 동의하고 있다. 따라서 한반도에서 화해와 통일을 달성하고 항구적 평화를 이룩하기 위해서 우리는 지금의 로마적 안보체제에서 벗어나 그리스도의 평화체제로 전환해야 한다.

3. 대칭적 상호주의에서 호혜적 일방주의로

그동안 한국정부는 북한과의 관계에서 늘 "상호주의"를 원칙으로 내세웠음을 앞서 지적했다. 또한 그동안 남·북한의 조건들은 비대칭적으로 바뀌었음도 언급했다. 모든 면에서 특히 경제적 군사적으로 남한은 북한보다 월등하다. 따라서 이러한 비대칭적 상항에서 상호주의를 내세우는 것은 남북 간의 신뢰를 통한 화해협력과 통일을 위한 합리적 조건이 될 수 없다.

마태복음 산상설교에 보면 예수님은 적대관계 청산을 위해서 호혜적 일방주의를 권하고 있다. 구약성서 율법에서 "원수를 미워하고 이에는 이로, 눈에는 눈으로 되갚으라"는 상호주의 대신 예수님은 "너희의 원수를 사랑하고, 너희를 박해하는 사람을 위하여 기도하여라." (마 5:43-44)고 호혜적 일방주의를 가르쳤다. 독일의 가톨릭 신학자 프란츠 알트(Franz Alt)는 그의 책『산상설교의 정치학』에서 오늘날 세계의 제반 중요한 갈등들은 산상설교의 정신으로만 해결할 수 있다고 설파한다. 미국의 신학자 라인홀드 니버(R. Niebuhr)도 산상설교 정신이야말로 "불가능을 가능케 하는 것"(Impossible Possibility)라고 갈파했다.

김대중 정부시절의 "햇빛정책"은 반대파들에 의해서 북한에 퍼주기 정책이라고 비판받았지만 그 정책은 산상설교에 나타난 호혜적 일방주의와 유사성을 보여준다. 오늘날 한반도에서 지속되는 남·북한 적대관계는 남한의 호혜적 일방주의를 통해서만 해소될 수 있다는 것이 필자의 신념이다. 산상설교의 호혜적 일방주의에 대한 신뢰야 말로 오늘날 한국의 그리스도인들의 믿음의 시금석이 된다.

제 13 장

통일 독일의 현실과 한국 통일의 전망

I. 통일 독일의 현실

1993년 8월 23일자 독일의 저명한 시사주간지 *Spiegel*에 "파괴의 함머"라는 제목으로 통일 독일 후의 여러 가지 상황을 진단하는 글이 실렸다. 이 글은 다음과 같은 서문으로 시작하고 있다.

동독에서는 자포자기가 확산되고 있다. 실업률의 성장은 멈출 것 같지 않다. 약속된 경제 활성화는 아직 나타나지 않고 있다. 국민들은 배신당했다고 느끼고 있다. 불신감이 팽창하고 있다. 서독의 경쟁자들이 신탁회사들의 지원을 받아 동독을 파괴하는 것인가?"

이 말은 통일 3년째를 맞이한 동독의 상황을 일반적으로 반영하는 것이라고 할 수 있다. 동독인들은 통일 후 자기들이 기대했던 것들이 거의 달성되지 않았다고 생각하고 있다. 그리고 그들은 통일과 더불어 서독 정부가 약속했던 것이 지켜지지 않는 것에 대해서 배신감마저 느끼고 있다.

로이트(Reuth)라는 구동독의 작은 마을에 사는 페트 슈미트(Peter Schmidt)라는 가구상은 1990년 5월 양 독일의 화폐통합과 국토통일 이전에 이미 국유화되었던 자기 가구공장을 되돌려 받았다. 이렇게 국가로부터 공장을 되돌려 받은 그는 희망을 가지고 새로운 시장경제 체제에서 보다 낳은 경영을 기대했었다. 그동안 그 지역에서 명성을 날리던 가구공장을 잘 운영해서 보다 많은 이익을 올릴 수 있다고 그는 생각했었다.

그러나 80명이 일하고 있던 그의 공장은 파산지경에 처하게 되었다. 왜냐하면 서독 남부 뷔르템베르크(Würthemberg) 주에서 온 경쟁업체가 완성품 가구들을 자재 값에도 미치지 못하는 질 좋고 값싼 가구들을 대량 공급했기 때문이다. 서독의 질 높은 기술과 낮은 가격 앞에서 그의 공장 제품들은 경쟁의 대상이 되지 못했다. 결국 이러한 서독 상품의 덤핑판매가 동독상품들을 시장에서 몰아내고 따라서 경쟁력을 갖추지 못한 동독의 공장들은 문을 닫게 되었다.

"서독사람"(Wessi라고 경멸한다)이 동독에 있는 공장을 문 닫게 했다. 이것은 통일 후 독일의 상황을 보여주는 한 단면에 불과하다. 그리고 실상 엄격한 의미에서는 시장경제가 안고 있는 간교함과 모순이라고 할 수 있다.

서독의 기업들은 동독의 기업들을 이길 수 있는 다양한 수단들을 가지고 있다. 예를 들면 그들은 구소련의 우크라이나에 가구공장을 세우고 시간당 50페니(250원) 정도의 노임을 주고 물건을 생산할 수 있다. 결국 이러한 자본과 기술 그리고 세계로의 진출능력을 가지지 못하는 동독의 기업들은 그 앞에 도산하게 마련이다. 그 결과들은 동독의 공장들의 폐쇄요 그 다음은 노동자들의 해고가 따랐다. 즉 대량 실업이 발생하게 된 것이다. 그래서 동독인들은 서독의 대기업들이 동독의 경쟁자들을 완전히 제거하고 말살하려 한다고 믿게 되었다.

얼마 전 동독의 튀링겐(Thüringen) 지방에 있는 화학공장 노동자들이 단식농성에 들어가 전국이 떠들썩한 일이 있었다. 그들이 내건 표제어는 "오늘은 화학 공장, 내일은 석탄광산 그리고 모레는 모든 것이 도산될 것이다"라는 것이다. 그래서 그들은 지금 유럽의회의 독점방지위원회에 제소할 준비를 하고 있다. 이들의 투쟁이 동독의 상황을 상징적으로 보여주는 것이다. 통일 이전의 동독은 나쁜 상황이었지만 지금과 같이 처절한 일은 없었다. 그래서 라이프치히의 한 노천채굴장비 생산 공장(Leipziger Takraf AG)의 한스 폰 도나니(Hans von Dohnanyi)회장은 현재의 동독의 상황을 이렇게 표현하고 있다. "차별 받는다는 느낌이 점점 사람들 사이에서 커가고 있다."

이렇듯 서독의 콜(Kohl) 총리가 통일 직후 약속했던 경제의 폭발적 성장에 대한 믿음은 쓰라린 기만과 실망이 되었다. 1990년 여론조사에서 대부분의 이전 동독인들은 통일이 되고 나서 2년 내에 동·서독의 생활정도가 비슷하게 될 것이라고 믿었다. 그러나 비록 많은 사람들이 물질적 조건들은 좋아졌다고 생각하지만 이전 동독 주민들의 80%가 그들의 경제적 상황이 더 나빠졌거나 매우 나빠진 것으로 말하고 있다. 수입은 늘었지만 현재 그들의 생활수준은 서독 사람들의 60%정도에 머문 것으로 되어 있다.

한 통계를 보면 1991년 서독인 한 사람의 연평균 소득이 25,600마르크(약 1,280만 원)인데 비해서 동독인은 연평균 12,500마르크(약 625만 원)이었다. 1992년에 와서는 서독인은 26,500마르크(약 1,325만 원)인데 비해서 동독인은 15,600마르크(약 780만 원)을 벌었다. 그리고 서독인의 평균재산은 1991년에 개인 당 49,130마르크(약 24,565천 원)인데 비해 동독인은 10,417마르크(약 520만 원)에 불과했다. 그러나 1992년에는 서독인은 51,740마르크(약 25,87만 원)인데 비해서 동독인은 12,917마르크(약 6,458,500원)에 불과했다. 동독인들도 조금씩 나아지기는 하지만 서독인들에 비해서 턱없이 부족하다.

그런데 돈만이 문제가 되는 것은 아니다. 미래에 대한 불안, 즉 전망이 없다고 하는 것이 이전의 동독인들에게는 더욱 문제가 된다. 모든 사유화된 기업들이 강 건너 편에 도달하기도 전에 침몰해 버린 것이다. 한번 실업자가 된 사람은 일생동안 실업자로 남을까봐 불안해하고 있다. 콜 서독수상이 약속한 대로 2년 안에 서독인들처럼 잘 살 것이라는 꿈은 완전히 사라지고 앞으로 20년이나 지나야 서독인들과 비슷해지지 않을까 생각하고 있다. 상실된 환상과 깨어진 약속에 대해서 동독인들은 분노하고 절망하고 있다. 그래서 지금 단식투쟁을 하고 있는 칼리(Kali) 회사의 호프만(Dirk Hoffmann)은 자기들만이 전쟁에서 패배한 느낌이라고 말한다. 동독인들은 서독인들이 모든 것을 바꾸어 놓으려고 함으로서 자신들은 고향을 상실했다고 생각한다. 동독인들의 90% 이상이 동·서독 간의 균열이 더 넓어졌다고 믿고 있다. 그래서 그들은 동독에서 활동하는 신탁회사들을 "식민주의의 변형"(變形)이라고 비판하고 있다. 그것도 다른 대륙에 가서 행하는 식민지가 아니라 자기 국민들에게 하는 식민지라는 것이다. 서독의 연극연출가 호흐후트(Hochhuth)는 이러한 동독의 현재의 상황을 〈봐이마르의 서독놈들〉(Wessis in Weimar)이란 연극에서 잘 묘사하고 있다. 이 연극은 동·서독 통일가정에서 서독의 경제에 의해서 동독이 완전히 팔려나가는 것을 다루고 이전 동독국민들의 재산이 통일 후 설립된 자산회사에 의해서 사기업들에 강제로 매각되는 것을 묘사하고 있다.

동독에서 많은 것들이 잘못되어갔다. 시장경제의 도입과 마르크의 사용이 그 대표적인 예다. 이러한 잘못된 것들을 특히 본과 베를린의 정치가들은 믿으려고 하지 않는데 더 문제가 있다. 정치가들은 동독의 경제적 부흥을 아직도 믿고 있고 관 주도의 여론조사는 그것을 입증해 주고 있다. 그렇지만 사람들의 인내는 한계에 도달했다. 적은 불꽃이 횃불이 되어버렸다고 사람들은 말한다. 동독에서 일자리를 창출하기 위한 서독의 투자도 예정대로 실시되지 않고 있다. 지난 2년 동안 서독으로부터의 투자가 현저히 약화되었다. 그동안 신탁회사들을 통해서 서독인들에게 팔려간 동독의 기업들에다 서독인들은 만족할만한 투자를 하지 않고 있다. 따라서 동독의 노동시장의 창출은 매우 저조한 실정이다. 엎친 데 겹친 격으로 경쟁력이 약한 동독의 기업들은 세계적 경제침체와 그로 인한 엄청난 경쟁상황에서 힘을 쓰지 못하고 있다.

동독이 붕괴되고 통일 된 이래 동독지역에서는 약 440만개의 일자리가 사라졌다. 이것은 약 천만 개의 일자리 중 거의 절반이 줄어든 것이다. 서독의 고용실태와 비교해서 동독에는 약 200만 개의 일자리가 더 많았었다. 동독의 계획경제에서 서독의 시장경제로 넘어가면서 엄청난 실업이 닥친 것이다. 게다가 서독에서는 수십 년에 걸쳐서 단행했던 구조개혁 작업을 동독에서는 단지 몇 년 사이에 수행함으로써 그 폐해는 더욱 크게 나타난 것이다. 동독의 사회주의적 계획경제는 오랫동안 철강, 화학 등과 같은 전통적 중공업 위주로 발전해 왔다. 소비재 산업들, 무역, 금융, 서비스업과 같은 것들은 전혀 발전되어 있지 않았다. 그리고 이러한 산업들은 자본주의적 경쟁력을 갖추지도 못했었다. 그리고 오일 위기와 외화 결핍으로 동독은 에너지와 화학 제품 생산에 주로 그곳에서 생산되는 석탄을 사용해 왔다. 이러한 환경 파괴적인 석탄에 의해서 운영되던 공장들은 통일과 더불어 문을 닫게 되었다. 1989년 이래 석탄광산에서 일하던 사람들 가운데 8만 명이 실직했다.

이러한 심각한 상황에 처해서 동독인들은 이렇게 말한다. "전에 우리나라에는 러시아인들이 와 있었다. 그것은 끔찍한 일이었다. 지금은 서독인들이 와 있다. 이것은 더욱 끔찍하다." 또 사람들은 말한다. "제2차 세계대전 후에도 사회주의가 몰락한 지금보다 더 많은 산업시설들이 남아 있었다."

고전적인 경제학자며 시장경제의 충실한 추종자인 슘페터(Joseph A. Schumpeter)는 "창조적 파괴"라는 개념을 사용하고 있다. 새로운 전환기를 가져오기 위해서는 이러한 파괴는 불가피하다는 주장이다. 이러한 파괴에서부터 새로운 시작이 가능하다는 주장이다. 사회주의의 몰락에 대해서 승리를 구가하는 시장경제는 아무런 자기비판 없이 그 체제가 가진 경제의 기적적 힘을 투여하고 있다. 그러나 이러한 모든 시험이 아직 성공할 수 있다고 말하기에는 아직 이르다.

필자는 오늘 통일된 독일의 상황을 주로 경제적인 측면에서 몇 가지 실례를 들어가면서 살펴보았다. 이 외에도 정치적 문화적 사회적 측면에서의 문제점들도 많다. 그리고 이미 암시적으로만 언급했지만 동·서독인들 사이의 심리적 갈등의 측면도 중요한 연구의 대상이다. 서독인들 역시 무거운 통일비용의 부담으로 2년이 지난 지금도 동독인들에 대한 엄청난 심리적 거부감을 가지고 있다. 서로 상대방 때문에 그들의 삶이 어려워지고 있다는 것이다.

II. 한국 통일의 전망과 방향

위에서 말한 이러한 통일 독일의 모순된 상황, 특히 동독인들의 어려운 상황들은 어디에서 오는 것일까? 여기에 대해서 우리는 많은 답을 할 수 있을 것이다. 그러나 우리가 우선 생각해 볼 수 있는 것들은 다음과 같은 것들이다.

첫째, 동·서독 모두 통일을 위한 견실한 준비 없이 갑자기 통일이 이루어졌다. 특히 동독은 전혀 아무런 준비도 하지 못했다. 제2차 세계대전이 끝나고 강대국 미국과 소련에 의해서 강제 점령됨으로써 분단된 유럽 안에서 독일은 보다 강력한 이데올로기적 고백에 의해서 서로 갈라섰었다. 지난 50여 년 동안 동·서독은 전혀 다른 이념체제 하에서 각기 다른 세계관을 가지고 다른 삶을 살아왔었다. 이들 사이에는 1961년 이래로 베를린 장벽이 세워짐으로써 이러한 이념적 세계관적 분단은 더욱 고착화되었다. 물론 서독에 의한 동방정책의 결과로 얼마간의 정치적, 경제적, 인도주의적 차원에서 교류가 없었던 것은 아니다. 그러나 이들 사이의 장벽은 굳어져만 갔었다.

그러던 것이 80년대에 와서 동서간의 냉전체제가 점차 약화되면서 이러한 동·서독일 사이에 많은 교류가 활발해지기 시작했다. 동독 국민들은 더욱 더 많은 자유와 서독과의 교류를 요구했다. 80년대 말에는 수많은 동독사람들이 인근 사회주의 국가들을 통해서 서독으로 넘어오기 시작했다. 그리고 급기야는 동독에서 자유화의 물결이 통제할 수 없는 단계에까지 도달했다. 이때까지도 동독의 지도자들이나 서독의 지도자들 모두가 이러한 국민의 열망과 움직임을 정치적으로 해결할 준비하지 못하고 있었다. 그러다가 민주화와 화해의 물결 속에서 동독 총리 호네커는 갑자기 실각했고 이어서 등장한 정치 지도자들도 통일에 제대로 대처하지 못했다. 그러다가 베를린 장벽이 하루아침에 붕괴되었다.

여기서 우리는 한국 통일의 전망과 관련하여 준비할 것을 몇 가지로 생각해 보아야 한다. 우선 독일통일의 문제점을 짚어보자.

첫째, 독일통일은 양 독일의 준비 없이 갑자기 이루어졌다.

둘째, 서독 자본주의에 의한 흡수통일로 이루어졌다.

셋째, 독일통일은 상대방과의 동등한 입장에서 정치적 협상을 통해서 이루어지지 못했다.

넷째, 통일은 동독에서의 그동안의 사회적 성과를 모조리 파괴하는 자본주의적으로 관철되었다.

이렇게 볼 때 한반도의 통일은 다음과 같은 점들을 고려해야 할 것이다. 첫째, 남·북한은 흡수통일이 아닌 정치적 협상을 통한 대등한 관계에서 이루어져야 한다.

둘째, 한반도의 통일은 시간을 두고 점진적이고 단계적으로 달성되어야 한다. 이 점에서 고려연방제나 한민족 통일방안이나 모두 완전한 통일 이전의 단계를 설정한 것은 중요한 의미를 가진다.

셋째, 남·북한의 체제들에서 달성된 중요한 역사적 경험과 성과들을 살리는 방향으로 통일이 달성되어야 한다.

넷째, 외세의 지배를 받지 않고 독립된 자주민주주의 국가를 형성할 수 있는 방향으로 추진되어야 한다.

〈1993년 10월 28일 원불교 종로교당강연〉

제 1 4 장

통일을 향한 삶과
통일 후 삶의 형식으로서의 관용

I. 들어가는 말

세계는 지금 급박한 변혁을 경험하고 있다. 제2차 세계대전 이후 지속되어 오던 자본주의와 사회주의의 이데올로기에 근거한 동서 냉전체제가 붕괴되고 새로운 국제질서의 재편과정에 들어섰다. 미국을 초극점으로 하고 유럽과 일본을 보조극으로 하는 자본주의적 시장경제원리가 일반적으로 관철되고 있다. 학자들은 이것을 가리켜 지구화 혹은 세계화라고 부르고 있다. 지구화는 곧 모든 영역에서의 무한경쟁의 다른 표현이다. 세계적으로 약육강식이 오늘날 삶의 보편적 원리가 되었다.

500년 전 스페인의 콜럼버스에 의해서 처음으로 시작되었다고 볼 수 있는 자본주의적 보편적 세계 지배가 오늘날 지구화란 이름으로 완성단계에 이른 것이다. 그러나 콜럼버스는 당시 이러한 지구화가 내포하고 있는 또 하나의 함의, 그것은 하나님의 의지의 관철이라고 믿었었다. 즉 "하나님은 승리하실 것이다. 그는 지구상에 살고 있는 모든 백성의 우상을 쓸어버리고 그들이 처한 곳에서 모두 하나님을 경배하게 될 것이다"라는 성 아우구스티누스의 말을 굳게 믿고 대서양을 건너 길을 떠났다.

그러나 오늘날 지구화와 더불어 세계를 지배하는 것은 아우구스티누스의 하나님이 아니라 하나님이 그렇게도 미워했던 맘몬이며 이 맘몬의 신전이라 할 수 있는 맘몬 즉 "시장"이다. 하나님이 아니라 그가 쓸어버리기를 원했던 우상이 지배하고 있는 것이다. 서독의 저명한 시사주간지 「슈피겔」은 콜럼버스의 미 대륙 발견(점령) 500주년을 기념하는 특집에서 다음과 같이 쓰고 있다. "전능하신 하나님 대신 시장이 등장했고, 이 하나님의 현현은 주가지수(Dow-Jones-Index)며, 그의 성체는 미국의 달러고 그의 미사는 환율조정이며 그의 나라는 지금 크렘린 지도자들까지도 찬양하는 자본주의적 보편문화다."[1]

이러한 오늘날의 자본주의적 경쟁원리가 세계에서 전반적으로 관철될 때 앞으로 많은 문제들이 제기될 전망이다. 우선 이전의 동서냉전체제라는 이데올로기적 대결체제에서 가난한 나라들과 부유한 나라들 사이의 남북 열전체제로의 전환이 그 대표적 사례다. 이러한 경쟁원리의 열전이 이제는 선진 공업국들내에서 뿐만 아니라 저개발 국가들 안에서도 불러일으킬 것이라는 것이다.

---

1 Der Spiegel, 1991년 12월 31일자 참조

이 경쟁원리에서 일차적 희생자들은 이른바 제3세계 저개발 국가들과 거기에 사는 가장 가난한 사람들과 여성들이다. 이들은 동서냉전체제 하에서는 이데올로기적 고백에 따라서 어느 정도 제1세계 혹은 제2세계의 지원과 보호 하에 있었지만 이제는 그들을 보호하던 장치는 사라졌다. 이들은 제1세계의 노골적 공격 앞에 설 수밖에 없게 되었다. 이러한 공격은 이미 자유무역의 세계적 차원에서 시작되었다. 최근에 GATT 등 세계무역 관련 기구들을 세계무역기구(WTO)로 개편함으로써 더 이상 국민국가가 자국 내의 상품들을 보호할 수 있는 영역은 사라진 것이다. 이제는 다국적 기업과 자본들이 제한 없이 어디에서나 사고 팔 수 있는 권리를 장악함으로써 자신들의 이익을 세계 어디서나 관철해 나갈 수 있다.

그 다음의 희생자들은 이러한 자본주의적 경쟁원리에 익숙하지 못한 이전 사회주의권 국가들이다. 동유럽 사회주의의 몰락 이후 이들 나라들은 적나라하게 자본주의 앞에 자기를 노출시켰으며 이들의 자본과 상품의 침투에 속수무책으로 당하게 되었다. 그 결과는 이미 러시아 등 동유럽 여러 나라들에서 잘 나타나고 있다.

II. 관용의 역사

이러한 상황 하에서 유엔이 1995년을 "관용의 해"로 선포한 것은 시사하는 바가 크다. 동서의 이데올로기적 대립이 사라진 현실에서 관용을 말하게 된 것은 이 개념이 과거에 주로 다루었던 정치적 영역을 넘어서 오늘의 현실 즉 경제적 문제를 고려한 것으로도 봐야 할 것이다. 그러나 동서냉전체제가 사라지고 구소련의 해체과정에서 등장한 민족 간 혹은 종족 간의 갈등들이라는 정치적 영역의 문제도 이러한 관용이라는 틀에서 고려된 것으로 봐야 할 것이다. 동시에 이러한 정치적 혹은 경제적 영역에서의 관용의 문제를 넘어서 이 개념이 가지고 있는 보다 근원적 문제인 종교적, 심리적 관용의 문제도 여전히 고려의 대상이 되고 있다. 그것은 심각한 내전을 겪고 있는 유고 사태를 보아도 잘 알 수 있다.

이 관용이란 개념은 본래 종교 특히 서구 기독교적 영역에서 사용되던 개념이다. 그 근원을 파고 올라가면 신구약성서까지 소급해 갈 수 있겠지만 기독교 역사와의 관련에서 본다면 주후 4세기의 "콘스탄티누스의 전환기"(Kontantinische Wende)가 관용의 문제가 심각하게 고려되었던 시기였다고 할 수 있다. 로마제국 안에서 박해받던 종교인 기독교가 로마 제국의 관용으로 박해를 면하고 나아가 승인된 종교 가운데 하나로 되었을 뿐만 아니라, 한 걸음 나아가서 유일하게 국가에 의해서 승인된 종교가 되었을 때 기독교는 타종교들에 대해서 관용과 박해 사이를 오고 갔다. 말하자면 국가에 의해서 박해 당했던 기독교가 박해를 면하고 동시에 국가의 승인을 받은 유일한 종교가 되었을 때 기독교는 결국 주변에 있는 이전의 다른 종교들을 박해하는 종교로 변모한다. 그 후부터 기독교 외에 로마 제국 내에 있는 모든 다른 종교는 우상숭배요 멸절의 대상이었다.

이러한 다른 종교들과 문화에 대한 기독교의 적대주의 내지는 배타주의는 8세기의 칼 대제(Karl der Gross) 시대에 와서 더욱 구체화되었다. 칼 대제 하에서 기독교의 선교정책은 제국주의 정책과 빈틈없이 결합됨으로써 기독교 선교는 곧 타종교나 타문화의 멸절을 의미하

는 것이었다. 그리고 기독교를 유일한 국가 종교로 승인했던 로마제
국은 기독교를 전파하기 위해서 다른 나라와 민족들을 점령하는 정책
을 펴왔다. 16세기의 식민주의에서도 그와 같은 현상이 다소 나타났
지만 칼 대제 하에서의 이방민족에 대한 정복전쟁은 전적으로 기독교
를 전파하기 위한 것이었다. 로마의 식민지 정책과 기독교의 선교정
책이 이때처럼 하나가 된 적도 드물다.

그리고 이러한 기독교의 불관용 정책은 12세기의 십자군 운동을
통해서 극에 달했었다. 십자군 운동은 6세기 이래로 회교도들의 수중
에 들어간 예루살렘 성지회복이라는 목표를 두고 전개된 기독교 국가
들과 이슬람 국가들 사이의 전쟁이다. 사실상 6세기에 이슬람이 예루
살렘뿐만 아니라 이전의 아프리카의 알렉산드리아 교구에 속해 있던
엄청난 기독교적 국가들의 영토를 점령함으로써 사실상 기독교의 영
토는 매우 적어졌던 것이다. 이러한 상황에서 기독교 국가들의 강력
한 결속은 이슬람에게 상실한 땅을 다시 회복하자는 운동이 십자군
운동으로 나타났으나 그것은 다분히 정치적 운동이었다. 이 과정에서
기독교와 회교도들 사이에는 다시 회복할 수 없는 적대적 관계에 들
어간 것이다.

이러한 대립과 관용의 문제는 16세기에 들어와서 종교개혁과 더
불어 다시 새로운 국면을 맞이하면서 등장한다. 종교개혁 당시 로마
가톨릭과 개신교 사이의 목숨을 건 싸움은 1555년 아우크스부르크
평화조약(Augsburger Friede)으로 끝난다. 칼 V세에 의해서 소집되고
페르디난드에 의해서 주관되었던 아우크스부르크 제국의회는 가톨
릭과 개신교 사이의 문제를 다음과 같이 해결했다. 첫째, 이 회의는
개신교의 아우크스부르크 신앙고백서(Confessio Augustana)를 승인하

고 다른 한편으로는 가톨릭교회의 존속을 승인함으로써 독일에서의 신상고백상의 분열(die konfesseionelle Spaltung)을 완결지었다. 피차 상대를 인정함으로써 관용의 단계에 들어간 것이다. 둘째, 독일 영토에서 신앙고백을 기초로 한 지역 분할도 완결되었다. 다시 말하자면 신하들은 지역의 영주의 종교를 따라야 한다는 것이다(cuius regio, eius religio). 말하자면 프랑크푸르트의 영주가 개신교를 믿는다고 선언하면 거기에 사는 주민들은 다 개신교를 받아들이든지 아니면 가톨릭 영주가 지배하는 지역으로 이주를 해야 했다.

가톨릭과 개신교 사이의 피비린내 나는 전쟁은 끝났지만 영주의 신앙고백에 따라서 신앙고백을 달리하는 사람들은 자기가 살던 지역을 떠나지 않을 수 없게 됨으로써 진정한 의미에서 종교적 관용이 성립되었다고 할 수는 없다. 특히 아우크스부르크 평화조약 1항에 보면 어떤 영주도 종교가 다르다고 해서 상대방에게 전쟁으로 응답하지 못하게 되어 있지만 가톨릭과 루터교에 속하지 않는 다른 개신교 종파들, 예를 들면 재세례파들이나 츠빙글리 파들에 대한 이러한 관용은 법적으로 규정하고 있지 않다. 따라서 1555년 아우크스부르크 평화조약 이후에도 재세례파 등 비루터파에 속하는 개신교인들은 계속해서 박해를 당해야 했었다.

그러나 가톨릭교회와 개신교 사이에서도 관용다운 관용의 관계는 1648년 30년 전쟁이 끝나고 베스트팔렌 평화조약의 체결에서부터라고 할 수 있다. 외국 세력들까지 끌어들인 30년간의 기나긴 가톨릭과 개신교들 사이의 피비린내 나는 전쟁이 있은 다음에 체결된 베스트팔렌 평화조약에 따라서 관용은 가톨릭과 루터파 사에서뿐만 아니라 개혁교파(칼빈파)에게도 확대되었으나 여타의 종파들에 대해서는 여전히 배제되었었다.

이러한 불관용의 역사는 개신교회들 사이에서도 나타났다. 종교 개혁 좌파들 특히 재세례파에 대한 개신교인들이 박해나 아르메니안 파들에 대한 박해가 그것들이다. 이러한 불관용을 보다 못한 네덜란 드의 유명한 국제법학자 그로티우스(Crotius)는 진정한 의미에서 국가 간의 화해와 평화는 종교를 통해서 달성될 수 없고 국제법을 통해서 만 가능하다는 판단하기도 했었다. 종교들 사이의 불관용과 전쟁들은 사실상 종교들 자체가 가지고 있는 본질, 즉 사랑과 평화의 정신에서 크게 이탈한 것이었다. 이렇게 볼 때 당시나 지금이나 종교가 나라와 나라, 사람들과 사람들 사이에 관용을 가져다주기보다는 적대감을 부 추기고 있는 예들이 더 많은 것 같다. 그 대표적인 예가 북 아일랜드에 서 벌어지고 있는 가톨릭과 신교간의 갈등이다. 그리고 유고 연방에 서 인종청소로까지 발전한 싸움은 모두 종교 간의 갈등이다.

그리고 영국의 경우도 이러한 관용의 역사는 그렇게 길지 않다. 영 국에서는 1688년 스튜아트가의 전제군주정치가 명예혁명을 통해서 두 번째로 붕괴되고 나서 그 권력이 윌리엄 3세에게 넘어간다. 이 때 윌리엄 3세는 의회와 협의를 거쳐서 관용법을 통과시킴으로써 양심 의 자유 혹은 종교의 자유가 허락되었다. 말하자면 영국성공회뿐만 아니라 장로교회나 독립파 교회의 신자들에게도 관용 즉 신교의 자유 가 허락되었다.

그런데 영국에서의 관용의 문제는 종교적 차원에서뿐만 아니라 정치적 차원에서도 고려된 것이었다. 그 첫 단계는 절대군주체제와 공화정 사이의 관용의 문제였다. 이것은 복잡한 발전과정을 거쳐서 입헌군주체제로 발전했다. 이 둘의 정치적 체제 사이의 관용적 해결이 실패한 나라들에서는 대체로 군주체제를 전적으로 폐지하고 공화제를 도입했다. 프랑스 혁명 이후에 등장한 민족국가는 민족의식과 이웃 민족국가에 대한 관용의 문제를 가지고 씨름하지 않을 수 없었다. 그러나 정치적 영역에서 관용의 문제가 다시 제기된 것은 근대 이념국가의 출현과 연관되어 있다고 봐야 할 것이다. 이념국가의 출현 이후에는 동서냉전체제를 통해서 정치적 관용이 규정되었다. 이전의 민족국가 사이의 관용과 불관용의 문제들은 오히려 자본주의적이냐 아니면 사회주의적이냐 하는 판단에 따라서 해소되기도 하고 더욱 강화되기도 했다.

III. 한반도에서의 관용의 문제

그러면 우리 사회에서 일반적으로 지배하고 있는 불관용은 어떤 경로를 거치면서 구형되어 왔는가? 그리고 한국사회에서의 불관용의 근원과 그 형성과정을 우리는 어떻게 설명할 수 있을까?

첫째, 근대적 의미에서 우리 사회를 지배하고 있는 불관용의 기원은 자본주의와 사회주의의 이데올로기적 성격을 띠고 있다. 조선시대의 유교의 형식주의에 기초한 이론적 대립들이나 정치세력들 간의 사색당파의 분열과 세력 다툼에서도 보기 드문 불관용의 행태를 발견할 수 있다. 특히 조선조에 있었던 특정한 가문들을 중심으로 전개되었던 정치세력들 간의 대립과 적대감은 조선왕조가 이런 세력다툼들을 적절하게 조정해 낼 수 있는 정치적 역량을 가지고 있지 못했던 것을 말해주고 있다. 물론 여기서 이러한 역사적 문제들까지 다룰 수는 없다.

근래에 우리 사회를 지배하고 있는 불관용의 뿌리는 아무래도 이데올로기적 대립에 있다고 해야 할 것이다. 이러한 이데올로기적 대립은 이미 일본 제국주의 시대에 독립투쟁의 목표와 방법론을 놓고 시작되었다고 할 수 있다. 상해를 중심으로 한 독립운동에서도 외교론을 내세우는 온건파 독립운동자들과 무장투쟁을 내세우고 있는 강경파들 사이에 갈등이 있었다. 이러한 갈등은 독립국가의 목표설정을 둘러싸고 사회주의 진영과 자본주의적 진영으로 갈라서면서 더욱 심화되었다고 할 수 있다. 그것은 결과적으로 외세로부터 독립되었을 때 국가건설 목표를 두고 다시 첨예하게 대립되었다. 사회주의적 국가를 건설하려는 세력들과 자본주의적 세력들 사이에 갈등은 급기야는 나라를 분열시키는 결과를 초래하게 되었다.

이러한 사회주의자들과 자본주의자들 사이의 갈등과 상호간의 불관용을 극단적으로 악화시킨 것이 한국전쟁이다. 이 한국 전쟁 자체가 그러한 불관용의 결과였지만 이 전쟁은 이념적 갈등을 이론적 차원에서뿐만 아니라 정치 실천적 차원에서 더욱 심화시켰다고 할 것이다. 이러한 이데올로기적 갈등은 지난 6, 70여 년 동안 남·북한 국민들 속에 내면화되었다. 사실상 이러한 이데올로기적 갈등과 불관용이 지난 70년간 한국정치와 사회를 규정해 왔다고 할 수 있다. 남에서는 특히 국민적 지지가 약했던 역대 정권들을 지탱시켜준 것은 이러한 남북 갈등과 상호 불관용의 이데올로기였다고 할 수 있다. 그래서 남북의 지도자들은 이러한 갈등과 불관용을 정치적 위기를 겪을 때마다 무모하게 이용해 오고 있는 것이다.

그리고 우리 사회에서 관용의 정신을 파괴해 버린 두 번째 원인을 우리는 그동안 남한사회를 지배해 왔던 군사독재 정권에서 생산되고 양육되었던 군사문화에서 찾을 수 있을 것이다. 군사문화의 특징은 획일성과 흑백논리이이다. 획일성은 우리 사회에서 다른 도덕적 관습들, 다른 종교나 신앙들, 다른 정치적 신념이나 이데올로기를 용납할 수 없다는 것이다. 이러한 획일성은 인간의 다양한 관습, 다양한 종교적 신념, 다양한 생각과 다양한 정치적 신념을 거부하는데 특성을 두고 있다. 한 사회나 국가에서 다수의 사람들의 다원적이고 다양한 원리들을 부정하고 단지 하나의 원리만을 고집하는 것이 군사문화에서 내세우는 획일성이다. 그리고 군사문화에서 도출된 흑백논리는 획일성과 같아서 아군이 아니면 적이라는 사고이다. 따라서 인간이나 사물을 판단할 때 이러한 흑백논리적 사고는 언제나 양자택일을 강요한다. 그리고 이러한 흑백논리에서는 가치판단에 있어서도 자기의 것은 선이고 적의 것은 악이라는 도식을 벗어나지 못한다. 덜 선한 것과 덜 악한 것들도 존재한다는 것을 이 흑백논리는 이해할 수 없다. 말하자면 인간의 삶 가운데는 다양한 사고와 삶의 형식들 그리고 다양한 색채의 삶들이 존재할 수 있다는 것을 거부하는 것이 군사문화의 특징이다. 심리학자 프로이드는 "적은 차이들에 대한 나르시즘"에 대해서 말한 적이 있다. 여기에서는 일차적으로 인격의 미성숙성이 곧 불관용의 뿌리가 된다는 것이다. 이러한 예들은 군사독재시절의 반공재판들의 유치하고 어리석은 3단 논법에서 잘 나타나 있다. "남한은 자유민주주의 사회다. 그대는 자유민주주의 사회를 비판했다. 따라서 그대는 공산주의자다." 이런 식이다. 이것이 이른바 "적은 차이들에 대한 나르시즘"이라 할 것이다.

마지막으로 한국사회에서 결정적으로 관용의 정신을 파괴해 버린 것은 남북의 분단현실에서 오는 적대감과 함께 남한 사회 안에서의 동서갈등을 들 수 있을 것이다. 이러한 지방색은 불관용의 극치를 보여주는 것으로서 상대방을 파트너로 보지 않고 경쟁상대나 대결상대로 볼뿐만 아니라 때로는 타도해야할 대상으로 본다는 것이다. 불관용의 극단적 예는 상대방을 미워하는 것을 넘어서 상대방의 존재 자체를 부인하는 것이다. 지난 30여 년 동안 군사독재정권이 가져다 준 해악은 위에서 언급한 획일주의나 흑백논리에 기초한 적대감을 넘어서서 다른 지방의 주민들에 대한 경멸과 부정하는 태도라고 할 것이다. 그동안 군사독재 정권들은 자신들의 결여된 정치적 합법성과 정당성을 극복하기 위해서 지방색에 의존해왔다. 나아가서 타지방에서 활동하고 있는 정치적 경쟁자들을 정적으로 취급하여 말살하려는 시도를 서슴치 않았었다. 그 대표적 예는 박정희와 그 하수인 중앙정보부에 의한 김대중 납치 살해 음모라고 할 수 있다. 이것은 단순한 음모를 넘어서 실천에 옮겨진 가장 전근대적이고 비민주적인 작태라고 할 수 있다. 이러한 지방색에 기초한 불관용은 민주주의 발전은 물론 인권과 평화라는 근대적 가치에 반하는 것이라 할 수 있다.

IV. 불관용의 표현 형식들

우리는 그동안 불관용의 뿌리를 남북분단과 이데올로기적 대립, 자본주의적 경쟁원리, 군사주의 문화 그리고 반공 이데올로기에서 찾아보았다. 그밖에도 여러 가지 요인들을 들 수 있을 것이다. 그러면 이러한 불관용은 어떠한 형태로 표출되는 것일까?

첫째, 불관용의 가장 낮은 표현단계는 다른 성이나 인종, 다른 생각 혹은 다른 문화를 가진 상대방을 차별하는 단계이다. 따라서 차별에는 다양한 형태가 있을 수 있는데 남녀 간의 성차별에서부터 외국인들에 대한 인종적 차별이나 타종교에 대한 차별을 거쳐서 신분상에 차별에 이르기까지 다양하다. 그러나 이러한 차별의 깊은 뿌리를 파고 들어가면 거기에는 언제나 불관용이라는 공통분모가 자리 잡고 있다. 차별이라는 것은 상대방의 존재와 세계관과 인생관 그리고 삶의 형식에 대해서 받아들일 수 없다는 심리적 상태이다. 이러한 차별에 근거한 불관용은 마음속에만 머물러 있지 않고 행동으로 표출되기도 한다. 이러한 불관용의 표현으로서 차별은 한국사회에서는 지방색이라는 극단적 형식으로 표출되기도 하였다. 그리고 지방색은 경쟁원리와 군사문화의 유산으로서 오늘날 관용에 기초한 사회통합의 가장 큰 걸림돌로 나타나고 있다. 이렇게 지방색이 내포하고 있는 극단적인 가치관은 건전한 시민의식의 함양은 물론 건전한 가치판단에도 심각한 위해로 나타나고 있다. 지난번 지자제 선거에서 표출되었던 지역주의도 이러한 불관용에 기초한 왜곡된 차별의식의 표현이라고 볼 수 있다.

둘째, 불관용 표현의 그 다음 단계는 상대방에 대한 억압의 단계이다. 상대방으로 하여금 자기와 다른 사상이나 인생관 혹은 삶의 형식을 갖지 못하도록 강제하는 것이다. 이러한 강제는 언어수단을 통해서 표출되기도 하지만 물리적 수단에 의존하기도 한다. 이러한 불관용은 언론들을 통해서 특정집단의 상을 왜곡함으로써 심각하게 나타나기도 한다. 군사독재 시절에 정적에 대한 정치적 억압의 양태와 강도는 그들이 얼마나 정치적 경쟁자들에 대해서 관용하지 못했는가를 웅변적으로 보여주고 있다. 오늘날까지도 행해지고 있는 양심수들에 대한 투옥은 말할 것도 없고 온갖 형태의 고문과 학대는 우리가 얼마나 정치적 불관용의 시절을 살고 있는가를 말해주고 있다. 최근 4천억 정치자금 사건과 관련해서 전직 대통령이라는 사람은 자기가 집권 시기에 민주화운동 등에 대해서 참을 만큼 참았지만 이번 일에 대해서는 참을 수 없다고 하는 말을 공공연히 했다. 그는 민주화운동을 모든 국민이 원하는 운동으로서 받아들이지 않고 거기에 대해서 인내를 가지고 참았다는 식의 인식을 가지고 있는 것이다. 이러한 사고가 바로 불관용에 기초하고 있으며 이것은 곧 정치적 억압으로 나타났었다.

셋째, 불관용의 표현의 가장 극단적 단계는 상대방을 진멸하기 위해 폭력이나 전쟁과 같은 물리력에 호소하는 단계이다. 이것은 상대방을 차별하거나 억압하는 단계를 넘어서 상대방의 존재 자체를 부정하려는 자세이다. 정적을 암살한다든지 경제적 경쟁자를 제거한다든지 하는 것도 이 단계에 들어간다고 봐야 할 것이다. 해방정국에서 김구나 여운영과 같은 일련의 남북관계에서 이데올로기적 관용을 통해서 통일된 나라를 세우려고 했던 사람들의 암살 등이 이미 불관용의 구체적 표현이었다. 따라서 근대사에 들어와서 정치적 집단적 불관용의 가장 심각한 예는 아마도 남·북한 관계에서 찾을 수 있을 것이다. 남·북한은 각기 독립된 나라를 세운 이후 50년 가까이 걸어오면서 관용이라는 민주적 개념을 사용할 수 있는 틈새를 전혀 남겨놓고 있지 못했다. 6.25전쟁은 불관용의 가장 극단적 예였다. 그 후 남·북한 정부 대표들이 몇 차례 서로 만나서 회합도 열었지만 진정한 의미에서 관용의 자세를 가지고 접근한 일은 한 번도 없었다.

정권 잡은 자들은 불관용했을 뿐만 아니라 민간인들 사이에서 관용의 장이 열리는 것도 철저하게 차단했다. 남한에 현존하는 국가보안법이 이러한 불관용을 철저화한 가장 심각한 무기였다. 국가보안법에 따르면 상대방과 어떤 일을 도모하는 것은 말할 것도 없고 접촉하는 것도 허락되지 않으며 오직 상대를 비방하고 중상하는 것만이 허락되어 있다. 상대의 사상이나 관습이나 세계관은 물론 그 존재 자체를 부인해야 한다. 북한의 유일사상인 주체사상에 동조해서는 안 되고 김일성주석 사망 시 조문을 하는 관습도 허락되지 않는다.

V. 남북관계에서 관용의 문제

이러한 왜곡된 남북관계를 풀어가고 피차 화해함으로써 통일의 길을 달성할 수 있는 길, 즉 화해와 관용의 길은 어떻게 마련될 수 있을까? 서로 다른 사상과 정치체제를 가지고 있는 남·북한의 국민들이 어떻게 피차 관용 가운데 민족통일의 길을 달성할 수 있을까?

우선 언급해 두어야 할 것은 피차 관용을 통해서만 오늘날의 남북 간의 사상적 이념적 대결 국면을 극복해 나갈 수 있다는 것이다. 오늘날 남한에는 자본주의 체제가 자리하고 있으며 북한에는 사회주의 혹은 주체사상이 자리하고 있다. 피차 자기의 이념과 정치체제를 포기하려고 하지 않는다. 또 피차 자기의 이념과 체제를 상대방에게 강요할 수도 없다. 이 때 제기되는 문제는 관용에 기초해서 다른 사상과 정체체제를 받아들일 수는 없지만 인정할 수는 있지 않은가 하는 것이다.

거기에 대해서 필자는 가능하다고 답하고 싶다. 왜냐하면 오늘날의 많은 선진 국가들에서는 자본주의적 정당과 사회주의적 정당이 정치적 관용 가운데 공존하고 있기 때문이다. 영국의 노동당과 보수당, 독일의 사민당과 기민당 등이 그 대표적인 예들이다. 이들 정당들은 보수건 진보건 과거처럼 대립 투쟁하지 않고 각기 국민들의 기본민주주의의 실현과 복지사회건설을 지향하고 있는 것이다. 이들은 명백하게 사회적 계층들을 대변하고 있지만 이들은 상대방의 존재 자체를 인정하지 않으려는 극단적 자세를 취하고 있지 않다. 왜냐하면 그들은 정치적 영역에서 이미 관용의 역사를 가지고 있기 때문이다. 그래서 이영희 교수는 새는 양쪽 날개로만 날 수 있다는 명제를 제시한바 있다.

그 다음으로 남·북한의 대립관계를 관용을 통해서 해결할 수 있다면 우선 행동을 취해야 할 주체는 모든 면에서 유리한 조건에 있는 강자이다. 간단히 말해서 남북관계의 개선을 위해서는 강하고 유리한 위치에 있는 남한 정부가 먼저 관용의 자세를 취해야 한다는 말이다. 약자에게 관용이란 곧 굴종을 의미하는 것이기 때문이다. 알렉산더 미첼리히에 의하면 강자는 관용적으로 행동하고 약자는 관용적으로 사고해야 한다고 말하고 있다. 이 말은 관용을 행동으로 옮길 수 있는 사람이나 집단은 강자란 말이다. 그리고 약자도 그 사고에 있어서는 공격적이 아니라 관용적으로 나아가야 한다는 것이다.

이렇게 볼 때 분명해 지는 것은 오늘날 강자의 위치에 있고 유리한 조건을 가지고 있는 남한 정부가 먼저 관용의 자세를 가져야 한다. 남한 정부가 정치적, 경제적, 군사적인 면에서 우위에 있기 때문이다. 그러나 솔직히 말해서 지난 60년 동안 남한정부는 관용에 기초한 정치력을 발휘하지 못했다고 볼 수 있다. 그것은 역대 남한 정부의 통일정책만을 고찰해 보아도 알 수 있다. 그 대표적인 예로서 이승만 정부의 '북진통일론'은 가장 불관용적 대북정책이었다고 할 수 있다. "평양에서 점심 먹고 신의주에서 저녁 먹는다"라는 것이 당시의 북진통일론의 표제어였다. 그리고 역대군사정권들은 이렇다 할 통일론을 만들어내지 못했지만 그러나 그 내용들은 대체로 북한흡수통일론으로 정리할 수 있을 것이다. 7·4 공동성명에서 합의해왔던 "민족 대단결"의 원칙을 남한 정부는 "자유의 원칙"으로 바꾸어 놓음으로써 민족적 통일보다는 자유민주주의적 체제에 의한 흡수통일을 들고 나왔다. 이것은 북한 정부와 인민들이 믿고 있는 사회주의 체제는 인정할 수도 받아들일 수도 없다는 것이다. 이것은 상대방의 체제를 존중하는 차원에서 연방정부 형태의 통일을 주장하고 있는 북한의 "고려연방제 통일론"보다 훨씬 더 불관용적이다.

셋째, 남한 정부는 관용의 자세를 먼저 취하되 거기에 까다로운 부수적 조건들을 붙이지 말아야 할 것이다. 왜냐하면 관용은 무조건적인 데서 출발하는데 의의가 있기 때문이다. 남한 정부는 관용의 자세를 취하는 것 같으면서도 언제나 거기에 까다로운 조건들을 첨가했었다. 그 대표적인 예들이 북미협상과정에 뛰어 들어 이치에 맞지 않거나 현실성이 없는 조건들을 제시하면서 미국을 압박했었다. 그 대표적인 예가 경수로 회담타결과 남북회담을 연계시킨 것이었다. 현재 진행되고 있는 북미회담 역시 남북회담을 연계시키고 있다. 남북회담을 한미 혹은 한미공조체제를 통해서 실현하겠다는 것은 비민족적일 뿐만 아니라 비이성적이다.

그리고 남한 정부는 진정한 의미에서 대북관계의 개선을 원한다면 민족자주의 원칙에 입각해서 북한과의 관계를 개선해야 할 것이다. 그동안 취해 왔던 미국 혹은 일본과 공조체제를 포기해야 한다.

남한 정부가 중국과 소련과 수교하고 있는 처지에서 북한 정부가 미국과 일본과 수교하려는 일에 사사건건 장애를 설정하고 나서는 것은 공평하지 않다. 한반도에서 평화를 위해서 북한으로 하여금 미국과 일본 등과 수교하고 협력할 수 있도록 도울 때 비로소 남북관계의 개선도 가능할 것이다. 남한 정부가 공조체제란 이름으로 견지해온 미국과 일본과의 관계는 민족적이지 못하다. 따라서 오늘날과 같은 남북 간의 관계가 극단적인 악화의 길로 들어선 것이다.

VI. 맺는 말

금년은 해방 50년 혹은 분단 50년을 맞이하는 해이다. 그동안 이데올로기적 대결에 기초한 동서냉전체제도 사라지고 협력의 시대를 향해서 나아가고 있다. 서로 원수가 되었던 나라들 소련과 미국, 미국과 중국이 국교를 정상화했으며 최근까지 전쟁을 했던 미국과 월남이 다시 수교를 맺었다. 그러나 하나의 조상과 문화를 가진 남·북한의 관계는 전혀 풀릴 기미를 보이지 않고 있다. 그동안 남북관계는 불관용의 단계를 넘어서 적대적인 관계를 지속해 오고 있다. 그 원인이 어디에 있을까?

이는 한마디로 남·북한 지도자들의 관용정신 결핍과 함께 정치력의 부재에서 찾아야 할 것이다. 민족의 미래라는 대의(大義)를 생각하지 않고 적은 권력집단의 이기주의가 오늘날의 비극적 현실을 낳았던 것이다. 그 대표적 예는 분단현실을 자신들의 정치적 위기를 피해나가는 수단으로 사용하거나 아니면 정치적 기반을 강화하는 기초로 삼는 것이다. 그 구체적 예는 정권이 위기에 처할 때나 혹은 선거전과 같은 데서 사용하고 있는 이데올로기 논쟁이다. 또 다른 원인은 남·북한 정치지도자들의 정치력 부재이다. 남·북한의 정치지도자들이 남북문제의 해결을 위해서 미래지향적 사고에서 출발하지 않고 과거에 얽매이는 역사인식에 있다고 할 수 있다. 이제는 과거의 갈등들을 끄집어내서 상처를 덧나게 할 것이 아니라 이런 갈등을 경험하지 못한 다음 세대들이 평화롭게 살 수 있는 질서들을 창출해 주어야 한다. 남한의 현 정부는 여전히 구태의연하게 과거의 갈등들을 정치적으로 이용하고 있다. 그 대표적인 것이 최근에 엄청난 돈을 들여서 미국에다 만들어 놓은 6·25 참전비라고 할 수 있다. 미국인들도 까마득하게 잊고 있는 전쟁, "우리가 기억해야 할 의무가 없는 전쟁"을 강제로 기억하게 하기 위해서 반세기가 지난 오늘날 막대한 돈을 들여서 기념비를 세우는 것은 무슨 이유인가?

이제 남한 정부는 더 이상 불관용적 행태를 보여주어서는 안 된다. 북한에 쌀을 지원하려고 하면 성실하게 인도주의적으로 지원하면 된다. 이러한 회담에서 오만과 경직된 자세는 금물이다. 북한 주민들의 굶주림을 대서특필하거나 그들의 정치적 실책을 반복해서 강조할 필요가 없다. 왜냐하면 정부가 말하듯이 쌀의 원조는 인도주의적이고 동포애에 기초하고 있기 때문이다. 또 말하는 것과 행동하는 것이 불일치해서도 안 된다. 남한 정부는 북미협상을 지원한다고 말하고 있지만 행동으로는 언제나 그 진행을 방해하고 있다. 또 일본과 북한과의 수교를 지원하고 있다고 말하지만 일본과 북한과의 쌀 회담에 대해서도 한국 쌀이 먼저 지원되어야 한다는 구실을 내세워서 그 회담을 방해하고 나섰다.

관용적 자세에서 남북문제를 풀어가고자 한다면 남한 정부는 특별히 군사적 면에서 전제조건 없는 군축을 단행하는 일부터 해야 할 것이다. 계산된(calculated) 군축이 아니다. 즉 북한도 상응하는 군축을 해야만 남한도 군축을 한다는 식이 아니다. 무조건적으로 남한부터 군축을 시작하는 것이다. 상대방을 살상하고 위협하는 군사무기 즉 상대방의 존재를 부정하는 조건의 감축과 제거 없이 말로만 관용을 운운한다고 문제가 해결되는 것이 아니다. 이러한 군축을 통한 관용의 구체적 실천에서부터 남북문제의 해결의 실마리가 풀릴 수 있을 것이다. 아니 남북문제의 모든 영역에서 해결의 열쇠는 관용이라는 성숙된 삶의 자세에서 찾아지게 될 것이다.

제 15 장

통일 후 남·북한 교회의 형성에 대한 시안

I. 들어가는 말

1995년은 남·북한 교회가 합의한 바 있는 "통일희년의 해"이다. 학국기독교교회협의회가 1988년도 인천에서 열었던 세미나를 통해서 제안하였고 또한 북한 교회가 제안을 받아들인 이후 남·북한 교회들은 1995년을 기필코 민족통일의 해로 맞이하기 위해 노력해 왔다. 이러한 노력들이 지향하고 목표했던 것은 한마디로 민족의 화해와 조국의 평화적 통일을 달성하는 것이었다. 그동안 동서 냉전 이데올로기가 빚어낸 적대적 체제의 대립 충돌에서 남·북한의 그리스도인들은 원수 사랑의 복음의 그 능력에 기초해서 왜곡된 분단민족의 비극을 극복하기 위해서 기도하고 또 가능한 노력들을 기울여 왔다.

이러한 기도와 노력들의 결과로 1980년대 초기부터 해외 교회들의 지원을 얻어서 북한의 형제자매들과 만나는 자리들이 만들어졌었다. 세계교회협의회(WCC)의 주관하에 몇 차례에 걸쳐서 스위스 글리온에서 한국기독교교회협의회 소속 교단들의 대표들과 북조선기독교도연맹의 대표들 사이의 만남들이 성립되었고 또 북미주의 교회들과 일본의 교회들을 매개로 한 북한 교회들과의 만남이 가능했었다.[1] 또 재일대한기독교회의 주관 하에 성립되었던 3차에 걸친 "도쿄회의"에서는 남한에서 비NCCK 계통의 교회들의 대표들도 다수 참석하여 북한의 대표들과 만나는 자리가 만들어졌다.[2]

이러한 만남들은 그동안의 상호불신의 벽을 헐어버리고 그리스도의 사랑의 힘을 재확인하는 결정적인 계기가 되었었다. 그리고 그동안 남·북한의 그리스도인들이 함께 선언한바 있는 1995년의 "통일희년의 해"가 실현되도록 함께 협력하자는 다짐도 했었다.

이러한 일련의 만남의 과정에서 "북조선의 기독교도 연맹"과 남한의 다양한 교회들 사이의 관계설정의 문제가 제기되었다. 그동안 세계교회협의회의 지원을 통해서 글리온에서 남·북한 그리스도인들의 만남이 주선되는 과정에서 한국기독교교회협의회가 당연히 남한의 그리스도인들을 대표하는 기관으로 자리 잡아갔다. 또한 북미주 교회들의 협의회를 통해서 남·북한의 그리스도인들이 만날 때도 당연히

---

1 그동안 글리온 회의는 1986,1988,1990년 3차례에 걸쳐서 스위스의 글리온에서 모였었다. 이 모임에는 북조선의 기독교 연맹에서는 고기준 목사를 대표로 참여했고 남쪽에서는 NCCK교단 대표들이 참가한바 있다.

2 이 모임들은 1991, 1992, 1994년 3차에 걸쳐서 동경에서 열렸었다. 이 자리에는 처음 두 번은 고기준 목사가 단장으로 참가했으나 1994년에는 그가 사망함으로써 강영섭 목사가 단장으로 참가했었다. 1992년과 1994년 모임에서 필자는 "민족대단결에 대한 신학적 평가"와 "민족대단결과 교회의 사명"이란 제목으로 주제강연을 한바 있다. 기독교장로회 서울남노회편, 평화통일자료집(1992)및 도쿄회의 자료집 참조.

한국기독교교회협의회가 남쪽의 대표권을 행사했다. 그러나 재일대한기독교회를 매개로 한 북한교회와의 만남은 그와는 성격을 달리했다. 이 경우에는 한국기독교교회협의회가 북한과의 만남의 장소를 국내로 국한하기로 한 정책과 위배되어 공식적으로 참여하지 않으므로 인해서 재일대한기독교회와 선교협력관계를 맺고 있는 교단들의 대표들이 주로 참가하게 되었다. 예를 들면 기장과 예장 및 감리교를 제외하고 합동 측과 대신 측 그리고 고려파까지도 참가함으로써 통일이라는 민족적 과제는 어떤 특정한 교단이나 단체의 전유물이 될 수 없음이 확인되었다. 민족의 통일문제는 남·북한의 교회 전체 아니 전 국민이 나서서 해결해야할 과제가 되었다.

그러나 여기에서 제기된 물음은 한국기독교교회협의회가 그동안의 기득권을 가지고 북한의 교회와 만나는 유일한 창구가 되어야 하는가 하는 것이다. 여기에 대한 긍정적 대답은 한국기독교교회협의회와 북한의 교회대표들이 글리온에서 마지막으로 합의한 내용에 기초하고 있다. 즉 "여건이 허락되면" 앞으로는 해외에서 만나지 말고 국내에서 만나자는 것이다.3 이러한 약속에 기초해서 한국기독교교회협의회의 총회에 3차에 걸쳐서 북한의 대표들을 초청하였다. 그러나

---

3 고기준 목사는 1992년 10월 제2차 도쿄회의에서 가진 필자와의 대담에서 더 이상 해외에서 만나지 말고 국내(남한과 북한)에서 만나자고 글리온에서 약속한 것에는 단서가 붙어 있다는 것이다. 즉 "여건이 허락되는 한에서" 그렇게 하자는 것이다. 따라서 여건이 허락되지 않을 경우에는 해외에서도 만날 수 있다는 것이다. 예를 들어 재일대한기독교회가 매개가 되어 일본에서 만나는 것은 국내에서 만날 수 있는 여건이 성숙되어 있지 않기 때문이라는 것이다. 따라서 도쿄에서의 만남은 NCCK와의 약속파기가 아니라고 그는 말했다. 그리고 이러한 만남의 대상도 꼭 NCCK로만 국한되는 것은 아니라고 했다. 예를 들면 재일대한기독교회는 하나의 독자적인 권위를 가진 교단으로서 기독교연맹과의 대화의 파트너라는 것이다.

양 정부의 지원이 없었기 때문에 모두 실패하고 말았다. 이러한 시도들의 실패는 여전히 양 정부 차원에서의 관계가 바람직하게 발전하지 못했음을 반영하는 것이었다.

이러한 와중에서 1991년부터 1994년까지 재일대한기독교회가 주관한 "남북의 평화통일을 위한 도쿄회의"가 세 차례에 걸쳐서 열리게 되었다. 이 모임의 성격은 특수한 것이었다. 우선 글리온의 만남이나 북미주에서의 만남처럼 해외 교회들에 의해서 매개되고 지원되지 않고 일본에 있는 한국인 교단에 의해서 주선되었다는 것과 함께 한국기독교교회협의회가 독점적인 대표권으로 참여하지 않았다는 것이다. 위에서도 언급한바와 같이 비 NCCK계열의 교파 대표들이 다수 참석했고 이것은 통일운동, 특별히 교회내의 통일운동의 열기가 비NCCK계통의 교파들 안에서도 널리 확산되는 계기가 되었다.

그러나 새로운 하나의 문제가 제기되었다. 회의에 참가한 교단들의 대표들은 이러한 계기를 통해서 북조선의 기독교도연맹과 "일정한" 선교협력관계 내지는 "법적 구속력"을 가진 관계를 성립시키려고 노력했다. 이러한 노력들은 교단들에 의한 20건 이상의 방북신청이 통일원에 접수되어 있는 것에서도 알 수 있다. 말하자면 경쟁적으로 조선기독교도연맹과 관계를 맺으려는 것이었다. 이러한 시도들의 배후에는 다양한 목표들이 도사리고 있는 듯하다.

우선 이들 비 NCCK 계열의 교단들은 NCCK 계열의 교단들의 대북한 창구의 독점화를 거부하고 자신들도 북조선 교회와 관계를 갖기를 원하고 있다는 것이다. 말하자면 통일문제에는 남한의 전체 교단들이 다 같이 참여해야 한다는 것이다. 그러한 의도들은 다수의 비NCCK 계열의 교단들이 교단 내에 "통일위원회"나 "북한선교위원회"

같은 상설기구나 특별위원회를 가지고 있는 데서도 잘 나타난다. 이들은 북조선의 기독교도 연맹과 "특정한" 관계를 성립시키기 위해서 필사적인 노력을 하고 있었다.

다음으로 이들 교단들은 NCCK와 같은 "협의기구"를 통해서 간접적으로 북조선의 교회와 관계를 맺는 것을 원하지 않고 직접 교단 대 교단 차원에서 관계를 성립시키기를 원하고 있다. 이러한 "직접적" 관계의 모색은 장로교단의 경우나 감리교단의 경우 자신들이 직접 북한 지역에서 선교를 하고 또 자신들의 교단을 북한지역에 이식시키려고 하는 의도도 내포하고 있는 것으로 봐야 할 것이다. 이것은 과거의 교회들을 "재건한다"는 발상에 기초하고 있다.

한국기독교교회협의회가 이러한 난제들을 극복할 수 있는 대안을 모색하지 않은 것은 아니다. 그것은 바로 1991년 NCCK 6개 교단을 주축으로 하고 여타의 교단들이 참여하는 "희년준비위원회"를 탄생시킨 것이다.[4] 희년준비위원회의 탄생은 한국교회 역사상 전례를 찾아볼 수 없는 중요한 계기를 마련했다. 남북의 평화통일이라는 민족적 과제 앞에서 그동안 갈라졌던 형제들이 한자리에 모였다. 민족사적 과제 앞에서 그동안의 교리적, 제의적, 실천적 차이들을 극복할 수 있었던 것이다. 문제는 희년준비위원회가 여러 교단들의 상호 협력 가운데 통일과정에서나 통일 이후에도 바람직한 활동으로 발전할 수 있느냐에 있었다. 말하자면 희년준비위원회가 남북통일 운동에 기여할 뿐만 아니라 남한 내에서의 분열을 극복하고 통일된 조국에서 통일된

---

4 여기에는 41개의 비 NCCK 교단들이 참여하고 있다. 이는 한국의 전체개신교도들 97% 를 대표한다.

교회를 만드는 일을 중요한 과제로 등장시켜야 한다는 말이다.

본 논문에서는 통일 후에 북한 교회형성과 남·북한 교회의 관계를 어떻게 설정해야 할까 하는 문제를 하나의 시안으로서 제시해 보고자 한다. 김일성 주석의 사망이후 경색되었던 북미관계의 개선과 더불어 남·북한의 관계도 여러 면에서 활성화 될 것으로 전망된다. 이러한 추세에서 그동안 교회에서는 통일문제에 대한 연구에서 그 당위성과 함께 그 방법론에 집중해 왔으나 이미 남·북한의 교회가 그동안 일정한 관계를 가지고 같이 일해 온 과정에서 등장한 "남·북한의 교회관계들"이라는 현안 문제를 좀 더 심도 있게 연구할 필요가 있게 되었다. 이는 앞으로 통일되었을 때에 남·북한 교회가 어떤 방식으로 관계를 설정할 것인가를 모색하는 데도 중요한 의미를 갖는 것이다.

II. 역사적 회고: 남·북한 교회관계의 교회법적 문제들

남·북한 교회의 인적·기구적 단절은 교회 역사상 흔히 볼 수 있는 것처럼 교리적 차이나 교회 정치적 이해관계에 근거한 분리선언에 의해서 이루어진 것이 아니었다. 말하자면 1945년 이후 남·북한 교회들의 분단은 교회 외적인 요인들인 이념적이고 정치적인 분단에 의해서 강요되었다. 따라서 교회법적으로는 남·북한의 교회는 여전히 "하나의 교회"라고 말할 수 있을 것이다. 교회법적으로 남·북한의 교회는 하나의 교회지만 정치적 분단에 의해서 둘로 갈라져서 존재할 뿐이다. 그것은 일본 제국주의로부터 해방되어서 그들에 의해서 강제되었던 교단들의 통합이 "교회재건"과정에서도 남·북한의 교회는 하나뉨을 분명히 하고 있다. 말하자면 교회재건 과정이 일본교단에로의 통합이전으로 돌아가는 것 즉 각각의 교단으로 분리되는 것이긴 했지만 남·북한의 교회들은 자신들의 하나됨을 재확인하는 것이다.

남·북한 교회는 하나라는 이러한 법적 이해는 장로교회의 경우 다음과 같은 남·북한 교회의 선언들에서 찾아볼 수 있다. 1945년 12월 초 평양 장대현 교회에서 모인 이북 5도 연합노회는 다음과 같이 결의하고 있다.

1) 북한 5도 연합노회는 남북통일이 완성될 때까지 총회를 대행할 수 있는 잠정적 협의기관으로 한다.
2) 총회의 헌법은 개정 이전의 헌법을 사용하되 남북총회가 열릴 때까지 그대로 둔다.5

그 이듬해 즉 1946년 6월 12일 서울에서 열린 남부총회 역시 다음과 같이 선언하고 있다.

1) 헌법(憲法)은 남북(南北)이 통일(統一)될 때까지 개정(改訂)하지 않고 그대로 사용한다.
2) 여장로직(女長老職)의 설정문제(設定問題)는 남북통일시(南北統一時)까지 보류(保留)한다.6

---

5 김양선, 한국교회 해방 10년사 참조.
6 상게서 참조

우리가 여기서 발견하게 되는 것은 해방 이후 남·북한의 교회는 통일된 민주국가와 더불어 통일된 "하나의 교회"를 건설하겠다는 것을 다 같이 총회에서 결의하고 있다는 점이다. 남부총회가 위와 같은 결의를 한 것은 북한 교회의 결의에 영향을 받았다고 보여 진다. 여기에서 우리는 장로교의 경우 정치적 분단에 의해서 당장 하나가 될 수는 없지만 "同一한 憲法"에 기초해서 교회를 운영하고 신앙생활을 영위하겠다는 것을 다짐하고 있다. 그 뿐만 아니라 여장로제와 같은 현실적인 문제도 남북이 같이 해결해야 한다는 의미를 천명하고 있다. 동일한 헌법을 사용하는 한에서 당시의 남·북한의 (적어도) 장로교회는 하나의 교회로 남은 것이다. 따라서 당시의 남·북한 교회들은 통일된 조국, 통일된 민족 그리고 통일된 하나의 교회를 지향했던 것이 분명하다.

이러한 염원과 결의가 깨어진 것은 1947년 4월 대구에서 열린 장로교회 제2차 남부총회에서다. 당시 대구에서 모인 남부총회는 스스로 1941년에 마지막으로 열렸던 31회 총회를 계승한다고 선언했다. 그러나 남부총회는 북한의 교회와 상의도 없이 1년 만에 기구적 단절을 선언했다. 그러나 교회법적으로 보면 북한의 형제교회와의 헌법적 차원에서 기구적 단절을 공식 선언한 것으로 볼 수는 없는 것이다. 교회법적 차원에서 보면 남·북한 교회는 상호간의 독립체로서 갈라선 것은 아니었다. 당시 조건으로서는 남·북한 교회지도자들의 왕래가 거의 불가능하고 또 접촉할 수 있는 방안들이 거의 없었기 때문에 "잠정적"(暫定的)으로 각각의 기구를 가지고 출발한 것이었다. 그렇다고 하더라도 이러한 독립선언에 대해서는 깊은 신앙적 성찰이 있어야 할 것이다. 왜냐하면 1947년도 남부총회가 31회 총회를 계승한다고 할 때 북한의 교회와 협의를 하거나 합의를 봐서 독립선언을 했어야 때문이다. 그것이 물리적으로 불가능했다 해도 그러한 노력은 했어야 할 것이다. 특별히 북한에 있는 그리스도인들이 사회주의 국가가 형성되어 가는 과정에서 여러 면에서 더 어려움을 겪고 있었다는 것을 고려한다면 더욱 그러하다.

이러한 독립(단절)선언이 특별히 문제가 되는 것은 다음 두 가지 이유에서다.

첫째, 남·북한 정부가 각기 분단된 상태에서 독립된 국가를 세운 것이 1948년이다. 남한 정부의 이승만이 정읍발언을 통해서 남한단독정부를 수립을 선언하고 마침내 1948년 8월 15일 대한민국을 선포했다. 이것이 결정적으로 남북을 분단시키는 결과가 되었다. 그래서 9월 9일 북한은 조선민주주의 인민공화국을 선언했다. 이렇게 함으로써 남·북한 정부들은 국민들의 "통일된 민주국가" 건설 염원을 외면하고 각기 독립된 나라들을 세웠다. 이것은 결과적으로는 6.25와 같은 동족상잔의 전쟁을 초래했고 나아가 지금까지도 적대시함으로써 서로 엄청난 인적 물적 손실을 가져온 것이다.

이러한 단독 정권들의 성립 이전 남한 장로교회가 교회분단을 선언한 것이 대구에서의 32회 총회라고 할 수 있다. 왜 그렇게도 성급하게 그런 결정을 내려야 했을까? 장로교의 경우 과거부터 남·북한 교회들 사이의 세력다툼 같은 것이 작용했을 것으로 볼 수도 있다. 또이 때 이미 북한의 중요한 교회지도자들이 남하했기 때문에 더 이상 북한의 교회의 사정에 대해서 관심가질 필요가 없다고 생각했을지도 모른다. 그러나 이러한 결정은 앞으로 북한에서의 교회형성에서 어떤 권리주장도 할 수 없게 만들었다고 봐야 할 것이다. 그 이후 남한 교회는 북한의 교회와 형제자매들에 대해서는 예배시간에 기도를 드리는 정도의 지극히 소극적 관심만을 가져왔다.

둘째, 우리는 한국과 같이 분단국가였던 동·서독 교회의 관계에서 교훈으로 얻어야 할 것이다. 1918년 이후 영주체제에서부터 독립된 헌법적 기구로 성립되었던 독일개신교단(Evangelische Kirche in Deutschland)는 국가의 분단 이후에도 법적, 기구적 단절을 거부한 채 1969년까지 "하나의 교회"로 존속할 수 있었다. 그들은 1961년 동·서독 사이에 베를린장벽이 만들어지고 양 독일이 사이를 철저히 갈라놓는 정치적 조치들이 취해졌으나 "하나의 민족, 하나의 교회"라는 신념을 버리지 않았다. 1969년 동독정부의 방해로 양 독일 교회들이 서로 만나는 것이 불가능해지자 부득이 동독에서는 "독일기독교연맹"(Evangelischer Kirchenbund)이라는 독립된 교회기구를 구성하게 되었다. 독일 교회는 1945년 동서냉전 체제하에 분단된 나라에서도 "하나의 교회"를 지키기 위해서 고군분투했었다.

1. 북한 교회의 역사적 도정

그 후 남·북한의 교회들은 아무런 접촉이나 기구적 관계없이 독자적 발전의 길을 걸어왔다. 북한의 경우 사회주의 체제라는 특수한 상황에서 예배 및 선교활동이 매우 제한된 상황에서 당국의 정치적 의도에 따라서 재구성되었다. 그것이 바로 "조선기독교도연맹"의 탄생이다.7 조선기독교도연맹은 다음과 같은 몇 가지 배경들을 가지고 구

---

7 "북조선기독교도연맹"은 1946년 11월 28일 창립되었고 8만 5천여 명의 회원들을 가지고 있었다. 그 후 나이 많은 기독교인들이 사망하고 또 선교의 자유가 제대로 보장되지

성되어진 것 같다. 이러한 배경들은 당시 북한에서의 종교 특히 기독교에 대한 이해를 반영하는 것이기도 하다. 이러한 이해는 당시 김일성의 "저작들"에 나타난 종교에 대한 견해를 살펴보면 분명하게 드러나는데 종교에 대한 이해와 오해가 혼합되어 있다는 것을 발견하게 된다.

첫째, 종교라는 일종의 미신이라는 것이다. 말하자면 종교는 비과학적인 것이며 허황된 것을 퍼뜨리는 암적 존재라는 것이다.8 샤머니즘과 같은 토착종교들은 말할 것도 없고 기독교와 불교 등 고등 종교 역시 미신적인 것은 피할 수 없다는 것이다. 이러한 주장은 종교 특히 기독교에 대한 편파적 이해인 것은 분명하지만 당시 한국의 기독교가 지니고 있었던 기본적 요소들이나 탈역사적 성향에 대해서 그들은 강한 불만을 가지고 있었던 것 같다.

둘째는 종교 특히 기독교는 미제국주의와 결탁하고 있다는 것이다. 미제국주의자들은 종교를 앞세워 식민지를 확장하고 숭미사상을 불어넣음으로써 인민들을 노예화한다는 것이다. "지난날 우리나라의 조직경험은 종교인(宗敎人)들이 거의 다 제국주의(帝國主義) 침략(侵略)의 길잡이였으며 간첩(間諜)들이었습니다. 그렇기 때문에 우리 공산주의자(共産主義者)들은 종교(宗敎)를 반대(反對)합니다."9 이것은 당시 기독교의 지도급 인사들 특히 목사들과 장로들이 친미 내지는 숭미적이었으며 따라서 이런 제국주의 세력을 지원하는 것이 바로 기

않아서 현재의 숫자는 약 1만여 명에 불과한 것으로 알려져 있다. 최명 편집, 북한개론, 을유문화사 511면 이하 참조할 것.

8 고대우, 『북한의 종교정책』, 민족문화사, 77면 이하 참조.

9 고태우, 상계서 80면에서 중인.

독교라고 그들은 생각했었다.

셋째, 당시 기독교는 착취계급인 부르주아 계급의 온상이었다는 것이다. "반동적(反動的)인 장로(長老)들과 목사(牧師)들이 땅을 가지지 않았던 자가 없고 놀고먹는 부르주아 계급(階級)"으로 그들은 판단했다. 말하자면 기독교의 지도자들 특히 장로급에 있던 사람들은 대개는 지주에 속했고 따라서 노동자와 농민계급을 착취한 사람들이라는 것이다.[10]

이렇게 볼 때 그들은 종교 자체를 부정하는 것이 아니라 종교가 가지고 있는 잘못된 요소들 즉 미신적인 것, 제국주의적인 것 그리고 부르주아적 요소들을 부정하고 있다. 이러한 잘못된 요소들은 북한에서 부정의 대상이 되었을 뿐만 아니라 종교의 자유를 가지고 있는 남한에서도 비판의 대상이 되고 있다. 현재 기독교 계통의 신흥종교들은 대부분 미신적 행태를 가지고 있는 것이 늘 문제되고 있다. 또 기독교인들 가운데 민족적 역사의식을 상실하고 숭미사상에 젖어있거나 안보에서 하나님보다 미국의 핵무장이나 군사력을 더 믿는 사람들이 부지기수이다. 한 걸음 더 나아가서 남한의 대형교회들의 가장 심각한 문제들은 이들 교회들이 중산층들의 안식처로 전락함으로써 민중들과 같이 했던 예수의 정신과 길에서 크게 이탈하고 있다는 것이다.

진정으로 남·북한의 교회가 하나 되기 위해서는 이러한 남한 교회들의 문제점들을 깊이 성찰하고 예수의 복음으로 되돌아가는 "회개"(悔改)가 있어야 할 것이다. 그렇지 않고는 북한이나 중국의 교회들과 참된 관계를 형성할 수 없을 것이다.

---

10 고태우, 상게서 82면 이하 참조.

이렇게 해서 형성된 북조선의 기독교도연맹이 오늘날까지도 북조선의 기독교를 공적으로 대표하는 기관으로 존속되어 오고 있다. 이러한 기독교도연맹의 성립은 결과적으로 그 단체가 북조선의 국가적 정책에 순응하는 단체가 됨으로써 그 자율성은 거의 상실되고 말았다. 여기에서 우리는 기독교도연맹을 중심으로 하고 지속되어 온 북조선의 그리스도인들의 삶의 상황을 몇 가지 교회구성의 단계를 구분해서 살펴보고자 한다.

1) 재구성의 시기(1945-1953)

이 시기는 남한에서와 같은 교회재건운동 말하자면 교파단위로 교회를 재건하는 운동이 시작되었다. 이는 해방 후 북한에 있던 개신교는 260여명의 성직자와 1200여개의 교회를 다시 재건하는 일이었다.[11] 이 과정에서 윤하영과 한경직 등에 의해서 이른바 신의주 사회민주당이 결성되고 반공학생들의 운동 그리고 일요일선거 반대운동 등이 일어나면서 기독교는 당시 북한의 공산주의와 이념적 갈등을 노출하고 또 거기에 반대하는 세력으로 파악되었다. 일제의 강점 하에서 유지되어 왔던 기독교 세력은 거의 대부분 공산주의에 대해서 이해를 전혀 가지고 있지 못하는 친미적이고 반공산주의적 집단이었다. 따라서 당시 북한의 공산주의자들은 이러한 기독교를 통제하는 일이 자신들의 혁명을 완수하는 데 필수적인 요건이었던 것이다.

그런데 이러한 교회의 재건운동은 북한정권담당자에 의한 "북조

---

11 김양선, 한국기독교 해방 10년사, 1956년 90면 이하 참조.

선기독교도연맹"이 조직되면서 좌절되었다. 당시 북한의 권력자들은 "북조선불교총연맹", "북조선청우당", "북조선기독교도연맹"등을 조직하게 하여 한국의 중요한 전통종교들을 통제해 나가기 시작했다.[12] 그들은 전통 종교건 외래 종교건 자기들의 국가적 목표에 봉사하는 것들만 인정했다. 이들의 국가적 목표란 외세 의존하지 않는 평등이 보장되는 사회주의 국가의 건설이었다. 따라서 이러한 국가적 목표에 기여할 수 있는 사상과 종교들만이 허락되었다. 이것이 당시 북한의 초기 종교정책이었다.

이 때 진보적 성향을 가진 기독교 지도자들 예를 들면 김창준과 같은 이들은 북한 정권에 적극적으로 참여했으며 이들이 중심이 되어 기독교도연맹을 이끌어갔다.[13] 물론 김일성과 친인척 관계에 있던 강양욱 목사와 같은 인물들도 기독교도연맹을 이끌어 간 인물 중 하나다. 그들은 이미 위에서 지적한대로 종교를 말살할 수는 없었기 때문에 그것들을 자기들의 국가목표에 봉사하는 방향으로 개조하려고 했다. 이 과정에서 여기에 따르는 사람들에게는 일정한 지위와 함께 역할이 주어졌으며 거기에 반대하는 사람들에게는 박해의 길이 주어졌던 것은 자명한 일이다. 1946년 3월 5일 "북조선 임시인민위원회"는 토지개혁을 단행하고 다수의 종교재산들을 몰수하는 조처가 취해졌었다. 이는 종교단체들이 불필요할 정도로 많은 땅을 소유하고 있다고 판단했기 때문이다. 이것은 당시 지주계급을 숙청하는 과정에서

---

12 북조선불교총연맹은 1945년 12월 26일 결성되고 북조선청우당은 1945년 11월에 조직되었다. 최명편, 상게서 511면 참조.

12 김창준에 대해서는 김홍수, "김창준의 생애와 신학", 김홍수편 일제하 한국기독교와 사회주의, 한국기독교역사연구소 편, 209-231면을 참조할 것.

단행된 조치였다. 그러나 북한정권의 수립 이전에 만들어진 제1차 북한 헌법 14조는 "모든 인민은 종교적 활동의 자유를 가진다"라고 선언함으로써 당시만 해도 종교에 대한 심각한 박해는 생각하지 않았던 것 같다.

그런데 1950년에 발발한 한국전쟁에서 북한정권과 기독교 사이의 갈등은 더욱 첨예화된 것 같다. 북한의 국가목표에 순응하지 않고 숨을 죽이고 있던 많은 기독교인들이 전쟁 중에 남한으로 내려왔고 월남하지 못한 사람들 가운데 정권에 대해서 소극적이거나 반대하는 기독교인들은 박해를 당하게 되었다.

2) 은둔의 시기(1953-1972년)[14]

6 · 25 한국전쟁은 북한 입장에서는 미제국주의자들이 강점하고 있는 남조선을 해방시키자는 전쟁이었다. 이 전쟁의 와중에서 대다수의 지도적 기독교인들 특히 성직자들이 남한으로 피신해 버렸다. 이로 인해서 북한에서의 기독교는 심각한 타격을 입게 되었다. 당시 북한 집권자들의 박해도 하나의 원인이었지만 지도적 기독교인들의 남한으로의 탈출이 북한의 교회를 더욱 약화시키는 원인이 되었다. 목자들을 상실한 교회들은 폐쇄되고 양들은 흩어질 수밖에 없었다. 여기에서 북한 집권자들은 기독교인들의 성향을 다시 한 번 확인하게

---

14 윤이흠 교수는 이 시기를 북한 종교의 해체기로 규정하고 있다. 제도로서의 종교는 해체된 것이 사실이지만 신앙을 가진 사람이 완전히 사라진 것은 아니기 때문에 필자는 이 시기를 "은둔기"라고 보았다. 이 시기에는 공적 종교활동이 사라졌을 뿐만 아니라 그리스도인들이 스스로를 그리스도인이라고 공개하지 않고 신앙을 지킨 시기이다. 이들은 후에 가정교회의 핵심회원이 된다.

되었다. 휴전 후에 북한에는 몇 가지 새로운 과제들이 주어지는데 그
것은 무엇보다도 주민들을 보다 확고한 사회주의적 혁명사상으로 무
장하는 것이었으며 폐허가 된 국토를 재건하는 일이었다. 이러한 사
상무장의 과정에서 반종교 선전이 대단히 강화되었다. 1959년에 나
온 "우리는 왜 종교를 반대하는가?"라는 문서에서 정하철은 종교가
기진 폐해를 위에서 언급한 것들과 같은 방향에서 설명하고 있다.
1967~1970년 사이에 실시된 "주민재등록 사업"은 주민들의 사상성
향을 분석하자는 것이었는데 이로 인해서 종교인들로 분류된 사람들
에게는 많은 사회적 불이익이 가해졌다. 그중 종교인들이 특정지역으
로 이주당한 일들을 들 수 있다. 이 시기가 북한에서의 반종교적 운동
이 가장 치열하게 전개된 시기로 봐야 할 것 같다. 따라서 이 때 신도
들의 숫자는 급속하게 감소할 수밖에 없었다.

3) 관용의 시기(1973-1990)

　　1970년대 초는 남한에서 박정희 독재정권이 심각한 위기에 처해
있던 시기로 한국에서는 주로 개신교와 천주교인들에 의해서 촉발되
고 추진되던 인권운동과 민주화운동이 그 절정에 달했던 시기였다.
이 시기에 중요한 정치적 사건은 1972년의 7·4공동성명이 채택된
것을 계기로 해서 유신헌법이 만들어지고 북한에서도 신헌법이 채택
되었다. 70년대 초에 남한 교회가 전개했던 인권운동과 민주화운동
으로 인해서 북한 정권이 이제까지 종교에 대해서 가지고 있던 편협
한 이해를 바꾸지 않을 수 없게 되었다. 종교 특히 기독교란 단순히
미신적이고 제국주의적이며 부르주아적인 것만이 아니라는 것을 발

견했다. 사람들은 기독교가 매우 민족적이며 역사 변혁적이고 현실참여적인 것을 당시 민주화운동과정에서 발견했다.

다른 한편 그동안 해외에서 민주화운동과 인권운동을 전개하던 이들이 통일 없이는 이러한 문제들이 근본적으로 해결될 수 없다는 인식에 이르게 되고 70년대 중반부터 북한과의 접촉을 가지면서 기독교에 대한 새로운 인식은 등장한다. 그것은 1979년 비엔나에서 열렸던 해외 기독교인들과 북한의 기독교도 연맹 및 평화통일위원회 사이의 최초의 만남에서 북한의 주요 인사들이 대거 참가한 것에서도 잘 나타나 있다.15 이어서 미국의 김성락 목사 등이 1981년 북한을 방문하고 김일성을 면담했으며 1983년에는 "신약성서"(新約聖書)가 북한에서 출간되었다. 그 이후 1984년부터 미국, 일본, 캐나다, 서독의 교회대표들이 북한을 방문하고 또 북한 기독교 대표들을 해외에 초청했으며 스위스에 있는 세계교회협의회도 북한을 방문한 바 있다. 이러한 상호 방문은 북한정권으로 하여금 전통적 기독교 이해를 더욱 바꾸는 계기를 만들었다.

이러한 교류과정에서 드러난 것은 그동안 은둔상태에 있던 북한의 가정교회들이 공적으로 자기의 모습을 드러낸 것이다. 이것은 북한 정권의 기독교에 대한 관용정책으로도 기능했을 것이고 북한을 방문하는 세계의 모든 그리스도인들이 북한의 그리스도인 형제자매들과 함께 예배를 통해서 구체적인 사귐을 갖기를 바라는 염원 때문에 가능했다. 이리하여 북한에서의 그리스도인의 실체가 어느 정도 공적

---

15 이때 해외동포로서는 서독에 있는 이영빈 목사 부부, 이화선 목사를 주축으로 하고 미국에서는 홍동근 목사 등 다수가 참가했으며 북한에서는 양형섭, 여연구, 전금철 및 고기준 목사 등이 참석했었다.

으로 드러난 동시에 과거보다는 넓은 종교생활의 영역을 확보하게 되었다.

이러한 종교생활의 공적 영역에로의 확대로 1989년 말 현재 두개의 개신교와 한 개의 가톨릭교회가 평양에 설립되었다.[16] 이것은 북한에서의 공적 종교 활동의 폭이 가정교회 차원에서 제도교회 차원으로 넘어가고 있음을 말해주는 것이며 은둔의 가정교회에서부터 공적교회의 시기로 넘어온 것을 의미한다.

여기서 주목하게 되는 것은 1974년 2월 북조선의 기독교도연맹이 남한에서의 인권탄압 및 종교탄압을 비판한 점이다. 이것은 모든 정치적 제약가운데 이루어진 것이긴 하지만 북한의 교회가 남한의 수난 받는 그리스도인들에게 공적인 연대를 표시한 것이었다. 이것은 남·북한 그리고 해외에 있는 그리스도인들이 피차 어려운 여건 속에서도 그리스도의 사랑과 사귐을 나누려고 노력해 온 구체적 결과라고 할 수 있을 것이다.

이러한 연대의 가장 구체적 결실들이 1988년 한국기독교교회협의회가 채택한 "평화통일을 위한 희년선언"에 대한 동의이다. 이것을 통해서 남·북한 교회는 적어도 통일운동의 기본노선에서 합의를 이루고 1995년 희년을 향해 같은 방향으로 협력하고 있다. 이러한 협력들은 8·15 해방절을 공동의 예식문으로 예배를 드리는데서 더욱 구체적으로 나타났다.

이들은 또한 세계교회협의회를 비롯해서 북미와 유럽 그리고 일

---

16 최초로 건립된 봉수교회는 1988년 11월 첫 주일에 입당예배를 드린 바 있어서 강반석 여사를 기념하는 반석교회가 건립되었다.

본에 있는 그리스도인들과의 형제적 사귐의 관계를 원하고 있으며 장차 그리스도교회의 일원으로서의 위치와 역할을 모색하고 있다고 보인다. 그러나 아직도 어느 교단과도 공적으로 법적 관계나 선교적 관계를 맺은 경우는 없었다.

2. 남한 교회의 대북관계의 방향들

해방 이후의 남한 교회는 "교회재건"(敎會再建)이라는 틀에서 이해될 수 있을 것이다. 이미 위에서 부분적으로 언급한바 있지만 남한의 큰 교회들(장로교와 감리교 등)은 교회재건이라는 이름으로 일제식민주의자들에 의해서 강제로 일본기독교단에 편입되었던 것으로부터 독립해서 각기 교파별로 교회를 세우는 것이 그들의 일차적 과제였다. 이러한 과제는 이미 남한 정부가 성립되기 이전에 1945~47년 사이에 거의 완성되었다고 할 수 있다.[17] 이러한 교회재건과정은 북한에 있는 형제자매들의 교회들과 협의하거나 공동으로 수행하려고 하는 의지는 전혀 나타나지 않고 모든 것이 남한 교회들의 독자적 판단에 의해서 되어졌다. 따라서 이 시기에는 북한 및 북한의 교회에 대한 인식이나 관계규정 같은 것은 공적으로 나타나지 않고 있다. 한 민족 한 교회가 되어야 한다는 의지나 생각도 전혀 찾아볼 수 없었다.

얼마 후 한국전쟁 과정에서 다수의 그리스도인들이 남하하면서 또 그들의 증언에 의해서 북한의 상황을 어느 정도 파악하기 시작했다. 그 이해는 단순했다. 당시의 남한 교단들의 북한 및 북한 교회에

---

17 김양선, 상게서 참조.

대한 인식은 아마도 다음과 같이 정리할 수 있을 것이다.

첫째, 기독교는 유신론이며 공산주의는 무신론이기 때문에 이 둘은 상극이어서 서로 양립할 수 없다는 것이다. 공산주의를 반대하는 가장 일차적인 이유는 그들이 유물론적 역사관을 가지고 인본주의적으로 세계를 해석하는데 비해서 기독교는 일차적으로 유심론적 사관을 가지며 하나님의 세계섭리를 주장하기 때문이라는 것이다.

둘째, 기독교는 자비와 사랑을 가르치나 공산주의는 증오와 혁명을 가르친다는 것이다. 또한 공산주의는 그 실천에 있어서 인간과 사회를 자비와 사랑으로 변화시키지 않고 증오와 폭력으로 사회를 뒤엎어서 그들이 목표로 하고 있는 혁명을 달성하려고 한다는 것이다.

셋째, 공산주의는 전체주의이며 기독교는 개인의 자유와 인권을 중시한다. 또한 공산주의는 사유재산이나 시장경제원리를 부정하고 사람들의 사상과 삶 전체를 통제하여 개인의 인권과 자유를 말살하려는 악마적 이데올로기라는 것이다. 말하자면 당시의 기독교 안에서의 공산주의 비판은 그것이 가진 무신론, 폭력혁명 그리고 전체주의 등으로 요약할 수 있다.

이러한 관점에서 남한 교회들의 기도의 제목은 북한공산주의의 조속한 멸망과 그곳에 포로로 잡혀 있는 그리스도인들을 구출해서 신앙과 삶의 자유를 획득하게 하는 것이었다. 이러한 북한과 북한의 그리스도인들에 대한 이해에 따라서 사회에서뿐만 아니라 교회 안에서도 "승공통일론"(勝共統一論) 내지는 "북진통일론"(北進統一論)이 지배하게 되었다. 이것을 우리는 다른 말로 하자면 "북한선교론"(北韓宣教論)이라고 요약할 수 있을 것이다. 당시 이러한 통일론을 강하게 주장한 것은 당시 장로이면서 대통령이었던 이승만이었고 교회는 이러한 통일론을 무조건적으로 수용했다. 평양에서 점심을 먹고 신의주에서 저녁을 먹는 식의 북진통일론이 미국의 지원하에 가능하다고 큰소리쳤던 것이다. 당시는 이승만의 강권통치하에서 어떠한 대안이나 통일안을 제시할 수 없었다. 통일은 단지 승공을 통해서만 가능하며 받아들일 수 있다는 것이었다.

교회와 신학자들이 통일에 대해서 좀 더 독자적인 발언을 하기 시작한 것은 이승만 독재정권이 학생들에 의해서 붕괴된 후 나서 언론의 숨통이 좀 열렸을 때인 1960년대 초부터이다. 그 대표적인 예가 중립화통일론의 문제였다. 1960년 10월 22일 미상원의원이며 민주당의 총무였던 맨스필드가 한반도를 오스트리아 식으로 통일시키자는 제안을 한바 있다. 여기에 대해서 교계에서는 강한 반론이 제기되었다. '중립화'(中立化)란 곧 공산주의를 용인하자는 것으로 이해한 강원용 목사는 "남북통일과 우리의 과제"라는 글에서[18] 그 문제점을 지적하고 있다. 즉 오스트리아는 분단되었지만 우리처럼 이념적으로 분단되지 않았었기 때문에 그 모델을 우리에게 적용할 수 없다는 것이다. 또 그는 기독교는 특정 이데올로기와 결합되어 있는 것은 아니지만 공산주의와 같은 이데올로기와는 협조할 수 없다는 것이다. 결론에서 그는 공산주의는 싸워서 이겨야 할 대상이라고 주장하고 있다.

또 김석찬은 「기독교사상」(1961년 2월호) "남북통일과 우리의 과제"라는 글에서 "생명보다 귀한 자유가 보장되는 통일인가 아니면 공산당 독재 하에 통일인가?"라는 문제를 제기하고 반공내지는 멸공통일만이 기독교인들이 지향할 목표라고 주장하고 있다. 같은 방향에서

---

18 기독교사상 ,1961년 2월호.

한철하는 "국토통일에는 자유통일이냐 아니면 노예통일이냐 두 갈래 길밖에 없다"고 단언하고 있다.[19]

이러한 승공통일론의 허상을 지적하고 보다 이성적이고 합리적으로 사고하려고 한 최초의 신학자는 박상증 목사이다. 그는 "살기 위한 남북통일"이란 글에서 동·서독교회의 관계를 소개하면서 교회는 어느 이데올로기에 편들지 말고 민족의 화해와 평화를 위해서 일할 것을 제안하고 있다.[20] 당시 이런 입장은 매우 혁명적인 것이었다. 그는 토인비를 인용하며 동서냉전의 갈등관계를 순전히 권력투쟁으로 이해하고 교회가 이런 두 마리용의 싸움에 어느 편에도 서서는 안 된다는 신학적 입장을 피력하고 있다. 이는 칼 바르트가 1968년도 소련의 체코 침공과 관련해서 라인홀드 니버와 논쟁할 때의 논제와 같은 것으로 박목사는 이 논제를 바르트 보다 10여 년 전에 제시했다.[21] 이렇게 볼 때 전반적으로 봐서 1960년대는 승공통일론이 지배했다고 말할 수 있고 그 방법은 북진통일이요 교회로서는 "북한의 복음화" 혹은 "북한선교론"을 궁극적 목표로 했다.[22]

1970년대에 들어오면서 사정은 좀 더 달라졌다. 이때부터 교회는 남북통일을 선교적 과제로 인식하면서 북진통일론을 극복하고 "민족의 화해(和解)"를 위한 담당자로 자처하게 된다. 이것은 당시 박정권의 대북한정책의 전환과도 관련이 있다. 1970년 광복절 경축사에서

---

19 기독교사상, 1965년 1월호 참조.
20 기독교사상, 1961년 2월호 참조.
21 K. Barth, *Church in West and East* 참조. 이신건, 칼 바르트의 교회론, 성광사 참조할 것.
22 졸문, 평화통일과 기독교사상, 기상 1992년 4월 49-58면을 참조하라.

박정희 대통령은 북과의 관계를 재정립하는데 여기서는 "선의의 경쟁"을 하자는 것이었다. 북진통일론의 수정된 형태이긴 하지만 이러한 경쟁이론은 자본주의가 사회주의 체제보다 우수하다는 것을 입증하겠다는 의도가 내포되어 있었다. 또 그는 이념은 변하지만 민족은 영원하다는 명제를 제시하기도 했었다. 이 때 기독교사상지는 "교회와 한국 통일"이라는 특집을 만들었는데 김관석 목사는 "교회와 남북통일"이라는 글에서 통일신학의 연구를 제창하면서 통일이란 단순히 정치적 문제를 넘어서 새로운 삶의 스타일을 창출해 내야 하는 생의 과제로 제시했던 점에서 새롭다. 한철하 교수는 같은 특집에서 통일을 달성하기 위한 전제로서 한국교회의 분열의 극복과 함께 보다 정의로운 사회의 건설이 급선무라는 것을 지적하고 있다. 여기에서 우리는 통일을 위한 남한교회들의 자체반성의 소리를 처음으로 듣게 되는 것이다.

1972년도 7 · 4공동성명이 나오면서 사정은 조금 더 발전하는 양상을 보여준다. 문익환 목사는 "남북통일과 한국교회"[23]라는 글에서 탈 이데올로기 시대를 맞이하면서 교회는 이 땅에서 민족의 화해의 사명을 감당해야 한다고 강조하고 있다. 여기서 문목사는 "화해의 신학"으로서 통일신학을 제창하고 민족문제를 본격적으로 거론하기 시작한다. 같은 방향에서 박형규 목사도 "화해자 예수 그리스도의 몸으로 자처하는 교회는 민족의 화해를 위한 사명을 수행하도록 부름 받고 있다"[24]라고 강조하고 있다. 따라서 교회는 화해자로서 남과 북 "사

---

23 기독교사상, 1972년 10월호 참조.
24 기독교사상, 1971년 9월호 참조.

이에" 자기의 위치를 정할 것을 촉구하고 있다. 이러한 "선교의 과제로서 통일론"은 좀 추상적인 차원에서 민족의 화해를 통일의 당위로서 제시하고 있지만 통일 후의 사회상이나 교회상을 제시하고 있지는 못한다. 이것은 통일을 여전히 당위론의 차원에서 다루고 있고 그것의 현실성을 다루기는 힘들다는 의도가 내포되어 있다.

1980년대에 들어오면서 통일문제 및 북한교회와의 관계를 좀 더 구체적으로 논의하기 시작한 이는 박순경 교수이다. 그는 1983년 3월 기독교사상에다 "기독교와 공산주의의 이론과 현실"이라는 글을 통해서 남·북한의 분단을 극복하기 위해서는 교회가 사회주의와의 대화를 통해서 '제3의 입장', 내지는 '제3의 길'을 모색해야 할 것을 제창하고 있다. 그러나 그가 말하는 '제3의 길'이란 "종말론적인 하나님 나라를 지향하는 것"에서 찾을 수 있다고 봄으로써 바르트 신학의 입장을 견지하고 있다. "종말론적 하나님 나라지향"의 길은 물론 이념적 갈등을 극복하기 위한 신학적 목표로서는 받아들일 수 있으나 사회주의적 북한 사회와 자본주의적 남한사회라고 현재의 갈등관계를 어떻게 그것으로 해소할 수 있을까 하는 구체적 안은 말해주고 있지 않다. 그것은 단지 미래적인 가능태일 뿐이다. 그는 또 1987년 6월 기독교 사상에서 "현대신학과 한국 기독교 사상의 이데올로기 비판"이란 글에서 분단을 넘어서는 길은 "인류의 새로운 미래를 위해서 양자(기독교와 사회주의)는 서로를 재해석하고 협동하는 길을 모색해야 할 것"이라고 주장하고 있다. 여기서는 두개의 이데올로기가 피차 오해했던 것을 새로운 해석을 통해서 극복한다면 같이 협력할 수 있는 길이 있을 것이라는 것을 말하고 있다. 즉 상호간의 재해석과 협력의 길을 제3의 길로 파악한 듯하다. 이러한 제3의 길에 대한 모색은 그가 기독교

사상 1991년 3월 호에 실린 "민주통일운동의 역사적 조명"이란 글에서 "체제들과 이념의 차이를 넘어서는 민족대단결에 의한 평화적 통일"이라고 말하고 있다. 이러한 이념적 차이를 극복하고 민족대단결을 이루었던 전통의 기원을 1920년대 좌우연합전선의 결성에서 찾아볼 수 있다는 것이다. 여기서는 이념적 갈등을 극복하는 대안으로서 민족대단결을 제시하고 있는데 이것은 보다 좀 더 현실적인 안으로 평가될 수 있다. 그러나 1920년대 좌우합작 모델에서 그 가능성을 보는 것은 무리가 있는 것 같다. 왜냐하면 그것은 이미 실패한 모델이었고 또 오늘날 남북갈등은 그 당시와는 질적 차이를 가지고 있기 때문이다. 그리고 무엇보다도 민족대단결의 구체적 내용을 제시하지 않고 있다는 것이다.

그러나 필자가 보기에는 종말론적 하나님 나라라는 신학적 주제가 한민족의 통일, 아니 세계 인류의 통일을 위한 전제가 된다고 하더라도 현실적으로는 북한과 남한 사이의 상이한 이념적 갈등을 극복하는 단초로서는 너무나 미래적이다. 말하자면 무신론적 이념체제가 지배해 왔던 북한 사회나 자본주의적 체제가 지배하고 있는 남한 사회를 하나로 통합하는 축으로서 하나님 나라는 민족의 화해와 통일을 위한 정치적 힘으로 변환되기에는 비현실적 개념같이 보인다. 그리고 남·북한의 갈등은 사회주의와 기독교 사이의 갈등만이 아니기 때문에 이 양자의 재해석이나 상호 협력으로는 문제해결의 전망이 보이지 않는다. 오히려 남·북한 민족이 오랜 역사와 전통을 통해서 내면화되어 있는 개념인 "민족"을 그 매개로 하는 것이 더 현실적인 것 같이 보인다. 말하자면 남·북한의 이념과 체제의 차이를 "민족"을 통해서 극복하는 것이다. 여기에서 극복이란 말은 하나가 다른 하나를 억압하거나 배제하는 것이 아니라 다른 이념들을 가진 사람들이 "민족대단결"이란 이념을 기초로 해서 공존하고 공생하는 것을 의미한다. 다시 말하면 통일을 남·북한이 하나의 이념과 정치체제에 의해서 하나가 되는 것으로만 이해할 필요가 없다는 것이다.

이러한 민족개념을 민족화해와 통일의 매개체로 파악할 경우 문제는 앞으로의 남·북한 사회에서의 이데올로기의 다양성이 고백되어야 한다는 것을 전제로 하고 있다는 것이다. 여기에서 우리는 현대신학에서 가장 중요한 문제가 되고 있는 "종교다원론"을 "이데올로기 다원론"의 차원에 적용하는 것이라고 생각된다. 북한에서 제시하고 있는 고려연방제 통일방안은 남·북한의 이념과 체제의 차이를 인정하는 전제에서 출발하고 있다.[25] 말하자면 남한의 자본주의 체제와 북한의 사회주의 체제를 그대로 두고 연방제를 실시함으로써 통일 국가를 달성하자는 것이다. 여기서 풀어야 할 문제는 상호 대립되는 이데올로기를 갈등과 권력투쟁의 수단으로 삼지 말고 상호 보충하는 변증법적 발전의 수단으로 삼을 수 있다는 것이다. 왜냐하면 자본주의와 사회주의는 다양한 형태로 대립할 뿐만 아니라 많은 나라들에서는 상호 보완하는 역할도 하고 있기 때문이다. 그 대표적인 예가 북유럽과 서유럽의 나라들 특히 통일된 독일의 경우이다. 이러한 두 이데올로기의 공존은 부분적으로는 이미 실험되었으며 이렇게 함으로써 자본주의도 사회주의도 보다 인간적인 얼굴을 가진다는 것도 입증되었다.

---

25 연방정부의 형태인 운영원칙과 관련하여 "조국을 자주적으로, 평화적으로, 민족대단결의 원칙에서 통일하는 가장 현실적이며 합리적인 방도는 북과 남에 있는 사상과 제도를 그대로 두고 북과 남이 연합하여 하나의 연방국가를 형성하는 것"이라고 했다. 이찬행, 북한 사회주의의 현실과 변화, 두리 403면 이하 참조.

그렇게 볼 때 이데올로기적 다양성이나 차이를 매개할 수 있는 중심축으로서 "민족"의 중요성이 더욱 분명해질 것이다. 남·북한 정권이 독자적으로 성립된 이후 민족문제는 이데올로기적 대립의 배후로 후퇴해 버렸었다. 특히 남한의 경우 해방과 더불어 친일적인 정부가 친미적인 정부로 바뀌어 가면서 민족문제는 정치적 사안의 중심에서 사라지게 된다. 이것은 민족주의적 정치가였던 김구 같은 이들의 암살을 통해서 시작되었다. 이것은 3년에 걸친 미군정의 정치적 의도 즉 친미반공정권의 수립과 무관하지 않다고 보여 진다. 이러한 민족의식의 실종은 교회 안에서 더욱 심화되었다. 미국선교사들의 지원을 받고 있던 당시의 교회들로서는 불가피한 현상이었을지 모른다. 이러한 민족의식의 상실은 1980년대까지 지속되었으며 그것은 통일운동이 본격화되던 80년대 중반부터 다시 논의되기 시작했다. 이 시기에 점차 이데올로기적 대립을 지양할 수 있는 매개개념으로서 "민족"의 중요성을 발견하게 되었다. 필자는 북한과의 대화의 기초 역시 민족이 될 수밖에 없다는 확신을 가지게 되었다.[26] 민족대단결을 대화의 기초로 삼아서 "이념적 다원주의"를 살아가는 방식이 곧 현재의 갈등들을 극복하고 민족이 공생하는 길일 것이다. 이미 세계는 이러한 이데올로기적 차이를 그대로 둔 채 서로 협조하는 길들을 모색하고 있기도 하다. 여기에서 우리는 독일인들과 같이 통일 보다 먼저 민족 간의 평화추구를 고려하게 되는 것이다.

---

26 필자는 1992년 제2차 도쿄회의에서 "7·4 공동성명서에 나타난 민족대단결의 원칙에 대한 신학적 평가"란 제목으로 그리고 1994년 제3차 회의에서는 "민족의 화해와 대단결을 위한 교회의 과제"란 주제로 이 문제에 대해서 강연을 했었다. 북한에서 온 대표들도 대화의 광장을 민족으로 잡자는 데 동의했었다.

마지막 문제는 이러한 두 이데올로기를 인류를 위해서 유용하게 사용할 수 있는 새로운 의식을 가진 사람들의 출현의 필요이다. 우리는 그동안 통일문제를 다루는 데 있어서 지나치게 사상이나 체제문제에 매달린 감이 없지 않다. 통일문제는 이러한 외적인 문제(Sache-Ethos)인 동시에 인간적 문제(Personal Ethos)의 문제이기도 하다. 말하자면 우리는 이제 하나의 통제된 이데올로기에서만 살 수 있는 인격이 아니라 다양한 이데올로기와 체제 안에서 살아갈 수 있는 인격들을 만들어내고 교육해 내지 않는다면 진정한 의미에서 민족통일은 불가능할 것이다. 통일이란 단순히 국토나 체제 그리고 정부의 하나됨이 아니라 여러 생각을 가진 국민들 한 민족으로서 같이 사는 기술이기 때문이다. 모든 것이 하나가 되는 것이 좋은 통일이 아니라 다양한 것들을 서로 받아들이고 이해하면서 창의적으로 살아가는 것이 진정한 통일이고 민주적 통일이기 때문이다.

　　지난 50여 년 동안 한국교회와 적극적으로 통일을 염원하는 그리스도인들은 승공통일에 기초한 "북한선교론"에서 출발하여 복음에 기초한 민족화해를 제창한 "선교적 사명"으로서의 통일론을 거쳐서 다양한 사람들의 공존과 공영을 전제로 한 "민족대단결"의 통일론으로 나아가고 있다. 물론 이러한 과정의 서술들은 한국의 교단들이 공적 의결과정을 거쳐서 합의에 도달한 것은 아니다. 필자가 이러한 통일운동을 이끌어 가는 기독교 지도자들과 신학자들의 걸어간 길을 나름대로 스케취해 본 것이다. 교단에 따라서는 여전히 "북진통일론"(北進統一論) 혹은 "흡수통일론"(吸收統一論)에 기초한 "북한선교론"을 견지하는 교단들도 다수 있는 것으로 알려지고 있다. 이들의 궁극적 목표는 북한의 공산정권의 몰락과 함께 그 지역에 자신들의 교회를 이식하는 것이다. 그것을 가장 구체적으로 계획하고 있는 교단으로서 감리교회를 들 수 있는데 이들은 이미 북한 지역에다 감리사들을 임명해 놓고 때만 기다리고 있는 실정이다.27 승공통일론 내지 "북한선교론"의 경우 북한의 그리스도인들은 정치적으로 "해방의 대상"이고 종교적으로는 "선교의 대상"이었을 뿐이다. 이 경우 북한선교론의 실천방식은 모든 수단을 다 동원해서라도 빨리 그리고 많은 자기 파의 교회를 북한에 설립하는 것이다

그러나 이러한 통일론의 발전과정에서 남한의 그리스도인들의 북한교회에 대한 태도들도 변하고 있다. 통일을 선교적 사명으로 이해하고 민족대단결을 주장하면서 북한 교회는 더 이상 "해방의 대상"이나 "선교의 대상"이 아니라 동반자로서 받아들이기 시작했다. 이러한 사고의 전환은 1980년대 말부터 글리온 만남과 더불어 북한 교회가 해외 교회들과 접촉을 시작하면서 구체화되기 시작했다. 말하자면 북한의 교회가 남한의 선교의 "대상" 즉 객체로서 받아들여질 수 없고 선교의 주체는 어디까지나 북한 교회 자체가 되어야 한다는 것이다. 이러한 사고의 전환과 더불어 통일 이후의 북한 교회의 형성과 거기에 따른 남·북한 교회의 관계가 주요한 이슈로 등장했다.

III. 통일 이후의 북한 교회의 모델에 대한 시안들

통일 이후의 북한교회의 자기형성은 전적으로 북한 그리스도인들의 주체적 책임 하에 수행되어야 할 것이다. 이것은 교회법적으로나

---

27 기독교 신문들이 발표했는데 날짜는 확인하지 못했음.

선교신학적으로 봐서도 자명한 일이다. 남한의 교회들이나 해외의 교회들은 그들의 선교활동을 지원하는 파트너로서 머물러야 할 것이다. 만일 일부 교단들이 정책적으로 추진하고 있는 "북한선교론"이 통일 후에 실천될 경우에는 남한에서와 같이 북한에서도 분열된 교회 혹은 교파교회로 될 수밖에 없을 것이다. 주로 영미계통의 선교사들에 의해서 이식된 교파교회들은 교회성장 등에 기여한 점도 있지만 교회분열과 사회통합의 저해라는 좋지 못한 부산물도 낳았던 점을 우리는 고려해야 한다.

여기서 우리는 통일 이후의 북한 교회의 새로운 형성을 위해서 몇 가지 역사적 교회모델들을 제시해 보겠다.

1. 일본 교단의 모델

일본의 "교단"은 1939년 4월부터 시행되었던 이른바 '종교단체법'에 의해서 탄생되었다. 전시체제에 돌입했던 일본은 통제와 동원을 목적으로 종교들을 이 법에 따라서 규제하려고 했다.[28] 일본정부는 교단설립 기준을 교회 수 50개 이상 신도 수 5천 이상으로 하도록 했고 여기에 미치지 못하는 교파는 상호 합동하여 이 숫자를 채우도록 했다. 구세군 사건으로 인해서[29] 각 교파들은 자신들의 존속을 위해

---

28 이 종교단체법 3조에 의하면 교의 대용, 교의선포와 집행, 교단조직 등을 문부대신에게 제출해서 허가를 받아야 하며 4조에 따르면 교단은 문부대신의 허가를 얻어 임명하고 교단의 성직자들은 천황제에 충성해야 한다는 것을 규정하고 있다. 도히 아키오(김수진 역), 『일본기독교사』, 기독교문사 324면 참조.

29 1940년 7월 구세군 간부가 헌병대에 끌려가서 스파이 용의자로 조사를 받았으며 그 사건 이후 그들은 영국 본부와 관계단절을 강요당하고 또 군대식 명칭도 사용할 수 없게

서 자기 교파를 해산하고 교단을 결성하게 되었다.[30] 1941년 6월 일본 기독교단 창립총회가 개최되었다. 34개의 교파가 합류했다.

이러한 일본 교단의 성립이 정부의 지령에 의한 것인지 아니면 자발적인 것인지 대해서는 의견들이 갈라진다. 학자에 따라서는 대체로 이러한 성립을 자발적인 것으로 보고 있지만 다음과 같은 교단 규칙 7조의 생활강령을 보면 그런 것도 아니다. 그것은 곧 "황국(皇國)의 도(道)에 따라서 신앙을 철저히 하고 각자 맡겨진 분야에서 있는 힘을 다해 황군(皇運)에 기여하고 받들어야 한다"고 되어 있다.[31] 1942년 10월 문부성의 요청에 의하여 기초된 "전시포교방침"은 이러한 교단의 형성배경을 더욱 분명하게 파악하게 해 준다. 거기에는 다음과 같은 강령들이 기술되어 있다.

(1) 국체의 본의를 철저히 이행해서 대동아전쟁(大東亞戰爭)의 목적 완수에 매진을 기하고
(2) 본 교단의 총력을 집중해서 솔선수범 종교보국(宗教報國)에 성실을 다하고
(3) 일본 기독교(基督教) 확립(確立)을 도모하여 본 교단의 사명완수에 노력을 기한다.[32]

되었다.

30 도히 아키오, 상게서 325면 참조. 성공회 같은 교파는 여기에 가담하지 않았기 때문에 강제 해산당하고 1944년 1월에 가서 약 3분지1에 해당하는 75개 교회가 교단에 가입했다.
31 도히 아키오, 상게서 333면을 참조하라.
32 상게서 334면 참조.

한마디로 교단의 성립은 일본의 여러 교파교회가 사라진 것이며 동시에 기독교가 일본 전시체제하에서 어용화된 것이었다. 종교와 선교의 자유는 자취를 감추고 일본의 정치적 목적에 교회는 전적으로 굴복했다.

전쟁이 끝나고 점령군은 종교관계에 대해서 국가신도(國家神道)의 해체만을 선언했으므로 교단 총무는 1945년 8월 "시국의 격변에도 관계없이 교단의 조직체제는 조금도 움직이지 말고" 전도와 교회부흥에 매진 할 것을 요청하고 있다. 그러면 왜 교단은 전쟁 후에 붕괴되거나 해체되지 않았을까? 그것은 ① 교단에서 합동교회라는 의의를 재발견했고 이것을 지탱해 가려고 하는 사람들이 있었기 때문이며, ② 교회 재정적으로 자립할 수 없었던 교단이 북미 선교회들의 지지협력을 약속했기 때문이다.[33] 그러나 성공회, 침례교연맹, 루터교회, 구세군 등은 독자적으로 교단을 성립시켰다.

2. 독일교회의 모델

앞서 장에서도 언급한바 있지만 독일의 교회는 제2차 세계대전 이후에도 지역적 유산과 신앙고백적 유산을 동시에 물려받았다. 지역적 유산이란 한마디로 과거의 정치적 단위에 따라서 서독에는 16개의 독자적인 지방교회(Landeskirche)와 동독지방에는 5개의 지방교회를 성립시킨 것이다. 이 교회들의 연합체를 가리켜서 "독일개신교회"(Evan-gelische Kirche in Deutschland)라고 불렀다. 이 독일 개신교회는 194

---

33 상게서 390면 참조.

5년에 성립된 이래로 1969년 동·서독의 통행이 거의 불가능하게 됐을 때까지 계속되었다. 말하자면 국토와 민족은 분단되었지만 그때까지 교회는 하나로 남아있었다. 베를린 장벽으로 인해서 더 이상의 교류가 불가능해진 상황에서 동독에는 "독일개신교연맹"(Evangelischer Kir-chenbund) 조직되었다.

신앙고백적 유산이란 루터교회와 개혁교회 그리고 이 둘을 합한 연합교회라는 세 가지 형식으로 교회가 구성되었다는 말이다. 가톨릭을 제외하고 법적으로 종교세를 분배받는 교회들이 바로 이들 교회들이다. 이들 교회가운데 서독의 경우 일곱 개의 "지방교회"는 루터교와 개혁교의 연합교회며 일곱 개의 지방교회는 루터파 교회이고 나머지 두개는 개혁파 교회가 되었다.[34] 동독의 다섯 교회들도 서독과 같이 지방교회형식을 취하고 조직되어 있다. 이러한 지방교회들은 신학, 예전, 조직에 있어서도 자신들의 신앙고백적 전통들을 그대로 받아들이고 있다는 것이다.

이 밖에 이른바 자유교회들(Freikirchen)에 속하는 군소 교단들이 존재한다. 예를 들면 감리교회, 메노나이트, 유럽 형제단 교회(헤른후트), 구세군, 퀘이커, 오순절 교회, 성공회전통에 서 있는 고가톨릭 교회(Altkatholische Kirche), 그리스 정교회들이다. 이들은 종교세를 통해서 운영되지 않고 참석하는 교인들의 헌금에 의존해서 운영된다.

1990년 8월 22일 동독의회는 서독의 기본(헌)법 23조에 의거해서 10월 3일자로 서독에 흡수 통일되기로 결정했다. 같은 해 9월 20

---

34 Erwin Fahlbusch, *Kirchenkunde der Gegenwart*, Kohlhammer 1979, S. 112ff. 참조할 것.

일 양 독일 의회는 이 안을 가결했고 이렇게 해서 양 독일은 통일되었다. 서독의 기본법 23조는 주변영토가 병합을 원할 때 주의 단위로서 서독에 귀속되는 것을 규정하고 있다. 따라서 동독의 다섯 개 주들이 각기 독자적으로 서독의 연방으로서 가입했다.[35] 이러한 절차는 교회의 통합에서도 그대로 받아들여졌다. 동독 지방에 있던 다섯 개의 지방교회가 각기 독자적으로 독일개신교(EKD)의 일원이 됨으로써 통합이 이루어진 것이다. 말하자면 서독의 지방교회들과 같이 동독의 지방교회들도 독자적인 헌법과 기구들을 가지고 있으면서 전체 교회인 독일개신교의 일원이 되었다. 이것은 사실상 1969년 서독으로부터 분리되었던 동독지역의 다섯 개의 지방교회가 다시 제 위치로 되돌아 온 것을 의미한다.

위에서 우리는 정치적 이유들로 인해서 강제 통합되었거나 분열되었던 교회들 가운데 대표적 교회인 일본의 "교단"과 독일의 개신교를 살펴보았다. 일본 교회는 일본제국주의에 의해서 강요되었던 통합을 전쟁 이후에도 계속 유지하고 있는 경우이다. 물론 앞서 보아왔듯이 교회의 재건과정에서 교파교단으로 되돌아간 경우도 없지 않다. 독일 교회는 정치적 분단으로 인해서 강제로 분단되었던 교회가 통일 이후에 전과 같이 하나가 된 경우이다. 이 두 가지의 경우들은 앞으로 통일 이후의 북한 교회의 형성과 남·북한 교회 사이의 관계설정에 중요한 참고가 될 것으로 판단된다.

우선 일본의 교단과 같이 현재 북한의 "조선기독교도 연맹"이 하나

---

35 Wolfgang Benz, Deutschland seit 1945. Entwicklungen in der Bundesrepublik und in der DDR - *Chronik, Dokumente, Bilder Bundeszentrale für politische Bildung*, Bonn 1990. S. 180ff.

의 개신교적 기구차원을 넘어서 "하나의 교회"(One Church) 혹은 "에큐메니칼 교회"(The Ecumenical Church)로 발전해 가는 것을 생각해 볼 수 있다.36 북한의 "조선기독교연맹"이란 명칭은 교회나 교파들의 연합체라기보다는 개개 교인들의 연합체의 성격을 띠고 있는 것 같다. 그것은 남한의 경우 지역 YMCA의 조직과 유사하다고 봐야 할 것이다. 따라서 이것은 앞으로 개개 단위교회들의 연합체로 발전할 수 있을 것이다. 만일 개개 단위교회의 연합체가 될 경우에는 남한의 교단적 성격을 띨 것이다. 일본의 경우 교단은 지교회의 연합체로 남은 셈이다. 만일 이것이 가능하다면 앞으로 북한에서는 단일 교회를 구성하는 것이 바람직하지 않을까 생각된다. 왜냐하면 정치적 조건하에 하나의 "연맹"으로 단일화된 개신교를 다시 교파교회로 갈라놓는 것은 선교사적 경험에서나 우리나라의 교회사적 배경을 고려해 볼 때 그렇게 바람직하지 않기 때문이다. 일본의 경우 강제로 통합되었던 "교단"이 전쟁 후에도 어느 정도 통일된 개신교 단체로서 별 무리 없이 운영되고 있기 때문이다. 동시에 정치적 요인으로 인해서 분단되었던 독일의 개신교회는 정치적 통일과 더불어 다시 하나의 개신교회로 되돌아왔다.

만일 통일 후에도 북한에 단일 교회의 상이 깨어지고 다양한 교파교회들이 이식된다면 사태는 남한의 경우와 별로 다를 것이 없을 것이다. 말하자면 크게는 한국기독교교회협의회 계열의 교회와 거기에 속하지 않은 집단으로 분열되고 대립될 것이다. 나아가서 남한에 있

---

36 여기서 필자는 "교단"(Konfession)이라는 말 대신에 "교회"라는 말을 사용하고 있는데 이는 교단이란 말이 역사적으로 교회분열과 밀접하게 연관되어 있기 때문이다.

는 모든 교파들이 북한에 들어가 제각기 교단을 설립하는 결과를 초래할 것이다. 그리고 선교활동에서도 불가피하게 경쟁과 다툼이 벌어질 것은 자명하다. 지금 남한 교회들 안에서는 한편으로 이것을 우려하고 있고 다른 한편에서는 이것을 준비하고 있다.

통일 후의 북한 기독교의 형성에 있어서는 필자의 소견으로서는 현존하는 "조선기독교도연맹"이 주축이 되어 "주체적 독립교회"로서 "하나의 개신교회"를 지향할 것을 제안하고 싶다. 그것은 교회법적으로도 선교론적으로도 타당하다. 북한의 개신교의 주체는 어디까지나 "조선기독교연맹"이기 때문에 통일 이후에도 거기에 속한 그리스도인들의 의사에 따라서 교회가 형성되어야 한다.

남한의 교회들과 교회단체들은 단지 그리스도 안에 동역자들로서 새로운 교회 형성에 봉사할 뿐이다. 이 일들을 감당하기 위해서는 남한의 교단이나 단체들은 북한의 "조선기독교도연맹"과 더불어 법적 관계와 선교적 협약 등을 체결함으로써 통일에 대비하는 것은 물론 북한에서 형성될 교회를 지원하는 일을 할 수 있을 것이다. 이러한 남 · 북한 교회의 관계를 분명히 하지 않을 경우 정복주의와 자본주의적 경쟁원리에 기초한 "북한선교론"을 신봉하는 남한의 교파들의 경쟁적 선교활동으로 인해서 앞으로 한민족 선교에 심각한 장애요인들이 발생할 수 있을 것으로 보인다. 이러한 장애요소들은 이미 러시아를 비롯하여 구 사회주의권에서 활동하는 선교사들로 인해서 심각하게 나타나고 있다.

한반도의 그리스도교 평화윤리

2019년 1월 17일 초판 1쇄 인쇄
2019년 1월 24일 초판 1쇄 발행

지은이 ㅣ 손규태
펴낸이 ㅣ 김영호
펴낸곳 ㅣ 도서출판 동연
등   록 ㅣ 제1-1383호(1992. 6. 12)
주   소 ㅣ 서울시 마포구 월드컵로 163-3
전   화 ㅣ (02)335-2630
전   송 ㅣ (02)335-2640
이메일 ㅣ yh4321@gmail.com

ISBN 978-89-6447-423-5 93200